Martin H. Jung

Die Reformation

Martin H. Jung

Die Reformation

Wittenberg – Zürich – Genf
1517–1555

marixverlag

Meiner Mutter
Margarete Jung
in Dankbarkeit
zum 28.11.2016

Inhalt

1. Voraussetzungen

Das späte Mittelalter – Eine Welt im Aufbruch

»O Jahrhundert, o Wissenschaften! Es ist eine Lust zu leben!« rief und schrieb der junge Ritter Ulrich von Hutten im Oktober 1518.[1] Das späte Mittelalter war keine Welt im Niedergang, sondern eine Welt im Aufbruch. Hoffnungsvoll blickten viele Menschen in die Zukunft. Alles sollte besser werden!

Das späte Mittelalter war eine Zeit der Erfindungen und Entdeckungen. Zunächst wurde die römische und griechische Antike neu entdeckt. Die Gelehrten lasen die griechischen Philosophen und die römischen Schriftsteller, sie bemühten sich um ein gepflegtes Latein, sie lernten Griechisch und vereinzelt sogar Hebräisch. Diese Gelehrtenbewegung wurde später, sehr viel später als Humanismus bezeichnet, weil sie in der klassischen Bildung das sah, was den Menschen zum Menschen mache. Ihr prominentester Vertreter war Erasmus von Rotterdam, ein Niederländer, der zeitweise in England und zuletzt in Freiburg im Breisgau und in Basel lebte. Er edierte – erstmals – ein griechisches Neues Testament sowie zahlreiche Schriften von Theologen aus der Frühzeit des Christentums, sogenannten Kirchenvätern.

»Erasmus hat das Ei gelegt, das Luther ausgebrütet hat.«[2] Schon die Gegner der Reformation erhoben den Vorwurf, Erasmus sei Wegbereiter, ja Urheber der Reformation gewesen. »Ohne Humanismus keine Reformation«[3], sagen viele Kirchenhistoriker der Gegenwart. Ohne die Voraussetzungen und Rahmenbe-

1 Ulrich von Hutten: Deutsche Schriften. München 1970, S. 340.

2 Erasmus von Rotterdam: Briefe/Walther Köhler (Übers.; Hg.). Erw. Neuausg. Bremen ³1956 (Sammlung Dieterich 2), S. 337.

3 Bernd Moeller: Die Reformation und das Mittelalter. Kirchenhistorische Aufsätze/Johannes Schilling (Hg.). Göttingen 1991, S. 109.

Der Humanist Erasmus von Rotterdam hat der Reformation den Weg bereitet

dingungen, die vor der Reformation der Humanismus geschaffen hat, wäre die Reformation kaum denkbar gewesen, und Erasmus war so gesehen der entscheidende Bahnbrecher.

Erasmus wurde im Jahre 1466 oder 1469 in Gouda oder in Rotterdam geboren. Er war ein uneheliches Kind und überdies der Sohn eines Priesters und zeugt somit von den von vielen als problematisch empfundenen sittlichen Verhältnissen der Zeit. Bereits um 1484, und auch das ist nicht untypisch für die Zeit, verlor er beide Eltern und wurde von Vormündern betreut.

In Deventer und s'-Hertogenbosch ging Erasmus zur Schule und wurde dabei von der »Devotio moderna« beeinflusst, einer kirchlichen Reformbewegung, die gleichermaßen auf Bildung und auf Frömmigkeit Wert legte. 1487 wurde er, wahrscheinlich gedrängt von seinen Vormündern, Mönch bei den Augustiner-Chorherren in Steyn bei Gouda, und 1492 ließ er sich zum Priester weihen. Eine geistliche Laufbahn schien vorgezeichnet, doch Erasmus begann ein unruhiges Studien- und Wanderleben, das ihn durch halb Europa führte. Zunächst wirkte er als Sekretär des Bischofs von Cambrai, dann studierte er an dem von Humanismus und »Devotio moderna« geprägten Collège de Montaigu in Paris (1495–1499), reiste nach England und schließlich nach Italien, wo er 1506 in Turin den theologischen Doktortitel erwarb. Weitere England-Aufenthalte folgten. Gestorben ist er in Basel 1536.

Berühmt wurde Erasmus durch seine erstmals 1500 erschienenen *Adagien*, eine von ihm kommentierte Sammlung von 818 lateinischen Sprichwörtern, die gleichermaßen zur literarischen wie sittlichen Bildung beitragen sollte. Sie erlebte rasch weitere und erweiterte Auflagen, und hierbei beschäftigte sich Erasmus erstmals 1508 auch mit dem Ausspruch des spätantiken christlichen Militärfachmanns Flavius Vegetius Renatus: *Süß scheint der Krieg den Unerfahrenen* (Dulce bellum inexpertis). Erasmus' Auslegung, auch mehrfach separat als kleines Buch gedruckt (bis heute), wurde zu einem leidenschaftlichen Plädoyer gegen den Krieg und formulierte eine christliche Begründung des Pazifismus. Christus und Krieg, so Erasmus, passten noch weniger zueinander als Christus und ein Hurenhaus, denn Krieg sei elend und verbrecherisch, die schrecklichste Sache, die es gebe, Christus dagegen stehe für Frieden, Freundschaft, Nächstenliebe und »Toleranz«.[4] Frieden definierte Erasmus als eine Freundschaft vieler untereinander. Er könne mit dem zehnten Teil der Sorgen, Strapazen, Beschwerlichkeiten, Gefahren und Kosten geschaffen werden, mit denen ein Krieg herbeigeführt werde. Einen Brudermord nennt es Erasmus, wenn ein Christ einen anderen Christen töte. Die im Mittelalter von den Theologen entwickelte Lehre vom gerechten Krieg hält er für problematisch, da immer irgendwelche Herrscher nach Gutdünken entschieden, was gerecht sei. Kritik übt Erasmus sogar an den damals aktuellen Kriegen gegen die Türken und an der damit verbundenen Verteufelung des Islam. Er bezeichnet die Mos-

4 Erasmus von Rotterdam: »Süß scheint der Krieg den Unerfahrenen« / Brigitte Hannemann (Hg., Übers.). München 1987 (Kaiser-Traktate NF 4), S. 69.

lems als »halbchristlich«[5] und behauptet, manche Türken lebten in Wahrheit christlicher als viele sogenannte Christen.

Theologiegeschichtlich am bedeutsamsten war Erasmus' erstmalige Edition eines griechischen Neuen Testaments auf der Basis alter Handschriften, 1516 in Basel gedruckt, verbunden mit einer Neuübersetzung aus dem Griechischen in das Lateinische, womit Erasmus die Fehlerhaftigkeit der in Theologie und Liturgie gebräuchlichen, im 4. Jahrhundert geschaffenen lateinischen Übersetzung nachwies.

Neben dem Blick zurück in die Antike, für den unter anderen Erasmus steht, eröffnete sich für die Menschen im späten Mittelalter auch ein Blick in die Weite. Neue Kontinente wurden entdeckt und neue Völker. 1492 segelte der Italiener Kolumbus im Dienste Spaniens mit drei Schiffen über den Atlantik, um einen westlichen Seeweg nach Indien zu finden, und gelangte nach Amerika und damit zu Völkern, die noch nie etwas von der christlichen Religion gehört hatten. Er nannte sie »Indios«, Indianer. Drei weitere Reisen, immer im Glauben, nach Indien (»Westindien«) gelangt zu sein, folgten.

Die europäischen Kirchen standen damit vor der Frage der Mission. Spanien und Portugal begannen bald schon die Neue Welt zu erobern, und Kolonisation und Missionierung, beides mit massiver Gewalt, gingen Hand in Hand. Nur wenige, darunter der Dominikaner Bartolomé de Las Casas (1484–1566), traten schon früh für die Rechte der Ureinwohner ein und forderten deren menschliche Behandlung.

Las Casas wurde 1484 im spanischen Sevilla geboren. Er betätigte sich zunächst auf verschiedenen Inseln der Karibik als Goldsucher, dann als Feldkaplan. 1507 wurde er zum Priester geweiht. Im Jahre 1514 kam die Wende: Las Casas gewann eine neue, streng an Jesus orientierte Sicht des Christentums und damit verbunden eine neue Haltung zu den Indios. Sie identifizierte er nun mit dem gegeißelten Christus. Indio-Begegnungen wurden zu Christus-Begegnungen. Las Casas bekämpfte die Versklavung der Indios und bemühte sich, allerdings erfolglos, um

5 Ebd., S. 79.

deren friedliche Missionierung. 1522 trat er in den Dominikanerorden ein. Von 1544 an versuchte er in Spanien am Königshof eine gesetzliche Regelung der Rechte der Indios zu erreichen und betätigte sich auch als Schriftsteller. Er verfasste Werke über die Geschichte und Gegenwart Lateinamerikas und seiner Völker. 1566 ist er in Madrid gestorben.

Las Casas zählte in seiner Zeit zu den Gescheiterten. Erst im 19. Jahrhundert wurde er neu entdeckt und nunmehr geschätzt. Jetzt erst wurden auch seine historischen und ethnografischen Werke gedruckt. In der Gegenwart wird er als Wegbereiter der Befreiungsbewegungen und der Befreiungstheologie geschätzt.

1498 gelangte der Portugiese Vasco da Gama tatsächlich, über das Kap der Guten Hoffnung, auf dem Seeweg nach Indien und bewies die Verbindung des Atlantiks mit dem Indischen Ozean. Portugiesische Kaufleute reisten nach China. In der Folge wurde das Abendland mit einer bis dahin nicht bekannten Religion, dem Konfuzianismus, konfrontiert. Seine hohen ethischen Ansprüche forderten das Christentum heraus. Gab es Menschen, die ohne von Christus gehört zu haben, christlicher lebten als viele Christen? Diese Frage drängte sich auf und erregte alsbald die Gemüter.

Von 1510 an stellte der polnische Astronom Nikolaus Kopernikus das biblische Weltbild infrage. Allgemein und in Übereinstimmung mit der wörtlich verstandenen Bibel hatten bislang Astronomen wie Theologen behauptet, dass die Erde das Zentrum des Kosmos bilde und Sonne, Mond und Sterne die Erde umkreisten. Dagegen lehrte Kopernikus, der 1473 in Thorn geboren worden war und in Krakau, Bologna, Padua und Ferrara studiert hatte, auf der Basis astronomischer Beobachtungen und mathematischer Berechnungen, die Erde kreise um die Sonne, wie schon Aristarch von Samos in der Antike gesagt hatte. 1540 wurden die Erkenntnisse von Kopernikus im Druck verbreitet, auch in Deutschland. Viele jedoch wiesen unter Berufung auf die Bibel den Heliozentrismus energisch zurück. Bis 1757 waren die Bücher von Kopernikus, der 1543 in Frauenburg gestorben war, im Einflussbereich der katholischen Kirche verboten. Nur Einzelne waren bereit, die neuen Sichtweisen als Hypothesen zu diskutieren. Sie sollten sich jedoch als wahr herausstellen und der modernen Naturwissenschaft zum Durchbruch verhelfen. Vom 19. Jahrhundert an mussten auch die Kirchen und ihre Theologen die modernen naturwissenschaftlichen Erkenntnisse akzeptieren und den Umgang mit biblischen Texten daran anpassen.

In Mainz wurde um das Jahr 1450 der Buchdruck erfunden. Der menschlichen Kommunikation eröffneten sich damit völlig neue Möglichkeiten. Texte aller Art hatten zuvor nur durch Abschreiben verbreitet werden können. Das war aufwändig und teuer. Nun wurde es möglich, Bücher preiswert und in hohen Auflagen herzustellen und zu verbreiten. Die Reformation wäre ohne diesen technischen Fortschritt kaum denkbar gewesen. Nicht nur ohne den Humanismus wäre es nicht zur Reformation gekommen, sondern ebenso gilt: »Ohne Buchdruck keine Reformation!«[6]

Als Erfinder des Buchdrucks gilt Johannes Gutenberg, der um 1400 in Mainz geboren wurde, zwischenzeitlich aber in Straßburg lebte. Von 1448 an stellte er in Mainz zunächst kleine Drucke her. 1454/55 präsentierte und verkaufte er eine gedruckte Bibel, allerdings in lateinischer Sprache. Gutenbergs entscheidende Erfindung war die Konstruktion eines Handgießinstruments zur Herstellung von Drucktypen. Eine Papierpresse entwickelte er zu einer Buchdruckpresse und druckte so seine Texte mit auswechselbaren beweglichen Lettern. Gutenbergs Erfindungen breiteten sich rasch in ganz Europa aus. Im Jahre 1500 gab es bereits rund 1000 Druckereien in rund 300 Städten, und es waren in dem halben Jahrhundert seit der genialen Erfindung bereits 30 000 Bücher in einer Gesamtauflage von 12 Millionen Exemplaren gedruckt worden. Gutenberg ist 1468 in Mainz verstorben.

Im 16. Jahrhundert und im Zusammenhang der Reformation sollte der Buchdruck an Bedeutung weiter zunehmen. Wichtig wurden vor allem die sogenannten Flugschriften. Darunter versteht man einen separat mit einem Titel gedruckten Text, der

6 Moeller: Aufsätze (wie Anm. 3), S. 115.

nur wenige Seiten oder Bogen umfasst und schnell – und preiswert – hergestellt und verbreitet werden kann. Autoren und Buchdrucker entdeckten zum ersten Mal, dass man mit Druckmedien Meinungen transportieren und unterstützen konnte. Statistische Untersuchungen zeigen, dass die Flugschriftenproduktion nach 1517 regelrecht explodiert ist.[7] Genauer untersucht hat man das an Augsburg, einem für den Buchdruck wichtigen Ort. Während vor 1517 jährlich bis zu 50 Drucke erschienen, stieg die Zahl von 1517 bis 1525 auf über 300 jährlich. Die Reformation verdankte ihren Erfolg ein Stück weit den Buchdruckern, aber auch die Buchdrucker profitierten erheblich von der Reformation. Sie verdienten gut an den Bestsellern, die die Reformation hervorbrachte.

Das Bildungswesen erlebte um 1500 einen Aufschwung. Seit dem 12. Jahrhundert gab es Universitäten. Im ausgehenden 15. und im frühen 16. Jahrhundert wurden eine ganze Reihe neuer Universitäten gegründet, darunter 1502 die Universität Wittenberg. Die erstarkenden Territorialstaaten wollten alle ihre eigenen Universitäten. Universitäten waren Institutionen mit einem besonderen Rechtsstatus und bedurften zu ihrer Gründung einer päpstlichen und einer kaiserlichen Erlaubnis verbunden mit der Einräumung von Privilegien, wozu für sie und ihre Mitglieder Steuerfreiheit, Befreiung vom Kriegsdienst sowie die Unterstellung unter die kirchliche oder eine eigene akademische Gerichtsbarkeit gehörten.

Innerhalb und außerhalb der Universitäten wirkten Gelehrte im Geiste des Humanismus, die der Bildung neue Strukturen und neue Inhalte geben wollten. Die Bildung gewann an Breite, indem zum Beispiel nicht nur Latein, sondern auch Griechisch und Hebräisch gelernt wurde, und indem zum Beispiel neben Philosophie auch Geschichte und Mathematik studiert und neben dem dialektischen Denken mehr Rhetorik und Poesie geübt

7 Vgl. Hans-Joachim Köhler (Hg.): Flugschriften als Massenmedium der Reformationszeit. Beiträge zum Tübinger Symposion 1980. Stuttgart 1981 (Spätmittelalter und frühe Neuzeit. Tübinger Beiträge zur Geschichtsforschung 13).

wurden. Die Mediziner begnügten sich nicht mehr mit der Lektüre von Büchern, sondern betrachteten und sezierten menschliche Leichname. Auf das Bildungswesen des Mittelalters wurde verächtlich herabgeblickt und seine Philosophie und Theologie als »scholastisch«, das heißt schulisch disqualifiziert. Auch das Aufkommen des Begriffs Mittelalter hatte seinen Hintergrund in diesem verächtlichen Blick auf die Vergangenheit. Die zurückliegenden Jahrhunderte, die Epoche zwischen der Antike und der Gegenwart, bezeichnete man abschätzig als »mittlere Zeit«, eine Zeit des Niedergangs zwischen der glorreichen Antike und der erwarteten glorreichen, jetzt beginnenden »neuen Zeit«. Der Begriff Mittelalter hat sich dann eingebürgert, wird heute aber meist ganz ohne Wertung verwendet. Eingebürgert hat sich auch der Begriff Neuzeit für die mit dem Ende des Mittelalters, mit der Reformation beginnende neue Geschichtsepoche.

Auch die Religion wurde neu entdeckt. Die Menschen suchten nach eigenen religiösen Erfahrungen. Sie fragten danach, was sie selbst zur Erlangung des Heils beitragen könnten. Und sie begehrten nach Predigten. Viele Menschen gaben viel Geld für kirchliche Zwecke. Davon zeugen noch heute die prächtigen spätmittelalterlichen Kirchen mit ihren kostbaren Altären.

Das Leben war schwer und die Sehnsucht nach Erlösung groß. Die Menschen suchten Hilfe bei den Heiligen, großen, bereits verstorbenen Männern und Frauen aus der Geschichte der Christenheit, die ein vorbildliches Leben geführt hatten oder als Märtyrer für ihren Glauben gestorben waren und denen man zutraute, auf Gott einzuwirken und – wenn es sein musste – seinen Zorn zu mildern. Heilige waren Fürbitter, die sich bei Gott für die Menschen einsetzten. In allen größeren und kleineren Nöten des Lebens, bei Krankheit und bei Missernten, aber auch, wenn man etwas verloren hatte, konnte man sich an die Heiligen wenden und sie anrufen. Die Anrufung glich häufig einer – eigentlich untersagten – Anbetung. Die Menschen standen oder knieten vor Bildern von Heiligen und beteten – doch zu wem? Die Heiligen versperrten vielfach den Blick auf Gott.

Warum konnte man von Heiligen Hilfe erwarten? Die Kirche lehrte, dass einige wenige Menschen, ausschließliche diejenigen, die für ihren christlichen Glauben gestorben waren – allen voran die Apostel Petrus und Paulus –, und diejenigen, die in besonders vollkommener Weise gelebt hatten – allen voran Maria, die Mutter Jesu –, mit ihrem Tod direkt zu Gott gelangt seien und nicht wie alle übrigen Menschen auf die Auferstehung und das Gericht warteten. Diese wenigen Verstorbenen, vielmehr bei Gott ihr neues Leben Führenden, hatten direkten Zugang zu Gott, konnten Gott also ansprechen und etwas bei ihm erreichen. Und woher wusste man, ob eine bestimmte Person heilig war? Wunder galten als Beweis dafür. Wenn sich am Grab eines verstorbenen besonderen Menschen Wunder ereigneten, so war das ein Beweis dafür, dass hier der Leib eines Heiligen ruhte. Eine förmliche Heiligsprechung seitens der Kirche gab es noch nicht, sie wurde erst später Praxis und Vorschrift. Heiligenverehrung entstand an der Basis, in den Gemeinden, unter den Menschen.

Um den Heiligen nahe zu sein, besuchte man das, was von ihnen übrig geblieben war, ihre Reliquien (Überbleibsel). Jede Kirche hatte Überreste von Heiligen, und Kirchen, die besonders viele oder einige von besonders bedeutenden Heiligen hatten, wurden zu Wallfahrtskirchen, die man nur deswegen besuchte, um einem bestimmten Heiligen nahe zu sein. Das Pilgern hatte Konjunktur, und die Menschen versprachen sich – geistlich – viel davon. Berühmt war der auch heute wieder beliebte Pilgerweg nach Nordspanien, nach Santiago de Compostela, der sogenannte Jakobsweg. Doch auch Pilgerfahrten nach Assisi oder nach Rom oder nach Jerusalem waren beliebt und wurden begangen.

Die Kirche im Reformstau

Humanismus, Buchdruck, Neue Welt, Heliozentrismus, Universitätsgründungen, Bildungsreformen, intensives religiöses Verlangen – das späte Mittelalter war eine Welt im Aufbruch. Im kirchlichen Bereich sah es jedoch weniger günstig aus. Mehrfach waren im 14. und 15. Jahrhundert Reformanläufe unternommen worden, doch sie scheiterten notorisch. Die Missstände waren zahlreich und offenkundig.

Viele Menschen lebten von der Kirche – und auf Kosten der Allgemeinheit. In den Städten bestand etwa zehn Prozent der Bevölkerung aus Priestern, Mönchen und Nonnen, gehörte also dem sogenannten geistlichen Stand an. An großen Kirchen, in den Städten, gab es nicht einen, zwei oder drei Priester, sondern 20 oder 30 und mehr. Sie alle hatten beim Eintritt in den geistlichen Stand Ehelosigkeit gelobt. Doch viele hielten sich nicht daran.

Auf den Bischofsstühlen saßen nachgeborene Adelssöhne, die nur selten religiös gestimmt und kirchlich interessiert waren. Die Gier nach Ansehen, Macht und Reichtum führte dazu, dass manche Bischöfe zwei oder sogar drei Bistümer gleichzeitig regierten. Wer aber zu viele Aufgaben und Ämter auf einmal hat, muss zwangsläufige einige oder sogar alle vernachlässigen – er kann ja nicht an mehreren Orten zugleich sein. Und so war es auch. Die Bischöfe kümmerten sich kaum um ihre eigentlichen Aufgaben: die Aufsicht über die Kirche, die Abstellung von Missständen, die Durchführung notwendiger Reformen. Sie ließen es sich gut gehen, genossen ihr Leben, liebten die Frauen und frönten der Jagd, wie alle Adligen. Und was das Regieren anbelangte, so hatten sie im Zweifelsfall mehr Interesse an der politischen Macht, die mit ihrem Bischofsamt verbunden war, als an der kirchlichen. Bischöfe waren nämlich in Deutschland kirchliche und politische Herrscher zugleich, die Bistümer waren kleine selbstständige Staatswesen. Man bezeichnet diese zugleich politisch herrschenden Bischöfe deshalb als Fürstbischöfe und ihre politischen Herrschaftsgebiete als Fürstbistümer. Diese Verbindung von kirchlicher und politischer Macht, in der Regel zu Lasten der kirchlichen Belange, war charakteristisch für Deutschland vom 10. Jahrhundert an bis 1803, als Napoleon dem allen ein Ende bereitete.

Nicht gut sah es auch in vielen Klöstern aus. Im Kloster zu leben war, ganz anders als heute, eine für Männer wie Frauen attraktive Sache, war man doch vielen Zwängen und Nöten des Alltags enthoben. Frauen waren nicht in der Gefahr, in jungen

Jahren im Kindbett zu sterben, und sie konnten im Kloster sogar Bildung erwerben. Hier waren sie Herr ihrer selbst und mussten sich nicht wie in der Ehe von Männern beherrschen lassen. Allerdings lebten auch viele Männer und Frauen unfreiwillig, von ihren Eltern hineingezwungen in Klöstern und konnten diese nicht mehr verlassen, weil Mönchsgelübde nach theologischer Auffassung sowie Rechtslage ewig bindend waren. Wer sich aber dennoch einfach so davon machte, wurde verfolgt, gefangen und bestraft. Die Mönche und Nonnen hielten sich häufig nicht an die Regeln, die mit ihrer Lebensform verbunden waren. Sie hatten sich in ihrem Gelübde zu Armut, Keuschheit und Gehorsam verpflichtet, aber die Realität sah oftmals anders aus. Viele Klöster galten als verkommen und verlottert, obwohl es in vielen Orden immer wieder Reformbewegungen gab, die zurückwollten zu den alten Idealen des Mönchslebens.

Die Schriften des Erasmus enthielten, wie schon angedeutet, beißende Kirchenkritik. Insbesondere mit Missständen im Mönchtum setzte er sich schonungslos auseinander. Er selbst hatte sich 1517 durch den Papst von seinen Ordensgelübden entbinden lassen und folglich mit dem Mönchsstand gebrochen. Erasmus war der Auffassung, dass das Mönchsein grundsätzlich keine bessere und höhere Form des Christseins sei. Er kritisierte ferner die Ungebildetheit vieler Mönche und ihren schlechten sittlichen Zustand. Auch die erzwungene Ehelosigkeit hielt er, obwohl er selbst dauerhaft und konsequent ehelos lebte, für falsch.

Noch schlimmer als in den Kirchen und Klöstern waren die Zustände in Rom. Die Päpste kümmerten sich nicht um die Kirche, die sie regieren sollten. Sie vergnügten sich mit Frauen, sie zeugten Söhne und Töchter, sie führten Kriege und sie förderten die Kunst. Von Letzterem legen die vielen prachtvollen Kunstwerke Michelangelos und Raffaels und viele Bauten Zeugnis ab, die alle Rombesucher noch heute bewundern. Hier haben diese Päpste Großes und Bleibendes geschaffen, was man aber nur dann wirklich loben kann, wenn man nicht fragt, woher das Geld dafür kam.

Ein Papst von besonders zweifelhafter Würde war Julius II.

Papst Julius II. bot scharfer Kirchenkritik viel Anlass

Er regierte von 1503 bis 1513 und war durch Bestechung in sein Amt gekommen. Er war ein glänzender Feldherr und vertrieb die Franzosen zeitweise aus Italien. Er besaß ein jähes Temperament, weshalb man ihm den Beinahmen »Il Terribile« (Der Schreckliche) beilegte. Auch er förderte die Kunst. Michelangelo hat ihm mit seinem »Mose« ein Denkmal gesetzt. Die berühmte Skulptur des Michelangelo in Rom, in der Kirche San Pietro in Vincoli, ist ein Grabmal für Papst Julius. Auffällig ist, dass Julius ganz demütig dargestellt ist, wie ein Papst eigentlich sein müsste, Julius II. aber nicht war. War das eine leise Kritik des Künstlers an dem Verstorbenen? Manche Kunsthistoriker vermuten, das Julius-Grabmal des Michelangelo sei, auch aus anderen Gründen, ein heimliches Bekenntnis des Künstlers zur Reformation.

Ein ganz anderes Denkmal setzte dem Verstorbenen Erasmus von Rotterdam, der Humanist. In einer Satire *Julius vor der Himmelstür* beschreibt er, wie Petrus diesem Papst den Zutritt in den Himmel verweigert. Julius steht vor der verschlossenen Himmelstür, beklagt sich und schimpft und droht, gleich die Tür einzuschlagen, wenn ihm nicht geöffnet werde. Petrus eilt herbei, bemerkt einen entsetzlichen Gestank und öffnet sicherheitshalber nicht die Tür, sondern nur ein vergittertes Fenster. Es riecht nach Kneipen, Wein und Pulverdampf. Julius, aufbrausend, wie er war, droht Petrus die Exkommunikation an, sollte er nicht öffnen. Julius wirft Petrus vor, Jude zu sein. Es entspannt sich ein langer Dialog, in dem Petrus fortwährend dem Verständnis des Papstamtes widerspricht, das Julius darlegt. Petrus bleibt dabei: Er öffnet die Tür nicht. Er beschimpft Julius als einen Unhold und beklagt, dass Unholde am Steuer der Kirche säßen. Julius empfiehlt er, sich als guter Bauherr, der er ja war, mit seinen unermesslichen Geldmitteln ein eigenes, neues Paradies für sich selbst zu errichten. – Erasmus hat allerdings immer bestritten, dass diese Geschichte von ihm stamme.

Die kirchlichen Missstände lagen auf der Hand und ein Antiklerikalismus war zu spüren, aber eine offene und grundsätzliche Opposition gegen die Kirche gab es nicht. Anders als in früheren Zeiten traten keine radikalen Kritiker – Ketzer – auf, es existierten keine Oppositions- und Ketzerbewegungen. Die Zeit um 1500 gehörte zu den kirchenfrömmsten Epochen in der Geschichte des Christentums, bis mit Martin Luther ein – in den Augen Roms sowie der meisten Bischöfe – neuer Ketzer aufstand.

Der junge Luther – Ein Bergmannssohn wird Mönch

Die Reformation verbindet sich mit Martin Luther. Ohne Luther hätte es keine Reformation gegeben, zumindest nicht die Reformation, die wir kennen. Wie wurde Luther zum Reformator? Es war ein langer Weg, voller überraschender Wendungen.

Martin Luther wurde am 10. November wahrscheinlich im Jahre 1483 und wahrscheinlich in Eisleben geboren, das damals zur Grafschaft Mansfeld gehörte. Der Geburtstag steht fest wegen des Vornamens. Luther wurde, so erinnerte sich seine Mutter, am Tag nach seiner Geburt getauft und erhielt, wie damals üblich, den Namen des Tagesheiligen. Der 11. November war und ist der Martinstag. Das Geburtsjahr ist nicht sicher, da weder von den Eltern noch von der Kirche oder einer städtischen Behörde die Geburt eines Kindes schriftlich festgehalten wurde. Luther könnte auch 1482 oder 1484 und er könnte auch in der Stadt Mansfeld geboren worden sein, aber die meisten Lutherforscher haben sich auf der Basis der vorliegenden Quellen für 1483 entschieden und für Eisleben, wo man schon im ausgehenden 16. Jahrhundert ein Haus als Geburtshaus Luthers zeigte und verehrte. Heute ist es, nach einer wechselvollen Geschichte, ein Museum. Ganz in der Nähe befindet sich die Kirche St. Peter und Paul. Hier wurde Luther möglicherweise getauft, allerdings nicht in der heute zu sehenden Kirche, denn sie wurde erst 1513 fertig gestellt, sondern im Vorgängerbau. Erhalten hat sich der alte Taufstein. Falls Luther in dieser Kirche getauft wurde, wie er selbst 1520 einmal sagte, ist es der Taufstein Luthers. Allerdings könnte die Taufe auch zu Hause stattgefunden haben. Haustaufen waren verbreitet. Die Kirche dient heute als modern gestaltetes, auch für Erwachsenen- und Ganzkörpertaufen geeignetes Taufzentrum der Landeskirche.

Luthers Eltern stammten aus Thüringen, der Vater aus einer Bauernfamilie. Da er den elterlichen Hof seinem Bruder überlassen musste, hatte er sich dem Bergbau zugewandt und siedelte sich aus diesem Grund in Mansfeld an. Luthers Vater war erfolgreich und erwarb ein nicht unbeträchtliches Vermögen. Der Bergbau im Mansfelder Land war lukrativ. Noch zu DDR-Zeiten florierte er und kam erst nach 1989 zum Erliegen. Abgebaut wurden Kupfer, Silber und Blei. Die Bergleute arbeiteten liegend sechs bis acht Stunden am Tag in schräg verlaufenden, nur 60 cm hohen Stollen. Neben dem Bergbau hatte der Wohlstand der Familie Luther noch zwei weitere Säulen: Grundbesitz und Landwirtschaft sowie Kapitalanlage und Geldverleih.

Luther wuchs in Mansfeld auf, das Elternhaus steht noch. Auch Ausgrabungen der letzten Jahre haben bewiesen, dass die Familie wohlhabend war. In der Abfall- und Sickergrube des Hauses fanden sich Spielsachen wie Murmeln sowie Knochen-

Luther als Schüler in Eisenach
(Lutherdenkmal Eisenach)

reste der bei den Mahlzeiten verspeisten Tiere. Die Archäologen entdeckten Knochen von Hausgeflügel, Singvögeln, Wild, Süß- und Salzwasserfischen.

Luther ging zunächst in Mansfeld in die Schule, doch für eine höhere Schulbildung musste man häufig frühzeitig das Elternhaus verlassen. Von 1497 an lernte Luther in Magdeburg, an der Domschule, und er lebte im Wohnheim einer klösterlichen Gemeinschaft, der »Brüder vom gemeinsamen Leben«. Sie gehörten zur Frömmigkeitsbewegung »Devotio moderna«, von der auch Erasmus geprägt worden war. 1498 wechselte Luther nach Eisenach, wo es eine gute Lateinschule gab und Verwandte mütterlicherseits lebten. Ob Luther aber wirklich in dem Haus wohnte, das in Eisenach heute als »Lutherhaus« gezeigt wird, ist unsicher.

Latein war der Schlüssel zum Erfolg. Bildung war nur möglich im Medium der lateinischen Sprache. An höheren Schulen und an Universitäten wurde Latein gesprochen. Wissenschaftliche Literatur gab es nur in lateinischer Sprache. Die Gebildeten waren, heute kaum noch vorstellbar, in der lateinischen Sprache so zu Hause, als ob es ihre Muttersprache wäre. Auch privat unterhielten sie sich auf Lateinisch oder in einer deutsch-lateinischen Mischsprache. Gelehrtes konnte man besser lateinisch formulieren, Alltägliches besser auf Deutsch. Alle Gelehrten in ganz Europa sprachen Latein. Das ermöglichte somit auch Mobilität, wie schon an Erasmus deutlich wurde. Bei Luther spielte sich jedoch alles in der Mitte Deutschlands, zwischen Magdeburg und Eisenach ab – von wenigen kurzen Abstechern in die Ferne einmal abgesehen.

Der Vater hatte große Pläne mit seinem Sohn. 1501 schickte er ihn zum Studium nach Erfurt, das damals eine der besten Universitäten Deutschlands besaß. Luther selbst soll später einmal gesagt haben: »Wer gut studieren möchte, gehe nach Erfurt!«[8] Die Stadt an der Gera war auch eine besonders fromme Stadt und wurde wegen ihrer vielen Kirchen als deutsches Rom gepriesen. Sie zählte drei Stiftskirchen, 27 Pfarrkirchen und elf Klosterkirchen. Erfurt war eine Bischofsstadt ohne Bischof. Davon zeugt heute noch der Erfurter Dom. Das im 8. Jahrhundert gegründete Bistum Erfurt war nach wenigen Jahren in die Hand des Bistums Mainz gekommen. Erst 1994 wurde das Bistum wiederbelebt. Mit rund 20 000 Einwohnern war Erfurt zu Luthers Zeit eine richtige Großstadt. Heute zählt Erfurt 200 000 Einwohner und ist die Landeshauptstadt Thüringens.

Als Student absolvierte Luther wie alle in seiner Zeit zunächst ein allgemeinbildendes Grundstudium, das sich an die sogenannten Freien Künste der Antike anlehnte und in dem er sich vor allem mit der lateinischen Sprache, mit Rhetorik und Philosophie, aber auch mit Mathematik und Musik beschäftigte. Die-

8 Vgl. Klaus-Bernward Springer: »Luther als Student der Artes und studentisches Leben in Erfurt im Spätmittelalter und zu Beginn der Frühen Neuzeit«. In: Mitteilungen des Vereins für die Geschichte und Altertumskunde von Erfurt, Neue Folge (19) 2011, S. 72–97, hier S. 96. Der mündlich überlieferte Ausspruch lässt sich in Luthers Schriften nicht nachweisen.

ses Grundstudium schloss Luther 1505 mit dem Magistertitel ab. Anschließend gab es drei Möglichkeiten, das Studium fortzusetzen: Theologie, Medizin oder Jura. Luthers Vater wollte, dass Martin Jurist werde. Im Frühjahr 1505 begann Martin Luther mit dem Jurastudium, doch bereits im ersten Semester brach er es wieder ab. Und er brach nicht nur mit seinem Studium, sondern mit seinem ganzen bisherigen Leben und Werdegang.

Luther war ein Studienabbrecher, aber nicht nur ein Studienabbrecher, sondern ein junger Mensch, der sich aus freien Stücken im Alter von 21 Jahren entschloss, mit seinem ganzen bisherigen Leben und den Idealen seiner Eltern zu brechen, auf Beruf, Erfolg und Geld zu verzichten und fortan im Kloster zu leben. Wer ins Kloster ging, verließ – so sah man das damals – die »Welt«. Die Mönchskleidung und die Klostermauern brachten dies zum Ausdruck.

Auslöser dieses doppelten Bruchs war ein schweres Sommergewitter, in das Luther, zu Fuß von Mansfeld nach Erfurt unterwegs, am 2. Juli 1505 in der Nähe von Stotternheim, nordöstlich von Erfurt geriet. Luther berichtete darüber Jahrzehnte später, 1539, und schilderte, wie er in Todesangst die Heilige Anna, die Großmutter Jesu, anrief und versprach, falls er das Gewitter überleben sollte, Mönch zu werden. Luther überlebte das Gewitter und klopfte am 17. Juli desselben Jahres bei den Augustiner-Eremiten in Erfurt an, einem besonders strengen Mönchsorden, und trat ins Kloster ein.

Das Ereignis wirft mehrere Fragen auf, die dazu zwingen, Luthers späten Bericht zu hinterfragen, zunächst die Frage, warum eigentlich Luther mitten im Semester seinen Heimatort und seine Eltern besuchte. Wir kennen den Grund nicht und können nur mutmaßen. Suchte er das Gespräch mit seinem Vater, weil ihm sein Studium nicht gefiel? Hatte der Vater weitere Pläne mit seinem erfolgreichen Sohn, wollte er ihn verheiraten? Es könnte sein, dass sich Luther ohnehin mit dem Gedanken trug, aus den Zwängen seines Elternhauses auszubrechen und einen ganz anderen Weg, eben den klösterlichen, einzuschlagen, und dass das Sommergewitter nur den letzten Ausschlag gab.

Viel gerätselt wurde auch über die Frage, warum Luther die Heilige Anna anrief – und ob er sie überhaupt anrief und vielleicht nicht einen ganz anderen Heiligen, zum Beispiel den Heiligen Veit, der in Gewittergefahr normalerweise Hilfe versprach. Anna wurde von den Bergleuten verehrt. Überall im Mansfelder Land finden sich auch heute noch Annenkirchen und Annenaltäre. Allerdings blühte dieser Kult im Mansfeldischen erst später. Doch die Heilige Anna war Luther zumindest in seiner Schulzeit in Eisenach begegnet. Dort gab es eine Annenkirche. Als Luther 1539 von seinem Gewittererlebnis erzählte, sagte er, er habe die Heilige Anna angerufen, aber Gott habe seinen Ruf hebräisch verstanden. Das hebräische Wort für Anna (Chana) ist verwandt mit dem hebräischen Wort für Gnade (chen). Luther flehte also 1505 unbewusst um Gnade, um die göttliche Gnade, die er Jahre später im Kloster entdecken sollte und deren Entdeckung ihn zum Reformator werden ließ. War es so, oder schilderte Luther das 1539 nur so, um an sein Grundanliegen, den gnädigen Gott, zu erinnern?

Luther trat in das Kloster der Augustiner-Eremiten ein. Das war ein im hohen Mittelalter gegründeter sogenannter Bettelorden, also ein Mönchsorden, der es mit der Verpflichtung zur Armut ganz besonders genau nahm. Nicht nur der einzelne Mönch war zu Besitzverzicht verpflichtet, sondern auch das Kloster selbst verzichtete darauf, Wälder und Felder sowie Hofgüter und ganze Dörfer als Eigentum zu haben und von dem Ertrag dieses Besitzes zu leben. Die Mönche und das Kloster lebten von Almosen, von Spenden. In ihrer Lebensführung orientierten sie sich an einer Ordensregel, die auf den Kirchenvater Augustin († 430) zurückging. Warum wandte sich Luther ausgerechnet an die Augustiner-Eremiten? In Erfurt gab es viele Klöster und viele Alternativen. Er nennt keinen Grund, aber vermutlich sagte er sich: Wenn schon Mönch, dann richtig. Die Erfurter Augustiner-Eremiten zeichneten sich, auch im Vergleich mit den örtlichen Franziskanern und Dominikanern, zwei weiteren Bettelorden, die es in Erfurt ebenfalls gab, durch besondere Schlichtheit aus, was man noch heute sehen kann, wenn man einen vergleichenden Blick auf die drei jeweiligen ehemaligen Klosterkirchen wirft. Und ein Zweites zeichnete die Augustiner aus: Sie waren besonders gelehrt.

Die Augustiner-Eremiten gab es in Erfurt seit 1266. Ihr Kloster lag im nordöstlichen Teil der Stadt, unweit der Stadtmauer. Zur Zeit Luthers lebten dort etwa 50 Mönche. Das Kloster hatte Bestand bis 1559. Anschließend wurde es als Schule genutzt. Nach dem Zweiten Weltkrieg existierten nur noch Ruinen. Inzwischen sind jedoch weite Bereiche rekonstruiert und wieder aufgebaut und dienen als kirchliches Tagungszentrum. Vorübergehend, 1994 bis 2011, wirkten hier evangelische Benediktinerinnen und praktizierten ein evangelisches Ordensleben. 2011 besuchte Papst Benedikt XVI. das Kloster und sprach über die heutige katholische Sicht Luthers.

Auch als Mönch verfügte Luther nicht über sich selbst, bestimmte nicht selbst sein Leben und seine Ziele. Hatte ihn früher sein Vater zum Jurastudium veranlasst, so drängte ihn nun sein Ordensvorgesetzter zum Theologiestudium und zum Priesterberuf. Bereits 1506 empfing Luther im Erfurter Dom die Priesterweihe, 1512 vollendete er sein Theologiestudium.

Theologie studierte Luther zunächst in Erfurt, zwischendurch 1508 in Wittenberg und von 1511 an wieder in Wittenberg, wo er 1512 den Doktortitel erwarb und damit den formalen Studienabschluss. Luther war ein begeisterter und erfolgreicher Theologiestudent. Sein Ordensoberer beobachtete das mit Freuden und bestimmte den jungen Mönch zu Höherem. Nach dem Willen seines Ordens sollte er in Wittenberg an der neu gegründeten Universität Theologieprofessor werden und mithelfen, dort ein solides und modernes Theologiestudium aufzubauen.

Der Mann, der Luther in seinen Klosterjahren am meisten prägte, war Johannes von Staupitz, ein sächsischer Adliger, der seit 1489 den Augustiner-Eremiten angehörte. Er hatte in Tübingen und in München gewirkt und bekam vom sächsischen Kurfürsten den Auftrag, die Universität Wittenberg aufzubauen. Gleichzeitig hatte er ein hohes Amt im Orden. Für Luther war er Vorgesetzter, Seelsorger, Beichtvater, Förderer, Lehrer und Freund. Immer wieder ermahnte er Luther, auf den Gekreuzigten zu blicken und sich allein dem göttlichen Erbarmen anzuvertrauen. Obwohl Staupitz nie mit der alten Kirche brach, war er letztlich ein großes Stück mit dafür verantwortlich, dass es zur Reformation kommen konnte und kam. 1524 ist er in Salzburg gestorben.

Neben Staupitz prägten Luther auch weitere Dinge, denen er im Erfurter Kloster begegnete, dauerhaft. Im Kloster lag und liegt Johannes Zachariae begraben, der Ankläger von Jan Hus (um 1369–1415), der 1415 in Konstanz als Ketzer verbrannt worden war. Eine Grabplatte vor dem Altar erinnerte und erinnert noch an ihn. Wenn Luther diese Grabplatte sah, stand ihm Johann Hus, den man heute als Vorreformator bezeichnet, vor Augen und das grausame Schicksal eines Mannes, den die Kirche zum Ketzer erklärt hatte. Wenn Luther vor dem Erfurter Altar die Augen hob, blickte er auf ein wunderschönes Chorfenster, das ihm Augustin und dessen Lebensgeschichte vor Augen stellte. Auch dieses Fenster ist noch heute zu sehen. Augustin war der Theologe der Frühzeit des Christentums, auf den sich Luther später am häufigsten berief. Und ein weiteres Chorfenster, direkt daneben, zeigte weiße Rosen, Symbole der Unschuld. Eine weiße Rose mit einem roten Herz sollte sich Luther später zum Wappen erwählen.

Weil Luther sein Mönchsleben ganz besonders ernst nahm, erlebte er Krisen – die Mönche sprachen von Anfechtungen. Er war von innerer Unruhe erfüllt und hatte das Gefühl, den Anforderungen nicht wirklich zu genügen, Gott nicht wirklich gerecht zu werden. Durch diese Krisen reifte der ernste Mönch allmählich zum mutigen Reformator.

Der junge Zwingli – Ein Bauernsohn wird Priester

Neben Martin Luther ist Ulrich Zwingli als Reformator, als Reformator der Schweiz, in die Geschichte eingegangen. Er war von Luther inspiriert, gab seiner Reformation aber ein eigenes Gepräge.

Zwingli entstammte wie Luther einem bäuerlichen Milieu. Allerdings waren und blieben seine Eltern Bauern. Geburtstag, Geburtsjahr und Geburtsort stehen fest: der 1. Januar im Jahre 1484 in Wildhaus. Der Ort liegt an einem Pass, der den Thurgau mit Graubünden verbindet. Das Geburtshaus, ganz aus Holz gebaut, steht noch und dient als Museum.

Auch Zwinglis Eltern wollten, dass aus dem Sohn mehr werde als aus ihnen selbst. Er sollte in der Kirche Karriere machen. Wie Luther musste auch Zwingli früh sein Elternhaus verlassen, 1489 kam er nach Weesen am Walensee, wo er bei einem Onkel wohnte, der Priester war. Von diesem wurde er erzogen und ausgebildet. 1494 ging Zwingli nach Basel und 1496 oder 1497 nach Bern und besuchte dort angesehene Schulen. Anders als Luther wurde Zwingli in seiner Jugend entschieden humanistisch geprägt. 1498 nahm er in Wien ein Studium auf, wechselte 1502 aber nach Basel. In Basel erwarb Zwingli Anfang 1506 den Magistergrad. Anschließend begann er, auch anders als Luther, ein Theologiestudium. Wie Luther wurde er aber zum Studienabbrecher. Im Herbst 1506 ging er nämlich ins Pfarramt und ließ sich zum Priester weihen.

Um als Pfarrer zu wirken, brauchte man in der Zeit Luthers und Zwinglis kein abgeschlossenes Theologiestudium. Man musste überhaupt nicht Theologie studiert, ja man musste nicht einmal studiert haben, um als Pfarrer arbeiten zu können. Man konnte auch einfach bei einem anderen Pfarrer sozusagen in die Lehre gehen. Das reichte, um den Hauptanforderungen eines Pfarramtes, die in Messfeiern und der Spendung der Sakramente (Taufe, Ehe, Buße, Letzte Ölung) bestanden, genügen zu können. Die Weihe war entscheidend, nicht die Bildung. Zwingli hatte also bereits überdurchschnittliche Voraussetzungen für den Dienst als Gemeindepfarrer.

Mit seinem abgeschlossenen Grundstudium und einem Semester Theologie war Zwingli ein vergleichsweise gebildeter Pfarrer, und er beschäftigte sich auch während seines Pfarrerdaseins weiter mit Theologie. Er wirkte von 1506 an in Glarus, einer kleinen Stadt in der Nähe seiner Heimat. Er wirkte als Gemeindepfarrer – und als Feldprediger. Schweizer Bauern

Zwinglis Geburtshaus in Wildhaus, ein uraltes Holzhaus, dient heute als Museum

zogen gerne als Söldner in den Kriegsdienst fremder Mächte, um sich etwas dazuzuverdienen. 1513 und 1515, vielleicht auch früher und öfter, begleitete Zwingli Söldner aus Glarus, die auf der Seite des Papstes in Norditalien gegen Frankreich kämpften. Er griff nicht selbst zur Waffe – das durfte er als Priester nicht –, sondern wirkte als Prediger und Seelsorger. Als Belohnung erhielt er vom Papst von 1515 an eine jährliche Geldzahlung von 50 Gulden, einen stattlichen Betrag.

Im Jahr 1516 nahm Zwingli eine neue Stelle an und wurde Seelsorger an der Benediktinerabtei Einsiedeln, wo er Pilger betreute. Einsiedeln war und ist ein berühmter Wallfahrtsort. Die Anfänge lagen im 10. Jahrhundert. Besucht und verehrt wurde hier das 1440 entstandene »Gnadenbild«, die »Schwarze Madonna«, eine Marienstatue, geschwärzt durch den ständigen Rauch der Kerzen, die Besucher gespendet und angezündet hatten. Nach der Legende soll Christus selbst die Kapelle, in der Maria mit dem Jesuskind im Arm steht, geweiht haben.

Tausende von weither suchten in Einsiedeln Trost, Hilfe und Heil. Nachgewiesen sind Pilger aus den Niederlanden und sogar aus Lübeck. Zwingli betreute diese Menschen.

Privat betrieb Zwingli intensive theologische Studien und bildete sich im Bereich der Theologie autodidaktisch weiter. Er begann Werke des Erasmus zu lesen. 1516 besuchte er den Gelehrten in Basel. Unter seinem Einfluss veränderte sich Zwinglis Sicht des Krieges. Er begann Kritik an den Söldnerdiensten der Eidgenossen zu üben und äußerte pazifistische Gedanken. Es kann angenommen werden, dass er Erasmus' Antikriegsschrift kannte.

Anders als Luther vermochte es Zwingli nicht, das Zölibatsgelübde, das er als Priester abgelegt hatte, einzuhalten. Er pflegte Umgang mit Frauen und schaffte es trotz mehrfach gehegter guter Vorsätze nicht, keusch zu leben. So gesehen war Zwingli ein ganz und gar typischer Priester. Von seiner Konformität mit der alten Kirche zeugt auch die »Zwingli-Monstranz«, die in Glarus noch heute gezeigt wird: eine kostbare Monstranz, das ist ein Gefäß zum Tragen und Zeigen der Hostie, das heißt des gemäß der mittelalterlichen Lehre von der Transsubstantiation zum Leib Christi gewandelten Abendmahlsbrots. Zwingli hat sie für seine Gemeinde anfertigen lassen, wahrscheinlich in Basel, wahrscheinlich bei den Brüdern Holbein.

Rom ist eine Reise wert – Luther in der Heiligen Stadt

Während Zwingli mit Schweizer Söldnern auf der Seite des Papstes in Norditalien gegen Frankreich kämpfte, durchquerte Luther Norditalien zu Fuß, um Rom einen Besuch abzustatten und dort, von seinen Ordensvorgesetzten beauftragt, strittige Angelegenheiten seines Ordens zu regeln. Im Winter 1511/12 legte Luther zusammen mit einem anderen Mönch den ganzen Weg von Erfurt nach Rom zu Fuß zurück. Als Luther die Stadt vor sich liegen sah, warf er sich auf den Boden und rief: »Sei gegrüßt, heiliges Rom!«[9]

Warum wurde Rom so verehrt? Das Christentum nahm seinen Anfang bekanntlich in Jerusalem und in Palästina. Aber schon früh, schon 20 Jahre nach Jesu Tod, gab es eine große christliche Gemeinde in Rom. Sie findet im Neuen Testament mehrfach Erwähnung, unter anderem schrieb Paulus einen »Brief an die Römer«, kurz *Römerbrief*, gemeint ist die christliche Gemeinde in Rom. Rom war die Hauptstadt des römischen Weltreichs, schon das allein machte die christliche Gemeinde in dieser Stadt berühmt. Hinzu kam aber noch, dass sie behauptete, von keinem Geringeren als Petrus gegründet worden zu sein – was sich historisch allerdings nicht beweisen lässt. Petrus war der, zu dem Jesus gesagt hatte, auf ihn wolle er seine Kirche bauen und ihm werde er die Schlüssel zum Himmelreich geben (Matthäus 16,19). Die Überlieferung sagt, und es ist glaubwürdig, dass sowohl Petrus als auch Paulus im Rom der Zeit Neros, im Jahr 64 oder um das Jahr 64, den Märtyrertod starben. Schon im 2. Jahrhundert wurden ihre Gräber in Rom auch tatsächlich verehrt. Der römische Bischof sah sich als Nachfolger des Märtyrers Petrus, des Gemeindegründers, und damit als den, auf den Jesus, seine Kirche baue. Obwohl das Christentum im Römischen Reich zunächst in fünf Patriarchate aufgeteilt war, von denen Rom nur eines war, wurde der Bischof von Rom allmählich, im Laufe von Jahrhunderten, zum Papst, das heißt zu einem kirchlichen Amtsträger, der beanspruchte, Oberhaupt der Gesamtkirche, der gesamten Christenheit zu sein. So gesehen war Rom nicht nur eine heilige Stadt der Christenheit wie Bethlehem, Nazareth, Jerusalem und Konstantinopel/Istanbul, sondern tatsächlich die heiligste, *die* Heilige Stadt. »Sei gegrüßt, heiliges Rom!« Jeder Zeitgenosse Luthers begehrte danach, Rom zu sehen und zu besuchen.

Luther absolvierte in Rom das volle Programm. Er besuchte die sieben Hauptkirchen der Stadt (Petersdom, San Paolo fuori le Mura, San Sebastiano fuori le mura, San Giovanni in Late-

9 D. Martin Luthers Werke. Kritische Gesamtausgabe. Tischreden. Bd. 5. Weimar 1919, S. 467, Z. 14.

Im Erfurter Augustinerkloster lebte Luther von 1505 bis 1511

rano, Santa Croce in Gerusalemme, San Lorenzo fuori le mura und Santa Maria Maggiore). Er suchte auch die Heilige Treppe (Scala Santa) auf, von der man glaubte, sie stamme aus dem Palast des Pilatus in Jerusalem und sei die Treppe, auf der Jesus zu seinem Prozess geschritten sei. Nach alter Tradition rutschte Luther diese Treppe, Stufe für Stufe ein Vaterunser betend, auf seinen Knien hinauf. Er glaubte, dadurch seinen Großvater aus dem Fegefeuer erlösen zu können. Auf der Treppe sind Flecken zu sehen, die als Blutstropfen Jesu gedeutet werden.

Wahrscheinlich empfand Luther das Leben und Treiben in der Heiligen Stadt – unter Papst Julius II., dem Erasmus den Weg in den Himmel versperren wollte – nicht als besonders anstößig. Er erlebte aber überfüllte Kirchen und eilig absolvierte Gottesdienste und er beobachtete eine florierende Prostitution. Erst später, nachdem er zum Reformator geworden war, verbanden sich ihm die Erinnerungen mit einer durch und durch negativen Wertung. 1539 sagte er: »Rom, einstmals die heiligste Stadt, ist nun zur verdorbensten geworden.«[10]

10 D. Martin Luthers Werke. Kritische Gesamtausgabe. Tischreden. Bd. 4. Weimar 1916, S. 290, Z. 33 f.

Fünf Jahre vor Luthers Rombesuch hatte Julius II. den Neubau des Petersdoms in Auftrag gegeben, der alles in allem mit Verzögerungen und Unterbrechungen 120 Jahre dauern sollte. Um das gigantische Bauprojekt zu finanzieren, ließen sich Julius II. und seine Nachfolger etwas einfallen. Sie schrieben den Petersablass aus, ein Ablassangebot speziell zur Finanzierung des Kirchenneubaus. Der Petersablass sollte wenige Jahre später, 1517, die Reformation auslösen. Doch dazu bedurfte es eines Reformators.

Das Turmerlebnis – Luthers reformatorische Wende

Luthers Rombesuch war sicher nicht ausschlaggebend dafür, dass er zum Reformator wurde. Die Reformation wurzelte nicht in den eklatanten kirchlichen Missständen. Sie wurzelte im existenziellen Ringen eines Mönchs und Theologieprofessors mit Gott. Die kirchlichen Missstände erklären aber die Resonanz der Reformation.

Nachdem Luther in Wittenberg im Oktober 1512 den Doktortitel erworben hatte und Professor geworden war, legte er seinen Schwerpunkt in der Lehre von Anfang an, anders als viele andere Theologieprofessoren der Zeit, auf die Bibelauslegung. Luther machte den Anfang mit dem Psalter. Als Mönch hatte er zu diesem Buch der Bibel ein besonders inniges Verhältnis, denn mehrmals täglich betete er im vorgeschriebenen monastischen Stundengebet Psalmen. In seiner Vorlesung legte er Psalm für Psalm, Vers für Vers und Wort für Wort aus – zwei Jahre lang, von 1513 bis 1515. Dann wandte er sich den Briefen des Paulus zu.

Vorlesungen schritten zur Zeit Luthers sehr langsam voran. Die Professoren ließen sich Zeit, und auch die Studenten nahmen sich Zeit. Ein Theologiestudium dauerte länger als heute. Luther selbst hatte fünf Jahre lang Theologie studiert, vergleichsweise kurz.

Bei Vorlesungen wurde auch wirklich vorgelesen, ja diktiert, und die Studenten schrieben mit, Wort für Wort, denn Skripte gab es noch nicht, und Bücher waren noch viel zu teuer. Luthers Vorlesungen kennen wir teilweise nur aufgrund solcher Mitschriften. Seine Manuskripte haben sich nicht durchgehend erhalten.

Nicht kirchliche Missstände machten Luther zum Reformator, sondern, wie gesagt, ein tiefes Ringen mit Gott, eine religiös-existentielle Frage, die ihn quälte: Ist Gott mir, mir Sünder gnädig? »Wie bekomme ich einen gnädigen Gott?«[11] Was muss ich tun, damit Gott mir gnädig ist?

Die existentielle Frage verband sich mit einer exegetisch-theologischen: Was meint die Bibel, wenn sie sagt, Gott sei gerecht? Erweist Gott seine Gerechtigkeit darin, dass er die Sünder straft? Oder setzt Gott seine Gerechtigkeit durch, indem er Sünder von ihren Sünden befreit und zu in seinen Augen Gerechten macht? Ersteres hatte Luther in seiner theologischen Ausbildung gehört und gelernt. Letzteres drängte sich ihm bei der Lektüre des *Römerbriefes* auf, wo Paulus, den Propheten Habakuk (Habakuk 2,4) zitierend, schrieb: Der Gerechte wird aus dem Glauben leben (Römer 1,17).

Plötzlich begriff Luther die Gerechtigkeit Gottes als eine schenkende, befreiende: Gott macht den Sünder zu einem Gerechten, indem er ihn trotz seiner Sünden annimmt und liebt. Luther fühlte sich verwandelt, und seine Erkenntnis wurde ihm zum Ausgangspunkt einer neuen Theologie und bildete den Schlüssel zur Reformation. Das Ereignis wird als Luthers reformatorische Entdeckung bezeichnet oder auch als das Turmerlebnis, weil Luther im Turm seines Klosters sein Arbeitszimmer hatte. Der Turm des Klosters gehörte zur Stadtbefestigung, in die das Kloster hineingebaut worden war. Im Turm gab es eine kleine Stube, die heizbar war. Das Kloster selbst war, aus

11 Vgl. Luthers Bericht über seine reformatorische Entdeckung: Martin Luther: Lateinisch-Deutsche Studienausgabe. Bd. 2: Christusglaube und Rechtfertigung/Johannes Schilling (Hg.). Leipzig 2006, S. 504/506 (lat.), S. 505/507 (dt.).

Im Wittenberger Augustinerkloster lebte Luther von 1511 bis 1546

Gründen der Askese, ungeheizt. Luther brauchte jedoch eine beheizbare Stube, um schreiben und seine Lehrveranstaltungen vorbereiten zu können. Der Turm wurde leider um 1850 abgerissen. Erst 2004/05 haben Archäologen seine Grundmauern wieder freigelegt. Außerdem gibt es noch, zugemauert, die Verbindungstür, die vom Kloster in den Turm und vermutlich zu Luthers Stube führte. Sie konnte man schon länger wieder sehen.

Der Inhalt der Entdeckung ist mit dem Fachbegriff der Dogmatik die reformatorische Rechtfertigungslehre. Das Turmerlebnis wird von den meisten Forschern um das Jahr 1514 datiert. Andere meinen jedoch, Luther habe erst später, sogar viel später den gnädigen Gott entdeckt, vielleicht erst 1518. Und wieder andere glauben nicht an das von Luther geschilderte Ereignis, die plötzliche Erkenntnis, sondern vermuten einen längeren Prozess des Nachdenkens.

Luther sprach später nur einmal ausführlich und im Zusammenhang über den Wendepunkt seines Lebens und seiner Theologie, und zwar im Jahre 1545 in einer Vorrede zu einer

Neuausgabe seiner lateinischen Schriften. 1545 sprach er über ein Ereignis, das 30 Jahre zurücklag. Doch dies dürfte kein Grund sein, Luthers Schilderung anzuzweifeln, denn prägende Ereignisse brennen sich im Gedächtnis eines Menschen ein. Sie werden freilich beim Erinnern auch überformt und umgeformt.

Luther hieß eigentlich Luder. Im Oktober 1517 schrieb er erstmals seinen Namen mit »th« und brachte ihn damit, nach Humanistenmanier, mit einem Wort aus dem Griechischen in Zusammenhang, dem griechischen Wort für »frei« (eleutheros). Luther interpretierte seine Entwicklung als Befreiung. Das Stichwort »Freiheit« sollte später zu einem Zentralbegriff der Reformation werden. Doch zunächst wandte sich Luther einer auf den ersten Blick eher praktischen Frage zu, dem Ablass.

»Wenn die Münze im Kasten klingt […]« – Der Ablass

Mit dem inneren Ringen des Mönchs Luther gingen äußere Ereignisse einher, die schließlich 1517 einen Schritt an die Öffentlichkeit provozierten. Es ging dabei um den Ablass.

Was ist Ablass? Häufig wird die Sache missverstanden. Beim Ablass geht es nicht um Sündenvergebung, sondern um den Erlass von Strafen. Die Kirche unterschied nämlich zwischen Schuld und Strafe. Die Schuld, die den Sünder von Gott trennte, wurde im Bußsakrament vergeben. Voraussetzungen waren Reue und Beichte. Wer seine Sünden bereute und sie alle, einzeln aufgezählt einem Priester beichtete, bekam die Vergebung zugesprochen. Jede Sünde hatte aber, so sah es die Kirche, auch eine Strafe zur Folge, an der keiner vorbei kam.

Man kann den Sachverhalt anschaulich machen, wenn man sich vor Augen hält, wie Eltern mit ihren Kindern umgehen, die etwas ausgefressen haben. Auf den Zornausbruch der Eltern folgen Tränen des Kindes, unter denen das Kind sein Fehlverhalten eingesteht und bereut. Vater und Mutter kommen wieder zur Ruhe und vergeben dem Kind. Alles ist wieder gut: »Wir mögen dich wieder!« Aber: »Strafe muss sein!« Als erzieherische Maßnahme wird eine begrenzte Strafe über das Kind verhängt.

So stellte sich die Kirche auch das Gott-Mensch-Verhältnis vor. Schuld wurde vergeben, aber Strafe musste sein. Die Frage war nur, wann und wie die Strafe erfolgte, ob schon in diesem Leben, zum Beispiel durch Krankheit, oder erst im Jenseits. Der angenommene Ort der Strafe im Jenseits hieß Fegefeuer. Hier wurden die Seelen der Verstorbenen gereinigt, hier wurden alle noch nicht vollstreckten Strafen vollstreckt, damit die Verstorbenen anschließend in den Himmel kommen, des Heils teilhaftig werden, die Gottesgemeinschaft genießen konnten. Wohlgemerkt: Das Fegefeuer ist nicht die Hölle, sondern ein wenn auch schmerzhaftes Durchgangsstadium in den Himmel. Die Hölle bedeutete ein ewiges Bestraft-Werden ohne Chance auf Erlösung, aber das blühte nur notorischen Sündern und notorischen Ketzern.

Ablass bedeutete den Nachlass noch ausstehender Strafen. Ablass verkürzte oder erleichterte also das Fegefeuer. Ursprünglich gab es Ablass nur für ganz besondere Taten wie die Beteiligung an Kreuzzügen. Dann bot man ihn auch Wallfahrern an, zum Beispiel Rom-Besuchern, die in der Heiligen Stadt alle Hauptkirchen besucht hatten, wie Luther 1511. Im späten Mittelalter gewährte ihn die Kirche aber auch für Geld. Die Gläubigen konnten Ablass kaufen. Das Angebot wurde dann immer wohlfeiler und immer großzügiger. Die Kirche gewährte vollkommenen Ablass, den Nachlass aller noch ausstehender Strafen. Die Kirche gewährte den Nachlass von Sündenstrafen für Sünden, die erst in Zukunft noch begangen würden. Und die Kirche bot sogar an, Ablass zugunsten bereits verstorbener Angehöriger zu geben. Das Geschäft mit dem Ablass gipfelte in dem frivolen Spruch: »Wenn die Münze im Kasten klingt, die Seele aus dem Fegefeuer springt.«[12]

Wie hat die Kirche ihre Kompetenz, Ablass zu gewähren und

12 Luther zitiert diesen Ausspruch in These 27 seiner 95 Thesen: ebd., S. 4 (lat.), S. 5 (dt.).

sich so in Gottes Strafhandeln einzumischen, begründet? Die Theologen argumentierten mit dem sogenannten »Schatz der Kirche«. Gemeint war damit ein Reservoir guter Taten und damit verbundener Verdienste, die sich durch die Geschichte, beginnend mit Jesus und den Aposteln, später durch die Märtyrer und Heiligen, in den Händen der Kirche angesammelt hätten. Über diesen Reichtum könne und dürfe die Kirche verfügen und ihn Bedürftigen zusprechen. Die Kirche sah sich als große, die Zeiten übergreifende Gemeinschaft, in der einer dem anderen hilft. Das war eigentlich ein schöner Gedanke, der letztlich einem großen und ebenfalls schönen Ziel diente: Möglichst viele Menschen sollen möglichst leicht, aber dennoch so, dass Gottes Gerechtigkeit gewahrt bleibt, zum Heil, zur Gemeinschaft mit Gott, zum ewigen Leben gelangen.

Luther selbst hatte Ablass empfangen, als er Rom besuchte. Aber die Ablasskampagne des Jahres 1517 in Deutschland beobachtete er mit zunehmender Sorge. Verantwortlich war der Erzbischof und Kurfürst Albrecht von Mainz (1490–1545) aus dem Fürstenhaus Brandenburg, der als Bischof neben Mainz auch Magdeburg und Halberstadt regierte, also drei weit auseinander liegende Bistümer gleichzeitig. Um die Erlaubnis zu dieser Ämterkumulation zu bekommen, hatte er dem Papst viel Geld bezahlen müssen, Geld, das er sich bei den Fuggern, dem in Augsburg ansässigen reichen Handelshaus, geliehen hatte. Indem Albrecht nun im Auftrag des Papstes Ablass verkaufen ließ, hoffte er, dieses Geld wieder hereinzuholen. Denn nur ein Teil der Einnahmen floss nach Rom und sollte dort dem Neubau des Petersdoms zugutekommen. Der andere Teil blieb als Aufwandsentschädigung, besser gesagt Verdienst, bei Albrecht oder floss von ihm zurück zu den Fuggern.

Der Petersablass wurde in den Kirchenprovinzen Mainz und Magdeburg angeboten. Die Kampagne hatte 1515 begonnen und war auf acht Jahre angelegt. Insgesamt sollten 50 000 Dukaten eingetrieben werden. Der Goldwert dieser Münzen betrüge heute über 6 Millionen Euro und sie entsprachen in ihrer Kaufkraft etwa 30 Millionen Euro heute. In der Kirchenprovinz Magdeburg beauftragte Albrecht den Dominikaner Johannes Tetzel

Der Petersdom in Rom wurde mit Ablassgeldern erbaut

damit, den Ablass unter das Volk zu bringen. Hierfür wurden spezielle Kommissionen eingerichtet. Tetzel zog mit seinem Gefolge von Stadt zu Stadt. In den Hauptkirchen wurden ein großes Kreuz und zwei Fahnen mit dem päpstlichen Wappen aufgerichtet. Plakate in deutscher und in lateinischer Sprache machten auf die Ablassaktion aufmerksam.

Wer Ablass begehrte, musste zunächst beichten. Nur Geld zu bezahlen, genügte nicht. Die Geldabgabe war gestuft. Reiche mussten mehr bezahlen als Arme. Als unterste Stufe war ein halber Gulden festgesetzt worden, Könige und Bischöfe dagegen hatten 23 Gulden zu entrichten. Zum Vergleich: Das Existenzminimum lag bei 20 Gulden im Jahr. 23 Gulden entsprechen also etwa 5000 Euro heute und ein halber Gulden etwa 100 Euro. Außer dem Ablass wurden, ebenfalls gegen Geld, weitere Dinge angeboten. Beliebt war der Kauf sogenannter Butterbriefe. Das war die Erlaubnis, in der Fastenzeit Butter zu essen, was ansonsten, wie der Fleischgenuss, verboten war.

Tetzel und sein Gefolge waren übrigens nie in Wittenberg, denn im Kurfürstentum Sachsen war die Kampagne nicht genehmigt worden. Doch das Magdeburger Gebiet und das Gebiet des Kurfürstentums Brandenburg, wo die Aktion erlaubt war, lagen nicht fern. Luther hatte Kenntnis sowohl durch mündliche Berichte als auch durch schriftliche Unterlagen, die ihm übermittelt worden waren. Luther und Tetzel sind sich nie persönlich begegnet. Alle Auseinandersetzungen fanden schriftlich statt. Tetzel lebte von 1518 an in Leipzig, wo er schon 1519 starb.

Am 31. Oktober 1517 trat Luther mit 95 in lateinischer Sprache niedergeschriebenen Thesen an die Öffentlichkeit. Thesen sind kurze, prägnante Sätze, die zur Diskussion herausfordern und einladen. Zu Luthers Zeit stellten Studenten und Dozenten gerne und häufig Thesen auf zu mehr oder weniger strittigen Themen, oft auch im Kontext von Prüfungsverpflichtungen, die dann an der Universität diskutiert wurden. Neben Vorlesungen gab es nämlich Diskussionslehrveranstaltungen – man sprach von Disputationen – wie heutige Seminare, in denen Studierende ihre Referate – die moderne Form von Thesen – halten. Thesen waren also eigentlich nichts Besonderes, auch nicht, wenn es 95 waren. Und selbst das »Anschlagen« – der öffentliche Aushang am Schwarzen Brett der Universität und als solches dienten Kirchentüren – war selbstverständlich. Doch Luthers Thesen vom 31. Oktober 1517 waren wegen ihres Inhalts etwas Besonderes.

2. Beginn der Reformation

1517: Luthers Thesen

»Er schlug sie am Vortag von Allerheiligen 1517 öffentlich an der Kirche an, die an das Schloss von Wittenberg grenzt«, so berichtete Philipp Melanchthon (1497–1560), Luthers prominenter Kollege und Mitreformator, im Jahr 1546, als er in seiner Vorrede zum zweiten lateinischen Band der Werke Luthers von dessen Leben erzählte.[13] Seither spricht man vom »Thesenanschlag«. Doch Melanchthon war 1517 noch nicht in Wittenberg, und von Luther selbst erfahren wir nur, dass er seine Thesen an Bischöfe und Freunde geschickt habe. Ob Luther am 31. Oktober seine Thesen wirklich öffentlich ausgehängt, »angeschlagen« hat, ist deshalb nicht sicher. Aber davon hängt auch nichts ab. Wichtig ist der Inhalt, und der ist bekannt und erregte sofort Aufsehen. Wir haben zwar nicht ein handschriftliches Original, aber wir haben Drucke der Thesen aus dem Winter 1517/18.

Luthers *Ablassthesen*, wie man den Text kurz und bündig nennt, behandeln nicht nur das Thema Ablass, sondern setzen ganz grundsätzlich beim Thema Buße an. Luther erinnert daran, dass Jesus zur Buße aufgerufen hat: Tut Buße, denn das Himmelreich ist nahe herbeigekommen (Matthäus 4,17). Was meinte Jesus damit? Luther erklärt in seiner 1. These: Jesus wollte, dass unser ganzes Leben Buße sei.

Die Kirche zur Zeit Luthers sah in der Buße einen sakramentalen Akt. Der Gläubige ging zu einem Priester, beichtete diesem seine Sünden und bereute sie und wurde von dem Priester anschließend im Namen Gottes von seinen Sünden frei gesprochen, selbstverständlich unter Auflagen wie zum Beispiel hundert Vaterunser-Gebeten. Nach den Vorschriften der Kirche hatte jeder Gläubige mindestens einmal im Jahr zur Beichte zu

13 Melanchthon deutsch/Michael Beyer et al. (Hg.). Bd. 2: Theologie und Kirchenpolitik. Leipzig 1997, S. 177.

Die Tür der Wittenberger Schlosskirche (Bronzetür des 19. Jahrhunderts mit Luthers Thesen) – hier soll Luther seine Thesen angeschlagen haben

gehen und den Bußakt zu vollziehen, um die Absolution, den Freispruch, die Vergebung zu erlangen.

Das war Luther zu wenig, aber Luther wollte auch keine wöchentliche Beichte und Buße, wie sie die katholische Kirche später – bis heute – vorschrieb, sondern er forderte Buße als Lebenshaltung, als Grundhaltung des Christen. Jeder sollte sich ständig darüber im Klaren sein, dass er in den Augen Gottes ein von Schuld beladener, sündiger Mensch ist, angewiesen auf die Gnade Gottes. So lebte Luther als Mönch, und diese Lebenshaltung erwartete er nun von allen Christen, die wahrhaft Christen sein wollten.

In weiteren Thesen wandte sich Luther aber konkret dem Ablass und der mit diesem untrennbar verbundenen Lehre vom Fegefeuer zu. Luther äußerte Zweifel, ob es ein Fegefeuer überhaupt gebe, denn er konnte dazu in der Heiligen Schrift nichts finden. Sollte es kein Fegefeuer geben, wäre der Ablasslehre und dem Ablasshandel der Boden entzogen.

Ferner kritisierte Luther, dass sich die Menschen, die Ablass kauften, in falscher Sicherheit wiegten, denn die Kirche könne ja eigentlich nur solche Strafen erlassen, die sie selbst verhängt habe, nicht aber Strafen Gottes. Besser als für Ablass Geld auszugeben sei es, mit diesem Geld Armen zu helfen.

Ganz offen griff Luther die Art und Weise an, wie sich die Kirche durch den Ablass bereicherte. Das Ganze sei ein Instrument, um Geld einzutreiben: »Der Schatz des Ablasses ist das Netz, mit dem man jetzt den Reichtum der Menschen fängt.«[14] Und dabei sei der Papst schon einer der reichsten Männer dieser Erde. Warum baue er den Petersdom in Rom nicht mit seinem eigenen Geld, fragte Luther.

Auch für die Theorie vom »Schatz der Kirche«, mit der die Möglichkeit der Kirche, Ablass zu gewähren und göttliche Strafen zu erlassen, seit langem begründet wurde, fand Luther in der Bibel keine Grundlage. Er erhob Zweifel, ob es diesen Schatz wirklich gebe. Ist nicht etwas ganz anderes der Schatz der Kirche? Der Schatz der Kirche, sagt Luther provozierend, ist das Evangelium, die frohe Botschaft von Gott, der den Menschen in Jesus Christus nahe gekommen ist. Dieser Schatz, diese Botschaft gehöre der Kirche, und diesen Schatz solle sie austeilen, natürlich kostenlos.

Die Reformation nahm für sich in Anspruch, in besonderem Maße am Evangelium orientiert zu sein. Deshalb werden bis heute die in der Reformation gründenden Kirchen als evangelisch bezeichnet. Das Wort meint wörtlich: gute Nachricht; gemeint ist die gute, froh machende Nachricht von Jesus Christus. Die vier Bücher des Neuen Testaments, die über Jesus berichten und das Evangelium mitteilen, werden Evangelien genannt. Natürlich wollte sich auch die alte Kirche, von der sich Luther abgrenzte, am Evangelium orientieren, und natürlich glauben auch heutige Katholiken an das Evangelium. Dennoch ist das Wort evangelisch, weil es von den Reformationsanhängern so stark betont wurde, im Laufe der Zeit zur Konfessionsbezeichnung geworden.

In seinen Thesen argumentierte Luther mit der Bibel. Was

14 These 66: Luther: Lateinisch-Deutsche Studienausgabe 2 (wie Anm. 11), S. 10 (lat.), S. 11 (dt.).

richtig oder falsch war, sei es in der theologischen Lehre, sei es in der kirchlichen Praxis, wollte er auf dem Hintergrund der Bibel klären. Die kirchliche Tradition, das religiöse Brauchtum, die Lehren mittelalterlicher Theologen und philosophische Erkenntnisse waren für ihn nicht entscheidend, sondern »die Schrift allein« (lateinisch: *sola scriptura*). Man hat dies später als das Schriftprinzip der Reformation bezeichnet. Es findet sich bei Luther schon in seinen allerersten Anfängen und ist eine erste Zentrallehre der Reformation. Reformatorische Theologie gründete sich auf die Bibel, direkt auf die Bibel.

Re-formation meint nicht Modernisierung. Es ging um eine Zurück-Wendung zu den Ursprüngen. Das Anliegen der Reformation war nicht modern, auch nicht konservativ, sondern streng genommen reaktionär: Eine Umkehr war gewollt – eine Umkehr in die Zukunft. Heute verbindet man mit »Reform« eine Modernisierung, einen Bruch mit dem Alten. Doch die Grundbedeutung des Wortes war eine andere. Wörtlich meint Reform Zurückformung, Wiederherstellung des (guten) alten Zustands. In diesem Sinn gebrauchte Luther den Begriff. Er wollte verändern, aber dabei die guten alten, die ursprünglichen Zustände wiederherstellen. Sein Selbstbewusstsein bezog Luther aus der Tatsache, dass er ein Doktor der Theologie war.

Luthers *Ablassthesen* schlugen ein wie eine Bombe. Jeder, der sie in die Hand bekam, verbreitete sie gleich weiter. Rasch wurden sie, zunächst außerhalb Wittenbergs, gedruckt, und zwar in Nürnberg, Leipzig und Basel, rasch nicht nur in lateinischer, sondern auch in deutscher Sprache. Überall sprach man darüber: In Wittenberg hat sich ein Mönch und Professor gegen den Ablass gewandt und damit gegen die Kirche und gegen den Papst.

Erzbischof Albrecht von Mainz hielt im November 1517 ein Original von Luthers Thesen in der Hand. Er leitete es nach Rom weiter und erhob Anklage gegen Luther. Er verdächtigte Luther, ein Ketzer zu sein, ein Irrlehrer, der die Kirche gefährde.

Disputationen in Heidelberg und Leipzig

Im September 1518 wurde Luther nach Augsburg zitiert, um vor einem päpstlichen Gesandten, dem Dominikaner-Theologen und Kardinal Thomas de Vio aus Gaeta, genannt Cajetan (1469–1534), Rechenschaft abzulegen. Drei Begegnungen fanden am 12., 13. und 14. Oktober statt. Der Wittenberger wurde zum Widerruf aufgefordert. Weil Luther diesen verweigerte, wandte sich Cajetan brieflich an Luthers Landesherrn, Kurfürst Friedrich III. (1463–1525), genannt Friedrich der Weise, und forderte ihn auf, Luther nach Rom auszuliefern oder des Landes zu verweisen. Doch der Kurfürst dachte nicht daran, den Wunsch zu erfüllen.

Warum sich Friedrich hier und später schützend vor Luther stellte, ist nicht wirklich bekannt. Es gibt keine Äußerungen von ihm, die Einblicke in seine Motivation geben würden. Friedrich war ein ausgesprochen frommer Mann. Er hatte eine Pilgerfahrt nach Jerusalem unternommen. Er sammelte aber auch Reliquien ohne Ende. Die ganze Schlosskirche in Wittenberg diente ihm als riesiger Reliquienschrein. Im Jahre 1520 umfasste die Sammlung 19 000 Einzelteile. Und alljährlich am Allerheiligentag, dem 1. November, konnte auch hier Ablass empfangen werden. Das gefiel Luther gar nicht und vertrug sich überhaupt nicht mit seinen religiösen Überzeugungen.

Friedrich war nicht nur fromm, sondern auch mächtig und selbstbewusst und wollte nicht, dass von außen in sein Land hineinregiert würde. Sicher freute er sich auch über den Erfolg seiner neu gegründeten Universität in Wittenberg, die wegen Luther alsbald viele Studenten aus ganz Deutschland und sogar aus dem Ausland anlockte. Friedrich schützte Luther, 1518 und später, bis zu seinem Tod. Friedrich starb im Jahre 1525. Mit Luther verkehrte er nie direkt, sondern immer über Mittelsmänner. Als Friedrich im Sterben lag, empfing er das Abendmahl auf evangelische Weise, mit Brot und Wein. Als Sterbender bekannte er sich damit symbolisch zur Reformation. Folge-

Friedrich der Weise und
Martin Luther
(Wormser Lutherdenkmal)

richtig hat er auch Wittenberg, die Schlosskirche, zur Grabstätte gewählt. Bis heute liegt er in der Stammkirche der Reformation unweit von Luther begraben, der dort mehr als 20 Jahre später ebenfalls seine letzte Ruhe finden sollte.

Mehr Aufmerksamkeit als seine Begegnung mit Cajetan erregten Luthers Auftritte im April 1518 in Heidelberg und im Juni/Juli 1519 in Leipzig. In Heidelberg trat Luther anlässlich einer Versammlung seines Mönchsordens auf, also unter Gelehrten. Die Veranstaltung in den Räumen der Universität war jedoch öffentlich und zog, da Luther auch in Süddeutschland bereits bekannt war, eine ganze Reihe von Besuchern an, die keine Augustinermönche waren.

Luther legte weitere Thesen vor, von denen vor allem zwei Aufsehen erregten und neue Diskussionen auslösten. Zum einen griff Luther den Philosophen Aristoteles an, auf den sich die Philosophie und die Theologie des Mittelalters immer gestützt hatten. Luther diffamierte ihn als »toten Heiden«,[15] der dem Theologen nichts zu sagen habe. Theologie sollte sich nach Luther nicht auf irgendeine Philosophie, sondern direkt auf die Bibel gründen, wie schon an den Ablassthesen deutlich geworden war.

Aristoteles hatte im ganzen Mittelalter eine hohe Autorität, eine so hohe Autorität, dass man ihn einfach als »den Philosophen« bezeichnete.[16] Jeder wusste, wer gemeint war. Andere Philosophen der Antike, wie Platon, hatten eine geringere Bedeutung. Bei Aristoteles lernten die Studenten logisch zu argumentieren. Aber auch in anderen Fragen, zum Beispiel der Anthropologie, war er maßgebend. Probleme gab es zwar mit dem Weltbild des Aristoteles – er lehrte die Ewigkeit der Welt, Christen rechneten aber mit einem Weltende, er lehrte die Sterblichkeit der Seele, Christen behaupteten aber deren Unsterblichkeit –, aber darüber ließ sich hinwegsehen. Man las Aristoteles allerdings in lateinischer Sprache, die griechischen Originaltexte wurden erst im ausgehenden Mittelalter wieder bekannt.

Außergewöhnlich war übrigens der Weg, wie Aristoteles Eingang ins Abendland gefunden hatte. Es gab nämlich keine Kontinuität von der Antike ins Mittelalter, sondern Aristoteles war mit dem Ende der Antike untergegangen. Nur weit im Osten, im Orient, war er noch präsent. Christen, die vom 7. Jahrhundert an unter der Herrschaft des Islam lebten, kannten ihn und übersetzten ihn ins Arabische. So wurde er islamischen Gelehrten bekannt sowie jüdischen Gelehrten, die ebenfalls zahlreich in der islamischen Welt lebten. Mit den Eroberungszügen der Moslems, die im frühen Mittelalter über Nordafrika bis nach Spanien gelangten, kam der arabische Aristoteles mit islamischen und jüdischen Gelehrten nach Spanien. Dort wurde er ins Lateinische übersetzt und erreichte so die abendländi-

15 Martin Luther: Studienausgabe/Hans-Ulrich Delius (Hg.). Bd. 2. Berlin (Ost) 1982, S. 154, Z. 30.

16 Z. B. Thomas von Aquin: Summa Theologiae. Prima pars. Madrid 1978 (Biblioteca Autores Cristianos 77), S. 15 (1q.2a.1).

schen Universitäten. Abendländische christliche Universitätsgelehrte lasen nicht nur die Texte des Aristoteles, sondern ebenso die ebenfalls ins Lateinische übersetzten Kommentare jüdischer und islamischer Gelehrter. Ohne es wirklich zu wissen oder wahrhaben zu wollen, schöpfte die mittelalterliche Gelehrsamkeit der Christen aus jüdischen und islamischen Quellen. Erst Luther stellte die Frage, ob die Beschäftigung mit diesen Texten und diesem Philosophen für die Theologie wirklich sinnvoll sei.

Zum andern beschäftigte sich Luther in Heidelberg mit der – auch heute – viel erörterten Frage, ob der Mensch einen freien Willen habe oder sich diesen nur einbilde. Theologie und Philosophie des Mittelalters waren von einer begrenzten Willensfreiheit ausgegangen. Zum Beispiel könne sich ein Mensch für oder gegen Gott entscheiden, für oder gegen einzelne gute oder böse Taten. Luther jedoch bestritt dies und erklärte, der Mensch habe keinen freien Willen. Er werde entweder vom Guten, von Gott beherrscht oder vom Bösen.

Trotz oder gerade wegen seiner zugespitzten Positionen – und wegen seines charismatischen Auftretens – fand Luther in Heidelberg weitere Anhänger. Junge Männer, die ihm zugehört hatten, zählten fortan zu seinen Anhängern und wurden in Süddeutschland selbst zu Reformatoren. Dazu gehörten Johannes Brenz (1499–1570), der später Reformator Schwäbisch Halls und zuletzt Württembergs werden sollte, und Martin Bucer (1491–1551), der später als Reformator in Straßburg und zuletzt in England wirkte.

Die Disputation in Leipzig im Sommer 1519 hatte ein anderes Format. Hier stand Luther erstmals einem prominenten und profilierten theologischen Widersacher gegenüber, Johann Eck (1494–1554), Theologieprofessor in Ingolstadt. Die Veranstaltung fand in der Pleißenburg, einem Schloss des sächsischen Herzogs am Ort des heutigen Rathauses, statt und erstreckte sich über mehrere Wochen. Ein breites Themenfeld wurde behandelt, alle seit 1517 aufgeworfenen Fragen. Ähnlich wie in Heidelberg wagte sich Luther erneut durch zugespitzte, ja provozierende Positionen in Einzelfragen hervor, die Aufsehen erregten, ja einen Eklat bewirkten. Luther erklärte, Päpste könnten irren und hätten mehrfach geirrt und Konzilien könnten irren und hätten mehrfach geirrt. Damit stellte er die beiden höchsten Instanzen der Kirche, den Papst und das Konzil, infrage. Johann Eck reagierte empört und verwies darauf, dass Luther nunmehr Positionen vertrete, die ein Jahrhundert zuvor Jan Hus aus Prag geäußert habe, der als Ketzer verurteilt und verbrannt worden war. Luther stand als Ketzer da, und es drohte ihm das gleiche Schicksal wie Hus.

Luther war diese Gefahr bewusst. Er kannte die Hus-Geschichte ja schon aus Erfurt, und er schätzte den Böhmen. Er erinnerte sich auch an einen Ausspruch, den Hus gemacht haben soll, als man ihn zum Scheiterhaufen führte: »Ihr bratet jetzt einen Hus, das ist eine Gans, aber nach hundert Jahren wird aufstehen ein Labod, das ist ein Schwan, der da singen wird, und er wird von euch nicht gebraten werden.«[17] »Hus« hat im Tschechischen die Wortbedeutung »Gans«. Mit seinem Wortspiel signalisierte Hus angesichts seines Todes, dass seine Ideen ein Größerer und Stärkerer aufgreifen werde. Luther sah sich als dieser Größere und Stärkere, und deshalb wurde und wird er auf Bildern gerne begleitet von einem Schwan dargestellt. Bis heute ist der Schwan ein Symbol für Luther.

1519 begann Luther auch damit, schriftstellerisch in die Breite zu wirken. Nun schrieb er nicht mehr nur lateinische Thesen und Traktate für Gelehrte, sondern auch deutsche Schriften für ein breites Publikum. In sogenannten Sermonen, das sind predigtähnliche Schriften, behandelte er kurz und bündig, aber zugleich tiefschürfend zentrale Themen des christlichen Glaubens und Lebens wie die Taufe, das Abendmahl, die Buße und das Sterben. Viele dieser Schriften fanden reißenden Absatz und erlebten rasch mehrere Auflagen. Buchdrucker in Wittenberg und in anderen Orten druckten und verkauften sie. Bücher wurden auf dem Markt gehandelt wie Getreide und Fleisch. Luther verdiente nichts daran. Die erfolgreichsten Lutherschriften hat-

17 D. Martin Luthers Werke. Kritische Gesamtausgabe. Schriften. Bd. 30/3. Weimar 1910, S. 387, Z. 6–9, 18–21.

ten Auflagen von vielen zehntausend Exemplaren. Luther war also ein richtiger Erfolgsautor. Zu bedenken ist, dass nur wenige Menschen lesen konnten. Doch Luthers Schriften wurden nicht nur gelesen, sondern auch vorgelesen.

Rom zögert, denn Deutschland braucht einen neuen Kaiser

Obwohl Luther immer mehr Anhänger fand und obwohl in Rom eine Anzeige gegen Luther vorlag, schritt der Papst nicht gegen Luther ein. Leo X. (1475–1521), der seit 1513 regierte, unterschätzte die Gefahr, die von Luther ausging, und wollte auch aus taktischen Gründen vorerst nicht gegen Luther einschreiten, weil in Deutschland eine Kaiserwahl anstand und der Papst dabei mitmischen und deshalb keinen der Stimmberechtigten und keinen potentiellen Kandidaten verärgern wollte. Die Kaiserwahl und die durch sie bedingte Prozessverschleppung war neben Humanismus und Buchdruck ein weiterer wichtiger Faktor für den Erfolg der Reformation, sodass man zugespitzt auch sagen könnte: Ohne Kaiserwahl keine Reformation!

Um diese komplizierten, aber für den Erfolg der Reformation wichtigen Zusammenhänge verstehen zu können, muss man einen Blick auf die politischen Verhältnisse werfen. Deutschland im heutigen Sinn gab es zur Zeit Luthers noch nicht. Deutschland war Teil des von Karl dem Großen im Jahre 800 neu begründeten Heiligen Römischen Reiches, das aber sein Zentrum nicht in Rom und in Italien, sondern in Deutschland hatte und deshalb auch Heiliges Römisches Reich Deutscher Nation genannt wurde. Zum Reich gehörten auch Österreich, die Schweiz und die Niederlande, ferner Belgien, Böhmen/Tschechien und Norditalien sowie Teile des heutigen Polen. Das Reich wurde regiert von einem Kaiser, der durch eine Wahl in sein Amt kam. Konkret wählten die Kurfürsten, sieben mächtige Männer, einen König, der dann vom Papst zum Kaiser gekrönt wurde. In der

Karl V. war der Kaiser der Reformationszeit, er regierte von 1519 bis 1555

Regel kamen die Könige/Kaiser aus dem Haus Habsburg, das Österreich und auch Spanien regierte.

Schon im Jahr 1518 wurde in Deutschland über einen neuen Kaiser diskutiert. Maximilian I. (1458–1519) regierte seit 1493 und brachte selbst, sein baldiges Ableben vorhersehend, die Diskussion um seine Nachfolge ins Rollen. Im Januar 1519 starb er. Als Nachfolger standen außer einem Habsburger, dem spanischen König Karl I. (1500–1558), dem Enkel Maximilians, auch der französische König Franz I. (1494–1547) sowie der Kurfürst von Sachsen, Friedrich der Weise, zur Diskussion. Der Papst wollte aufgrund seiner machtpolitischen Interessen in Norditalien den Habsburger verhindern und favorisierte den sächsischen Kurfürsten, also ausgerechnet den Herrscher, unter dessen

Schutz Luther stand. Wittenberg und seine Universität gehörten ja zu Sachsen. So war es nicht opportun, etwas gegen Luther zu unternehmen, und der römische Prozess gegen Luther wurde deswegen verschleppt.

Im Juni 1519 fand in Frankfurt am Main die Königswahl statt. Es flossen reichlich Bestechungsgelder. Der Papst war erfolglos. Die Kurfürsten wählten doch den Spanier, der als Karl V. sein Amt antrat, 1520 in Aachen zum König und 1530 in Bologna zum Kaiser gekrönt wurde.

Karl, geboren im Jahr 1500 in Gent, war zunächst 1515 Herzog von Burgund geworden und 1517 König von Spanien, wozu auch Süditalien sowie Mittel- und Südamerika gehörten. Las Casas verhandelte mit ihm über die Rechte der Indianer. Karl war also ein richtiger Weltherrscher, der viele Kämpfe führte und viele Kämpfe gewann. Doch an dem Wittenberger Mönch sollte er scheitern.

Nach der Kaiserwahl erinnerte sich Papst Leo wieder an die Luthersache, und im Winter 1519/20 wurde der römische Prozess gegen Luther wieder aktiviert. Leo X. stammte aus einer berühmten und reichen Florenzer Familie. Früh wurde er von seinen Eltern für den geistlichen Stand bestimmt und schon als 14-Jähriger zum Kardinal ernannt. Nach seiner Wahl zum Papst 1513 verbanden sich mit seinem Amtsantritt viele Erwartungen. Er hatte Reformen versprochen, und auch Luther hielt ihn, noch 1518, für einen »sehr guten Papst«.[18] Doch Leo hat alle enttäuscht. 1514 von einem in Rom schon seit 1512 tagenden Konzil, dem 5. Laterankonzil, beschlossene Reformmaßnahmen wie die Einschränkung der Ämterkumulation, die Abhaltung von Provinzial- und Diözesansynoden und die Reglementierung der Vergabe von Bistümern und Abteien nur noch an würdige Personen hat er nicht umgesetzt. Auch politisch war er weniger erfolgreich als Julius II. Positiv zu erwähnen ist, dass sein sittlicher Lebenswandel unanstößig war und dass er als erster Papst den Druck des Talmuds erlaubte, der wichtigen nachbiblischen

18 D. Martin Luthers Werke. Kritische Gesamtausgabe. Schriften. Bd. 1. Weimar 1883. S. 573, Z. 17.

heiligen Schrift des Judentums. Auch eine Schule für orientalische Sprachen, an der Hebräisch gelehrt wurde, hat er gegründet. Und wie alle Päpste förderte natürlich auch er die Kunst.

In der Luther-Sache hat Leo allerdings kläglich versagt. Wäre er Luther entgegengekommen oder hätte er ihn rasch, energisch und konsequent bekämpft, hätte er die Reformation vielleicht verhindern können. Leo X. ist in mehrfacher Hinsicht mitverantwortlich für den Erfolg der Reformation. Ohne Leo X. keine Reformation! Deren durchschlagende Siege hat er aber nicht mehr erlebt. Am 1. Dezember 1521 starb er an einem hartnäckigen Fieber. Da konnte er allerdings noch glauben, dass der ketzerische Mönch aus Wittenberg alsbald dem Feuer überantwortet werde. Leos Nachfolger hatten auszubaden, was er ihnen eingebrockt hatte. Für heutige katholische Papst-Geschichtsschreiber ist der Pontifikat Leos »einer der verhängnisvollsten der Kirchengeschichte« (Georg Schwaiger).[19]

Zwingli in Zürich – Ein zweiter Reformator gewinnt Gestalt

Seit 1516 wirkte Zwingli in Einsiedeln. Wie Luther bekam es auch er mit dem Ablass zu tun. In Einsiedeln wurde Ablass verkauft, und Zwingli übte Kritik an der Geldgier der Ablasshändler, stieß aber nicht wie Luther zu einer grundsätzlichen Infragestellung vor.

Während Luther schon mehrfach Schlagzeilen machte, war es um Zwingli noch ruhig. Während sich Luther schon nach außen wandte, spielte sich bei Zwingli noch alles im Innern ab. Entscheidend für ihn war der Wechsel nach Zürich.

Am 1. Januar 1519 trat Zwingli eine neue, prominente Stelle als »Leutpriester« am Züricher Großmünster an, der Hauptkirche der Stadt. Als Leutpriester war er für die Leute, für die Men-

19 Lexikon für Theologie und Kirche. Bd. 6. Freiburg i.Br. ^{2}1961, Sp. 952.

Am Großmünster in Zürich wirkte Zwingli von 1519 an als »Leutpriester«

schen zuständig, das heißt, er wirkte als Prediger und Seelsorger. Nicht alle Priester hatten damals diese Funktion. Viele, ja an großen Kirchen die allermeisten hatten nur die Aufgabe, Messen zu lesen, stille Messen, Gottesdienste ohne Publikum. Sie zelebrierten in lateinischer Sprache an einem der zahlreichen Altäre ihrer Kirche das Abendmahlsritual und glaubten, damit ein Gott wohlgefälliges Werk zu tun.

Zwingli hatte zu predigen und stellte sich dieser Aufgabe mit großem Engagement und mit neuen Idealen und Prinzipien. In seinen Predigten legte er nicht, wie es die Tradition der Kirche vorsah und wie es bis heute üblich ist, kurze Predigtabschnitte, sogenannte Perikopen, aus, sondern praktizierte die fortlaufende Auslegung ganzer biblischer Bücher. Mit dem lateinischen Fachbegriff nennt man das eine *Lectio continua*, eine kontinuierliche Lesung. Er begann mit dem Matthäusevangelium, dem ersten Buch des Neuen Testaments. Wie für Luther stand nun also auch für Zwingli die Heilige Schrift im Vordergrund und wurde zur Grundlage seiner Theologie und Predigt. Ob das Anfang 1519 schon Ausdruck einer eigenständig, in der Einsiedeler Zeit gewonnenen reformatorischen Erkenntnis war, wie Zwingli später behauptete und dabei das Jahr 1516 als Jahr seiner reformatorischen Wende angab, lässt sich nicht klären. Die frühen Predigten Zwinglis haben sich leider nicht erhalten.

Im Herbst 1519 erkrankte Zwingli und war dem Tod nahe. Er glaubte, er habe die Pest, aber als Pest wurden damals viele Seuchen bezeichnet, und welche Krankheit Zwingli wirklich hatte, lässt sich heute nicht mehr herausfinden. Auf jeden Fall geriet er in eine religiöse Krise, vergleichbar mit Luthers Ringen mit Gott im Turm seines Klosters einige Jahre früher. Spätestens durch diese Krankheit wurde Zwingli zum Reformator. Gleichzeitig las er aber auch Luthers Schriften. Im Jahr 1520 nahm Zwingli den päpstlichen Ehrensold, den er seit 1515 erhalten hatte, nicht mehr an. Damit distanzierte er sich von Rom und der alten Kirche.

Im Jahr 1521 begann Zwingli im Großmünster kirchenkritisch zu predigen. Er setzte sich kritisch mit dem Mönchtum, der Heiligenverehrung, der Messe und dem Fegefeuer auseinander, aber auch mit dem Zehnten, der von den Bauern an die Stadt zu entrichtenden zehnprozentigen Ertragssteuer. Aus dem Priester und Humanisten war endgültig ein Reformator geworden, und zwar ein Reformator, der sich, anders als Luther, der gelehrte Doktor der Theologie, in erster Linie als Prophet verstand, also als einer, der das Wort Gottes verkündet, Missstände beim Namen nennt und auf Veränderungen drängt.

Zwingli besaß nachweislich eine ganze Reihe von Luthers Büchern, insgesamt mindestens 26, und hat sie auch gelesen. Er wurde von Luther beeinflusst, auch wenn er das später lebhaft bestritten hat. Zu den Schriften, die ihn beeindruckten, gehörten drei prominente Lutherschriften des Jahres 1520, die man später als Luthers reformatorische Hauptschriften bezeichnet und hervorgehoben hat, weil sie theologische Grundgedanken und Einsichten der Reformation, aber auch zentrale Programmpunkte zusammenfassten.

Reformatorische Hauptschriften – Luthers religiöse Botschaft

Luther hat sehr viel geschrieben. Unter seinen vielen Schriften ragten und ragen aber drei hervor, die gleich nach ihrem Erscheinen zahlreiche Auflagen erlebten und die auch heute noch gelesen werden: die *Adelsschrift*, die *Freiheitsschrift* und die Schrift *Über die babylonische Gefangenschaft der Kirche*, alles Schriften des Jahres 1520, einer Hochphase in Luthers Leben, in der er tagsüber an der Universität dozierte und Besucher empfing und nachts an seinem Schreibtisch saß und beim Licht einer Öllampe theologische Bücher schrieb.

Die *Adelsschrift* ist die entscheidende Programmschrift der Reformation. Luther wendet sich *An den christlichen Adel deutscher Nation* – so lautet der Titel der Schrift eigentlich – und fordert ihn auf, weil die Bischöfe versagten, die Reform der Kirche in die Hand zu nehmen. Die Obrigkeiten – Fürsten ebenso wie Stadträte – hätten die Macht und das Recht und die Pflicht, sich in kirchliche Belange einzumischen und reformerisch tätig zu werden.

Dass Obrigkeiten die Macht dazu hatten, war klar, aber dass sie das Recht, ja die Pflicht dazu hätten, bedurfte einer Begründung. Luther lieferte sie, indem er die Lehre vom geistlichen Priestertum oder, wie man später sagte, allgemeinen Priestertum entfaltete, eine weitere theologische Zentrallehre der Reformation. Sie thematisierte und problematisierte den Unterschied zwischen Geistlichen und Laien.

Die Kirche des Mittelalters unterschied zwischen Geistlichen und Laien. Geistliche hatten das Sakrament der Weihe empfangen und standen Gott damit näher als normale Gläubige. Sie konnten zum Beispiel im Auftrag Gottes Sakramente spenden und im Namen Gottes Schuld vergeben. Die Kirche wurde, selbstverständlich, von Geistlichen geleitet, von Priestern, Bischöfen und dem Papst. Behauptet wurde auch, nur Geistliche hätten die Kompetenz, die Heilige Schrift auszulegen, und nur der Papst höchstpersönlich habe das Recht, ein Konzil einzuberufen.

Die Unterscheidung zwischen Geistlichen und Laien, zwischen Klerikern und dem Volk war für das Mittelalter elementar und betraf viele Bereiche des Lebens. Die Angehörigen des geistlichen Standes unterstanden nicht weltlichen Gerichten, sie kleideten sich anders (oder sollten es zumindest), lebten ehelos (oder sollten es zumindest) und hatten sich an der Ethik der Bergpredigt zu orientieren (oder sollten es zumindest). In den Kirchen war für sie ein spezieller Bereich, der Chor, reserviert der in der Regel erhöht und durch eine Trennwand, den Lettner, vom Kirchenschiff, in dem sich das Volk aufhielt, abgesondert war.

Luther bestritt nun, dass es in der Kirche einen Unterschied zwischen Geistlichen und Laien überhaupt gebe und räumte jedem, wirklich jedem Getauften das Recht ein, die Kirche zu leiten und die Bibel auszulegen. Die Gemeinde selbst habe das Recht, Pfarrer ein- und abzusetzen, der Kaiser könne, wenn er wolle, ein Konzil einberufen und selbstverständlich hätten Stadträte und Fürsten das Recht, in ihren Städten und Ländern, wie Bischöfe, kirchliche Angelegenheiten zu ordnen, auch zu verändern.

Wie kam Luther dazu, dies zu behaupten? Luther argumentierte mit der Taufe und dem Glauben. Die Taufe und der Glaube machen einen Menschen nicht nur zu einem Christen, sondern zu einem Geistlichen, zu einem Priester. Luther zitierte das Neue Testament: »Ihr […] seid das auserwählte Geschlecht, die königliche Priesterschaft, das heilige Volk, das Volk des Eigentums […]« (1. Petrus 2,9).

Im zweiten Teil seiner *Adelsschrift* machte Luther viele konkrete Reformvorschläge. Zum Beispiel empfahl er, Klöster in Schulen umzuwandeln, Wallfahrtskirchen einzureißen, Feiertage abzuschaffen, kein Geld mehr nach Rom zu schicken, Bordelle zu schließen usw. Leider spielte Luther dabei auch mit Gewaltgedanken, mit Gewalt gerichtet gegen den Papst und gegen seinen Hof, so in der rhetorischen Frage: »Hängen wir mit Recht die Diebe und köpfen die Räuber, warum sollen wir frei lassen den römischen Geiz, der der größte Dieb und Räuber ist?«[20]

Luther hielt den Papst in dieser Zeit schon, ohne es direkt auszusprechen, für den Antichrist nach 1. Johannes 2,18, eine endzeitliche Gestalt, welche die Kirche von innen zerstören würde. Grundsätzlich konnte sich Luther 1520 einen Papst aber noch vorstellen, allerdings nur einen Papst, der seine Aufgabe darin sehe, demütig zu beten – wie Michelangelo den verstorbenen Julius in Szene gesetzt hatte.

Am Beispiel der *Adelsschrift* lässt sich zeigen, wie Luther gearbeitet hat und wie seine Schriften verbreitet wurden. Am 7. Juni 1520 äußerte er in einem Brief erstmals die Absicht, eine an den Adel und den Kaiser gerichtete Schrift zu schreiben. Bereits am 23. Juni, gerade einmal nach zwei Wochen, war das Manuskript fertig. Dass Luther sehr schnell gearbeitet und am Schluss nicht mehr korrigierend durch den Text gegangen ist, merkt man bei der Lektüre, denn es gibt verschiedene Brüche und Fehler im Text sowie weitere Unzulänglichkeiten. Am 5. August lag das Buch in einer Auflage von 4000 Exemplaren in Wittenberg gedruckt vor. Bereits nach drei Tagen war die gesamte Auflage vergriffen. Luther machte sich schnell an eine erweiterte Neuauflage. Insgesamt erlebte das Buch 15 Auflagen in deutscher Sprache, gedruckt außer in Wittenberg auch in Leipzig, Augsburg, Straßburg und Basel. Auch in italienischer Sprache wurde das Werk zweimal gedruckt. Sollte jede Auflage 4000 Exemplare gezählt haben, so käme man auf eine Gesamtauflage von 68 000. Heutige Autoren theologischer Bücher können davon nur träumen.

Die zweite Hauptschrift des Jahres 1520 beschäftigte sich mit einer theologischen Frage im engeren Sinn, der Sakramentenlehre. In dem lateinisch geschriebenen Buch *Über die babylonische Gefangenschaft der Kirche* vergleicht Luther die gegenwärtige Situation der Christen mit dem Exil der Israeliten in Babylon im sechsten vorchristlichen Jahrhundert. Der Papst habe mit seinen Ordnungen die Christen gefangengenommen. Luther

20 Luther: Studienausgabe 2 (wie Anm. 11), S. 121, Z. 18–20.

aber will sie befreien. Zwei Themen stehen im Vordergrund: Wie viele Sakramente gibt es in der Kirche und kann man Abendmahl (Eucharistie) feiern ohne Wein?

Die Kirche zählte seit dem hohen Mittelalter sieben Sakramente, hervorgehobene heilige, rituelle Handlungen: Taufe, Firmung, Ehe, letzte Ölung (Krankensalbung), Buße, Abendmahl, Weihe. Luther aber behauptete, außer der Taufe und dem Abendmahl und vielleicht noch der Buße entbehrten diese sogenannten Sakramente dem, was ein Sakrament zu einem Sakrament mache: 1. die Einsetzung durch Jesus persönlich und 2. eine klare Zeichenhandlung, die das Wortgeschehen begleite. Luthers Position setzte sich bei seinen Anhängern durch, und die Kirchen der Reformation entschieden sich einmütig, nur noch Taufe und Abendmahl als Sakramente zu betrachten. Die katholische Kirche hält bis heute an der Siebenzahl fest.

Die zweite Frage betraf das Abendmahl. Dabei stand im Vordergrund, ob es richtig sei, den Gläubigen nur das Brot zu geben und den Wein dem Priester zu lassen. Im Laufe des Mittelalters hatte sich diese als »Kelchentzug« bezeichnete Praxis durchgesetzt. Die Theologen argumentierten, wer das Brot empfange, empfange damit den ganzen Christus, des Weins bedürfe es deshalb nicht. Luther aber sagte, das Abendmahl müsse so gefeiert werden, wie es Jesus angeordnet habe, also Brot und Kelch für alle: »Trinket alle daraus!« (Matthäus 26,27)

Im Zusammenhang mit dem Abendmahl standen noch weitere theologische Fragen zur Debatte, wo Luther Lehre, Liturgie und Praxis verändern wollte. Luther bestritt, dass beim Abendmahl der Kreuzestod Jesu wiederholt werde, er bestritt, dass das Brot in den Leib Christi und der Wein in das Blut Christi förmlich verwandelt werde, und er bestritt, dass es erlaubt sei und Sinn mache, wenn ein Priester eine Abendmahlsfeier für sich alleine zelebriere, ohne Gemeinde.

Die Vorstellung von der unblutigen Wiederholung des Opfertods Jesu am Kreuz bei der Feier der Messe, kurz Messopferlehre, war schon in der Frühzeit des Christentums aufgekommen und im Mittelalter weiter zugespitzt worden. Die großen Theologen des Mittelalters definierten die Messe nicht nur als

Lob- und Dankopfer, sondern pointiert als Sühneopfer. Die Priester wurden dadurch zu Opferpriestern. Luther dagegen vertrat die Position, der Opfertod Jesu am Kreuz sei einmalig und bedürfe keiner Wiederholung.

Die Lehre von der Wesensverwandlung des Brotes in den Leib Christi und des Weines in das Blut Christi, kurz Transsubstantiationslehre, hatte die Kirche schon 1215 ganz offiziell zum Dogma erhoben, zu einer verbindlichen Glaubensvorstellung. Luther hielt, dem Wortlaut der Bibel folgend, daran fest, dass das Brot Leib Christi sei und der Wein sein Blut, wollte dieses Geheimnis aber nicht rational erklären, erst recht nicht mit Kategorien der aristotelischen Philosophie, wie es die mittelalterlichen Theologen versucht hatten.

Abendmahlsfeiern als bloßes Ritual, ohne Gemeinde, waren im Mittelalter sehr verbreitet. Sie wurden begründet mit den Vorstellungen, dass das Ritual an sich ein Gott wohlgefälliges Werk sei und durch den bloßen Vollzug Gnade wirke. Luther dagegen hatte das letzte Mahl Jesu mit seinen Jüngern vor Augen und konnte sich Gottesdienste ohne Wortverkündigung und ohne Publikum nicht vorstellen.

Die dritte bedeutende Schrift des Jahres 1520, kurz *Freiheitsschrift*, handelt *Von der Freiheit eines Christenmenschen*. Christen sind Freie, sagt Luther. Freiheit gehört zum Wesen der christlichen Existenz. Der Glaube schenke Freiheit, indem er den Menschen dauerhaft mit Gott verbinde und somit alle äußerlichen Dinge, die die Freiheit einschränkten, letztlich irrelevant mache. Pointiert formulierte Luther: »Ein Christenmensch ist ein freier Herr über alle Dinge und niemandem untertan.«[21] Luthers Freiheitsforderung stand mit seiner eigenen Freiheitserfahrung, als sich 1517 Luder als Luther, als Befreiter begriffen hatte, in einem ganz engen Zusammenhang.

Theologisch gesprochen entfaltet Luther in der *Freiheitsschrift* seine Rechtfertigungslehre, neben dem Schriftprinzip und der Lehre vom allgemeinen Priestertum eine dritte Zentrallehre der

21 Martin Luther: Deutsch-Deutsche Studienausgabe. Bd. 1: Glaube und Leben/Dietrich Korsch (Hg.). Leipzig 2012, S. 280/281, Z. 28 f.

Reformation, die ganz unmittelbar mit seinem Turmerlebnis im Zusammenhang steht. Es geht um die Frage: Was muss ein Mensch tun, damit ihn Gott liebt? Luthers Antwort: glauben. Nicht durch gute Werke, sondern »allein durch den Glauben« (lateinisch: *sola fide*)[22] wird ein Mensch so, wie ihn Gott haben will. Der Mensch hat nichts sich selbst, sondern alles »allein der – göttlichen – Gnade« (lateinisch: *sola gratia*)[23] zu verdanken.

Freiheit war für Luther eine Sache des inneren Menschen. Auch ein äußerlich unfreier Mensch, ein Gefangener oder ein Kranker, konnte innerlich frei sein. Die innere Freiheit bestand in der Gewissheit, dass die Gottesbeziehung keiner Äußerlichkeiten bedürfe und auch durch keine Äußerlichkeiten gestört oder gar zerstört werden könne.

Freiheit bedeutet für Luther nicht den Verzicht auf Bindung und erst recht nicht den Verzicht auf Verantwortung. Freiheit gewinnt der Mensch, wie schon gezeigt wurde, gerade durch die Bindung an Gott. Und aus dieser Freiheit resultiert für Luther, dass der Mensch Verantwortung übernimmt für seine Mitmenschen. In seiner *Freiheitsschrift* begründet Luther auch seine Ethik. Ebenso pointiert, wie er dem Christen Freiheit zuspricht, erinnert er ihn auch an seine Verantwortung: »Ein Christenmensch ist ein dienstbarer Knecht aller Dinge und jedermann untertan.«[24] Ein von Gott befreiter Mensch, so Luther, tue Gutes, nicht um Gott zu gefallen und gnädig zu stimmen und nicht um indirekt sich selbst zu nutzen, sondern wirklich um des Nächsten willen, wie ein guter Baum gute Früchte bringe. Anders gesagt: Luther hatte die Vorstellung, dass ein von Liebe erfüllter Mensch gar nicht anders könne, als diese Liebe auch weiterzugeben.

22 Z. B. ebd., S. 286/287, Z. 11.

23 Z. B. (schon 1519): Martin Luther: Studienausgabe/Hans-Ulrich Delius (Hg.). Bd. 1. Berlin (Ost) 1987, S. 223, Z. 1.

24 Luther: Deutsch-Deutsche Studienausgabe 1 (wie Anm. 21), S. 280/281, Z. 30 f.

Christus allein, die Schrift allein, allein durch Glauben, allein aus Gnade!

Zentrale theologische Gedanken Luthers und der Reformation wurden durch die auch heute noch bekannten und viel zitierten, sogenannten Exklusivpartikel ausgedrückt: Christus allein (*solus Christus*), allein die Schrift (*sola scriptura*), allein durch den Glauben (*sola fide*), allein durch die Gnade (*sola gratia*).

Gegen eine Theologie, die verschiedene Autoritäten anerkannte, wurde eine christozentrische Position formuliert: Christus allein ist Herr der Gemeinde, Grund der Rechtfertigung und Maßstab der Ethik. Christus war für Luther der einzige Mittler zwischen Gott und Mensch und das Zentrum der Heiligen Schrift. Die Bibel einschließlich des Alten Testaments musste auf Christus hin ausgelegt werden. Die Psalmen waren für Luther beispielsweise Gebete Christi. Die Predigt hatte Christus zu bezeugen und auf Christus zu verweisen. Und Christus war für Luther immer in erster Linie der Gekreuzigte. In ihm und nur in ihm hat nach Luther Gott seine Liebe zu den Menschen gezeigt und bewiesen. Wer Christus kennt und im Herzen trägt, braucht weder Heilige noch Amtsträger der Kirche, um Verbindung mit Gott aufzunehmen.

Gegen eine mit kirchlichen Traditionen argumentierende Theologie hat Luther, in Anlehnung an humanistische Grundsätze, das Schriftprinzip propagiert: Die Schrift allein soll in Glaubensfragen entscheidend sein. Die Bibel, und zwar die christozentrisch ausgelegte Bibel, ist für Luther Grundlage der Theologie und der Maßstab, an dem die kirchliche Praxis gemessen werden muss. Alles, was in den anderthalbtausend Jahren Christentumsgeschichte von Theologen gesagt, von Konzilien beschlossen, von Päpsten dekretiert wurde, hat nur Anspruch auf Geltung, wenn es mit der Heiligen Schrift übereinstimmt. Christus ist auch nur in der Heiligen Schrift zu finden.

Die Bibel war für Luther Maßstab der Theologie (Denkmal in Wittenberg)

Wenn Menschen behaupteten, Christus habe zu ihnen direkt gesprochen, habe sich ihnen im Traum offenbart, war Luther skeptisch, ja ablehnend. Auch geschichtliche Ereignisse als neue Offenbarungen Gottes zu interpretieren, lehnte er ab.

Gegen eine Theologie, die von der Heilsnotwendigkeit guter Werke sprach, wurde der Glaube als allein angemessene und völlig ausreichende Antwort auf Gottes Gnade in Christus propagiert: Allein durch den Glauben wird der Mensch gerettet. Das für die mittelalterliche Frömmigkeit charakteristische Vertrauen des Menschen auf sich selbst und seine guten und frommen Werke – von den Reformatoren als »Werkgerechtigkeit« gebrandmarkt – wurde abgelöst durch ein Vertrauen auf Gott und seine Taten. Der Glaube war für Luther kein Für-wahr-Halten. Glauben meinte bei ihm Vertrauen. Nicht weniger und nicht mehr erwartete Gott vom Menschen, als zu glauben. Wie kommt ein Mensch zum Glauben? Luther antwortete: Gott selber schenkt ihn. Der Glaube entsteht durch das Hören auf Gottes Wort, durch den Blick auf Christus. Christus begegnet dem Menschen in der Bibel und in der Predigt, sofern sie die

Bibel auslegt. Mit Paulus sagt Luther: »So kommt der Glaube aus der Predigt, das Predigen aber durch das Wort Christi.« (Römer 10,17).

Gegen eine Theologie, die Mensch und Gott in einem partnerschaftlich-kooperativen Verhältnis betrachtete, wurde der Mensch als ganz und gar von Gott abhängig begriffen: Der Gnade allein verdankt der Mensch, der radikal als Sünder gesehen wird, seine Seligkeit. Gott ist gnädig, und alles, aber auch wirklich alles verdankt der Mensch diesem gnädigen Gott, nichts sich selbst. Gnade bezeichnet die Zuwendung, die liebevolle Zuwendung Gottes zum Menschen. Besonders in seiner Gnadenlehre berief sich Luther auf den Kirchenvater Augustin, den er in seiner Erfurter Zeit bei jedem Gottesdienst in der Erfurter Klosterkirche vor Augen gehabt hatte.

An verschiedenen Stellen betonte Luther, dass Gott auch Selbstmördern gnädig sei, denen die Kirche eine christliche Bestattung verweigerte. Zwar verurteilte auch Luther den Suizid, aber er gab nicht einfach den Suizidenten die Schuld, sondern sah sie als vom Teufel überwältigt an und wollte sie als Menschen deshalb nicht verdammen. Dass Luther aber selbst zur Schaufel gegriffen und einen Selbstmörder bestattet habe, ist eine moderne Legende. Im Gegenteil: Luther wollte aus Gründen der Abschreckung an dem ungnädigen Brauch festhalten, die Leichen der Selbstmörder zu verbrennen. Das Verhältnis der Kirche zu Suizidenten hat sich erst im 20. Jahrhundert verändert.

Während Luther seine inspirierenden, auch vielen Anhänger der alten Kirche imponierenden Gedanken niederschrieb, brauten sich in Rom dunkle Wolken über ihm zusammen. Der Prozess gegen ihn, der wegen der Kaiserwahl ins Stocken gekommen war, wurde fortgesetzt und führte schließlich zu dem zu erwartenden eindeutigen Ergebnis: Ketzerurteil, Bann und Acht.

1521: Luther im Bann und unter der Acht

Während des Jahres 1520 waren in Rom die Verhandlungen der Luthersache vorangekommen. Kein Geringerer als Johann Eck, dem Luther 1519 in Leipzig begegnet war, stellte aus Luthers Schriften 41 Sätze zusammen, die der Heiligen Schrift und Lehre der Kirche angeblich widersprachen, darunter seine Forderung nach dem Wein beim Abendmahl, seine Kritik am Ablass und am Fegefeuer sowie seine Bestreitung der Willensfreiheit.

Im Mai 1520 wurde auf der Basis dieser Zusammenstellung ein offizielles päpstliches Dokument angefertigt, in der Amtssprache als Bulle bezeichnet, das Luther den Bann, den Ausschluss aus der Kirche, androhte. Am 24. Juli wurde es in Rom veröffentlicht.

In Deutschland wurde die Bannandrohungsbulle Ende September bekannt gemacht. Auch der Universität Wittenberg wurde ein Exemplar übersandt. Am 10. Oktober hielt sie der Rektor der Universität in der Hand. Der Bann wurde nicht nur Luther angedroht, sondern auch allen seinen Anhängern, von denen einige namentlich genannt wurden, sowie allen, die ihn unterstützten.

Noch war es eine Drohung, Luther wurde aufgefordert, binnen 60 Tagen die inkriminierten Lehren zu widerrufen. Viele, vor allem politische Kreise, drängten Luther, einen Kompromiss zu suchen, und Luther adressierte aus diesem Grund seine *Freiheitsschrift* an den Papst höchstpersönlich, als Versöhnungsangebot. Leo X. dürfte sie aber nie gelesen haben. Doch ein förmlicher Widerruf Luthers blieb aus, und so galt er vom 10. Dezember 1520 an als gebannt. Förmlich ausgesprochen wurde der Bann seitens Roms dann am 3. Januar 1521.

Am 10. Dezember 1520 verbrannten in Wittenberg Studenten und Dozenten kirchliche Bücher aus Protest gegen die Kirche und gegen die Verfolgung Luthers, und Luther selbst warf ein gedrucktes Exemplar der Bannandrohungsbulle ins Feuer. Die

Bücherverbrennung fand außerhalb der Stadtmauer, beim Elstertor, statt. Heute erinnert eine Gedenkstätte mit einer Eiche an diesem Ort an das Ereignis.

Üblicherweise wurde ein Ketzer, von dem sich die Kirche getrennt hatte, anschließend vom Kaiser durch die Acht aus der menschlichen Gemeinschaft ausgeschlossen und zu Tode gebracht. Jan Hus in Konstanz war ein Beispiel dafür. Auch Luther drohte nunmehr der Scheiterhaufen.

Doch der Kaiser zögerte, er musste zögern, weil die Fürsten, die ihn 1519 gewählt hatten, sich in einer sogenannten Wahlkapitulation ausbedungen hatten, Ächtungen nur im Einvernehmen mit ihnen auszusprechen. Friedrich der Weise, Luthers Landesherr und Beschützer, bestand nun gegenüber Karl V. darauf, dass Luther vor einer eventuellen Ächtung gehört werde.

Für den April 1521 rief Karl seinen ersten Reichstag in Deutschland zusammen. Auf einem Reichstag versammelten sich Vertreter aller Obrigkeiten, um mit dem Kaiser Reichsangelegenheiten zu beraten und zu beschließen.

Luther wurde nach Worms geladen und machte sich am 2. April 1521 auf den Weg. Anders als bei früheren Reisen musste er allerdings nicht zu Fuß gehen: Die Stadt Wittenberg stellte ihm einen komfortablen Rollwagen mit Schutzdach zur Verfügung, und die Universität Wittenberg stattete ihn mit zwanzig Gulden Verpflegungsgeld aus.

Am 17. und am 18. April wurde Luther am Rande des Reichstags, nicht in einer offiziellen Versammlung, vor den Kaiser geladen und von diesem zum Widerruf angefordert. Luther wurde nicht angehört und es fand auch kein Gespräch statt, sondern Luther wurde gefragt, ob die Schriften, die man vor ihm ausgebreitet hatte, von ihm stammten und ob er widerrufen wolle. Beim ersten Termin erbat sich Luther Bedenkzeit. Am Folgetag hielt er dann eine kurze Rede, in der er sich zu seinen Schriften bekannte, zugestand, dass er manchmal zu scharfe Worte gewählt habe, aber inhaltlich nichts widerrufen wollte, es sei denn, er werde durch die Heilige Schrift und eine vernünftige Argumentation widerlegt. Seine Rede in deutscher

In Worms stellte sich Luther 1521 dem Kaiser
(Detail auf dem Wormser Lutherdenkmal)

Sprache schloss Luther mit den Worten: »Gott helfe mir. Amen.«[25] Später machten die Geschichtsschreiber und Biografen daraus das berühmte »Hier stehe ich und kann nicht anders [...]«[26], das die zeitnahen Quellen jedoch nicht bezeugen. Ein berühmtes Denkmal unweit des Ortes, geschaffen von Ernst Rietschel, erinnert seit 1868 an das Ereignis.

Der Kaiser erklärte, er sei sich sicher, dass ein einzelner Mönch, der mit seiner Meinung gegen die gesamte Christenheit stehe, irre, und des Kaisers Gefolgsleute riefen, so wird von Luthers Gegnern berichtet: »Ins Feuer mit ihm!«[27] Zugehört hatte auch Luthers Landesherr, Friedrich der Weise. Er soll anschließend gesagt haben: »Wohl hat der Pater, Doktor Martinus,

25 Deutsche Geschichte in Quellen und Darstellung. Bd. 3: Reformationszeit 1495–1555/Ulrich Köpf (Hg.). Stuttgart 2001 (Universal-Bibliothek 17003), S. 175.

26 Vgl. ebd.

27 Paul Kalkoff (Hg.): Briefe, Depeschen und Berichte über Luther vom Wormser Reichstage 1521. Halle 1898 (Schriften des Vereins für Reformationsgeschichte 59), S. 55.

geredet [...]«, aber einschränkend hinzugefügt haben: »Er ist mir viel zu kühn.«[28]

Anders als Hus hundert Jahre zuvor in Konstanz wurde Luther in Worms nicht verhaftet und verbrannt. Der Kaiser hielt sein Versprechen, Luther wieder heimreisen zu lassen. Erst am 25. Mai stellte er das sogenannte *Wormser Edikt* aus, das die Gefangennahme und Auslieferung Luthers sowie die Verbrennung seiner Schriften anordnete.

Luther war in höchster Gefahr. Doch sein Landesherr hatte einen heimlichen Plan, in den Luther nicht eingeweiht worden war. Der Reformator sollte auf einer abseits gelegenen Burg des Kurfürsten, auf der Wartburg bei Eisenach, in Sicherheit gebracht und versteckt werden.

Auf der Heimreise von Worms nach Wittenberg wurde Luther am 4. Mai 1521 im Thüringer Wald »überfallen« und auf die Wartburg »verschleppt«. Die Mitarbeiter des Kurfürsten brachten ihn in einer Stube im Verwaltungstrakt der Burg unter, und Luther ließ sich die Haare und einen Bart wachsen, damit ihn niemand als Martin Luther, den Mönch aus Wittenberg, erkannte. Er firmierte als »Junker Jörg«, als junger Adliger. Die Stube, in der er lebte und arbeitete, hat sich erhalten und wird heute von jedem Wartburgbesucher in Augenschein genommen.

28 Georg Spalatin: Annales Reformationis. Leipzig 1718, S. 49 f.

3. Ausbreitung und Ausgestaltung der Reformation

Luther auf der Wartburg – Das Neue Testament deutsch

Die Zeit auf der Wartburg, ohne die anderen Mönche, ohne Professorenkollegen und ohne Studenten, war nicht einfach für Luther. Er durchlitt Krisen, Anfechtungen, wie er als Mönch dazu sagte. Er fühlte sich vom Teufel bedroht. Luther glaubte an die Existenz eines Teufels, eines gefährlichen Widersachers Gottes. Später sagte er mehrfach, auf der Wartburg habe er mit dem Teufel gekämpft und habe ihn mit Tinte bekämpft. Das wurde oft wörtlich verstanden, als ob Luther den leibhaftigen Teufel gesehen und mit einem Tintenfass nach ihm geworfen hätte. Früher zeigte man Wartburgbesuchern sogar einen Tintenklecks an der Wand von Luthers Stube. Doch Luther meinte etwas anderes: Er bekämpfte den Teufel, indem er gegen ihn schrieb, indem er die Bibel übersetzte und indem er kirchenkritische Bücher, zum Beispiel ein Buch gegen die Mönchsgelübde, zu Papier brachte. Der Tintenklecks in der Wartburgstube ist inzwischen auch verschwunden, seit der Denkmalschutz über die Örtlichkeit wacht.

Luther erlebte Krisen, er litt unter gesundheitlichen Problemen und er stellte sich ernsthaft die Frage, ob es nicht doch sein könnte, dass er irre und dass er mit sich viele andere ins Verderben reiße. Luther dachte über elementare Fragen nach, aber er hatte auch Zeit, viel Zeit, und so nahm er sich auch eine grundlegende Aufgabe vor: die Aufgabe, die Bibel zu übersetzen.

Die Bibelübersetzung gehört zu den wichtigsten und bekanntesten Leistungen Luthers. Doch der Sachverhalt wird oft missverstanden. Luther hat nicht als Erster die Bibel ins Deutsche übersetzt. Schon vor Luther gab es gedruckte Bibeln in deutscher Sprache. Luther stellte sich jedoch als Erster der Aufgabe,

In den Wirtschaftsgebäuden der Wartburg lebte Luther 1521/22 und übersetzte das Neue Testament

die Bibel aus den Ursprachen, aus dem Hebräischen und dem Griechischen, ins Deutsche zu übersetzen. Alle Übersetzer vor ihm hatten die Bibel aus der in der Spätantike entstandenen, als *Vulgata* bezeichneten lateinischen Fassung ins Deutsche übersetzt, und dabei hatten sich, wie bei jeder Übersetzung aus einer Übersetzung, zahlreiche Missverständnisse und Fehler eingeschlichen. Erasmus hatte 1516 erstmals die Fehlerhaftigkeit der lateinischen Bibel nachgewiesen. Luther übersetzte also das Alte Testament aus dem Hebräischen und das Neue Testament aus dem Griechischen, und als Zweites nahm er sich vor, seiner Übersetzung eine Sprachgestalt zu geben, die möglichst viele Menschen in Deutschland verstehen konnten. In Deutschland gab es nämlich nur Dialekte, keine allen verständliche Hochsprache. Luther hatte, da er als Folge vieler Ortswechsel viele Dialekte kannte, gute Voraussetzungen, um eine übergreifende Sprachform zu schaffen. Und es gelang ihm auch, mit großem

Luther als Bibelübersetzer
(Lutherdenkmal Eisenach)

Erfolg. Die Lutherbibel war ein entscheidender Schritt zur Herausbildung der modernen deutschen Hochsprache.

Auf der Wartburg nahm sich Luther zunächst das Neue Testament vor und verwendete dabei Erasmus' Ausgabe des griechischen Textes von 1516. Bereits im September 1522 lag die Übersetzung gedruckt vor und wird deshalb als das Septembertestament bezeichnet. Auf das Neue folgte das Alte Testament, ein noch mühsameres Unterfangen. Erst 1534 war Luther fertig. In den deutschen evangelischen Kirchen der lutherischen Tradition wird diese Bibel in einer behutsam modernisierten, die Luthersprache mit ihren Eigentümlichkeiten weitgehend wahrenden Fassung noch heute verwendet.

Seinen Übersetzungen stellte Luther kurze Vorreden voran, in denen er sein Bibelverständnis und seine Übersetzungsgrundsätze darlegte. Luther unterschied zwischen Gesetz und Evangelium, das heißt zwischen Gottes Geboten und seinen

Verheißungen. Beide Worte Gottes finden sich im Alten und im Neuen Testament, und der Bibelausleger muss diesen Unterschied beachten, so Luther. In seiner *Freiheitsschrift* erklärte Luther, das Gesetz sei dazu da, den Sünder seiner Sünden zu überführen, ihn zu erschrecken und zu demütigen und ihn so bereit zu machen für das Evangelium, für die Botschaft von Gottes gnädiger Zuwendung. Die Unterscheidung von Gesetz und Evangelium war fundamental für Luthers Bibelverständnis und Theologie.

Luther schätzte die Bibel über alle Maßen, aber er war kein Biblizist, kein christlicher Fundamentalist. Für einen Biblizisten hat jedes Bibelwort den gleichen Rang und ist gleich wichtig. Für Luther aber standen Gottes Heilszusagen im Zentrum und das, womit »sie Christum treiben«[29], also die Christusbotschaft. Die Bibel enthält also nicht Antworten auf alle Fragen, die Menschen bewegen, und sie ist auch kein Lehrbuch der Naturkunde oder der Geschichte. Die Christusbotschaft war für Luther der kritische Maßstab bei der Lektüre und Beurteilung der übrigen Teile der Bibel. Von diesem Ansatz aus konnte er Bibelkritik üben. Zum Beispiel äußerte er sich negativ über den Jakobusbrief, weil dieser die Notwendigkeit guter Werke betonte. Das widersprach Luthers biografischer Erfahrung und seiner reformatorischen Entdeckung sowie – aus Luthers Sicht – dem Christuszeugnis des Neuen Testaments selbst. Weitere Grundsätze von Luthers Bibelauslegung waren, die Bibel immer wörtlich und nicht wie die mittelalterlichen Theologen »allegorisch« (d. h. sinnbildlich, symbolisch, gleichnishaft, übertragen) zu verstehen und sie aus sich selbst heraus zu verstehen und nicht geleitet von außerbiblischen Maßstäben und Grundsätzen: Die Heilige Schrift interpretiert sich selbst.

Wenig bekannt ist, dass Luther nicht alleine übersetzte, sondern ihm andere Wittenberger Reformatoren und Professorenkollegen, die teilweise besser Griechisch und Hebräisch konnten als er, zur Seite standen. Allen voran muss Philipp Melanchthon

29 Luthers Vorreden zur Bibel/Heinrich Bornkamm (Hg.). Hamburg 1967, S. 178.

erwähnt werden, der zweite große Wittenberger Reformator neben Luther. Er hat so viel zur Lutherübersetzung beigetragen, dass man eigentlich von der Luther-Melanchthon-Bibel sprechen müsste.

Melanchthon, Karlstadt, Müntzer – Wittenberger Reformatoren neben Luther

Philipp Melanchthon war im September 1518 nach Wittenberg gekommen, als Professor für die griechische Sprache. Er stammte aus Bretten im heutigen Baden-Württemberg, das damals zur Kurpfalz gehörte, und hatte in Heidelberg und in Tübingen studiert. Er war kein Luther-Anhänger, als er von Tübingen nach Wittenberg zog, schloss sich in Wittenberg aber sofort Luther und der Reformation an und trug wesentlich zur Ausgestaltung und zum Erfolg der Reformation bei. Mehreres kam ihm dabei zugute: Er lebte wesentlich länger als Luther, er erreichte weitaus mehr Studenten als Luther und er war nicht gebannt und geächtet, begab sich also nicht in Gefahr, wenn er in Sachen Reformation in Deutschland unterwegs war und dabei auch katholische Gebiete besuchte.

Das Jahr 1521 stellte Melanchthon vor eine große Herausforderung: Wittenberg ohne Luther. Melanchthon war gerade einmal 24 Jahre alt und fühlte sich einerseits überfordert, andererseits aber auch herausgefordert. Wer wenn nicht er sollte nun das Ruder in die Hand nehmen?

In zweierlei Weise trug Melanchthon 1521 entscheidend zum Vorankommen der Reformation bei: Als Erster schrieb er ein evangelisches Lehrbuch der Theologie und als Erster feierte er in Wittenberg das Abendmahl mit Brot und Wein.

In seinem Lehrbuch fasste Melanchthon Grundpositionen Luthers, die er durchgehend teilte, in lateinischer Sprache zusammen. Er gab dem Buch den Titel *Loci theologici*, übersetzt: Hauptpunkte der Theologie. Das Buch unterschied sich inhalt-

Philipp Melanchthon, der zweite große Wittenberger Reformator neben Luther (Wormser Lutherdenkmal)

lich und methodisch von dem, wie früher, vor der Reformation, Theologie gelehrt und gelernt worden war. Wichtig war Melanchthon der ständige Bezug auf die Bibel. Wichtig war Melanchthon die Beschränkung des Stoffs. Und wichtig war Melanchthon, die Studenten zum eigenen Nachdenken, zur eigenen theologischen Arbeit anzuleiten. Sein Lehrbuch machte Melanchthon berühmt. Luther war begeistert und wünschte diesem Buch Unsterblichkeit. Es wird auch tatsächlich heute noch, vorwiegend allerdings in deutscher Übersetzung, gelesen.

Das neue Verständnis der Rechtfertigung des Sünders »allein aus Gnade« (*sola gratia*)[30] ist das Herz reformatorischer Theologie und das Zentralthema der *Loci* von 1521. Die nicht auf-

30 Philipp Melanchthon: Loci Communes 1521. Lateinisch-Deutsch/ Horst Georg Pöhlmann (Übers.). 2., durchges. u. korr. Aufl. Gütersloh 1993, S. 206 (lat.), S. 207 (dt.).

grund von Werken, sondern »allein durch den Glauben« (*sola fide*)[31] gerecht machende Gerechtigkeit Gottes hatte Luther neu entdeckt oder vielmehr als Rettung aus einer Existenzkrise erlebt, und Melanchthon hat alles, was damit zusammenhängt, genau durchdacht und nach adäquaten sprachlichen Ausdrucksformen gesucht. Er war ein Meister im Systematisieren und Formulieren und hat so der reformatorischen Rechtfertigungslehre, die er später als »die Summe des Evangeliums« begriffen hat,[32] ihre dogmatische Form gegeben.

Schon in den *Loci* von 1521 vertritt Melanchthon mit aller Entschiedenheit das »sola fide«: »Kein einziges unserer Werke, mögen sie noch so gut erscheinen oder sein, ist die Gerechtigkeit, sondern allein der Glaube an die Barmherzigkeit und Gnade Gottes in Jesus Christus ist die Gerechtigkeit.«[33] Der Inhalt der Rechtfertigung ist die Sündenvergebung, und »Glaube« besteht für Melanchthon aus »Zustimmung« (*assensio*) und »Vertrauen« (*fiducia*): »Glauben heißt, dem gesamten uns verkündigten Wort Gottes, also auch der Verheißung, die Versöhnung werde uns um des Mittlers Christus willen umsonst geschenkt, zustimmen, und er ist ein Vertrauen auf die Barmherzigkeit Gottes, die um des Mittlers Christus willen verheißen wird.«[34] Der gerechtfertigte und erneuerte Mensch kann wieder aus der Gnade fallen, doch die Tür zur barmherzigen Wiederannahme durch Gott steht ihm dann erneut offen. Im Zusammenhang mit dem Augsburger Reichstag und dem *Augsburger Bekenntnis* 1530 hat Melanchthon der reformatorischen Rechtfertigungslehre auch begrifflich ihre endgültige Gestalt gegeben.

Im September 1521 feierte Melanchthon erstmals mit einem Wittenberger Priester und einigen Studenten das Abendmahl auf evangelische Weise, nämlich mit Brot und Wein. Es handelte sich nicht um einen offiziellen Gemeindegottesdienst, sondern

31 D. Martin Luthers Werke. Kritische Gesamtausgabe. Schriften. Bd. 2. Weimar 1884, S. 161, Z. 15 (Thesen zur Leipziger Disputation 1519).

32 Melanchthons Werke in Auswahl. Bd. 2/2/Robert Stupperich (Hg.). Gütersloh ²1980, S. 389, Z. 11.

33 Melanchthon: Loci Communes (wie Anm. 30), S. 206 (lat.), S. 207 (dt.).

34 Melanchthons Werke in Auswahl 2/2 (wie Anm. 32), S. 399, Z. 5–9.

um eine eher private Feier. Dennoch war damit eine Schranke durchbrochen. Die Menschen begehrten nach anderen Formen des Gottesdienstes.

Die Reformation machte also ohne Luther Fortschritte. Während Luther abgeschieden im Thüringer Wald lebte und mit engen Vertrauten in Wittenberg nur sporadisch Briefkontakt hatte, suchten die Kollegen Luthers aus seinen theologischen Erkenntnissen praktische Konsequenzen abzuleiten. Dazu gehörten die Reform des Gottesdienstes, die Entfernung der Heiligenbilder aus den Kirchen und die Neuordnung der Armenfürsorge in der Gemeinde.

Während sich Melanchthon, ohne studierter Theologe wie Luther, geschweige denn Doktor der Theologie zu sein, der Theologie zuwandte, übernahm der Theologe Karlstadt (1486–1541) eine führende Rolle bei den praktischen Umgestaltungen. Karlstadt hieß eigentlich Andreas Bodenstein, stammte aber aus Karlstadt am Main. Sein Herkunftsort war ihm zum Namen geworden. Er war einige Jahre älter als Luther und wirkte schon seit 1510 als Theologieprofessor in Wittenberg. 1512 hatte er Luther promoviert. Von Anfang an stand er an der Seite Luthers und spielte eine wichtige Rolle bei der Leipziger Disputation 1519. Mit Luther wurde ihm 1520 der Bann angedroht. Als Luther auf der Wartburg weilte, verfasste Karlstadt eine Schrift gegen den Zölibat. Auch Karlstadt selbst war Priester und lebte – noch – ehelos. 1522 hat er jedoch geheiratet.

Zum führenden Kopf der Wittenberger Reformation wurde Karlstadt im Winter 1521/22. An Weihnachten 1521 feierte er erstmals öffentlich das Abendmahl »in beiderlei Gestalt«, mit Brot und Wein, und im Januar 1522 beschloss der Rat der Stadt eine von Karlstadt verfasste reformatorische Kirchenordnung. Es war die erste evangelische Ordnung überhaupt. Den Gottesdienst betreffende Regelungen waren eng mit sozialen Maßnahmen verknüpft.

Die Wittenberger Kirchenordnung forderte Abendmahlsfeiern mit Brot und Wein, und die Teilnehmer sollten das Brot und den Kelch selbst in die Hand nehmen und selbst zum Mund führen – üblich war, dass die Priester das Brot, die Oblate, den Menschen auf die Zunge legten. Aus den Kirchen sollten alle Bilder entfernt werden. Die Seitenaltäre, die keine gottesdienstliche Funktion für die Gemeinde hatten, sollten ebenfalls beseitigt werden.

Ein zweiter wichtiger Punkt war die Armenfürsorge. Das Betteln auf der Straße wurde verboten. Arme Menschen, die nicht arbeiten konnten, sollten auf geordnete Weise versorgt werden. Das hierfür notwendige Geld sollte einem Fonds entnommen werden, in dem man ab sofort das Geld sammeln wollte, das zuvor der Kirche und ihren zahllosen Priestern zugeflossen war. Auch aus Abgaben aller Einwohner sollte dieser Fonds gespeist werden. Man sprach vom »Gemeinem Kasten«, was man mit »allgemeiner Geldtruhe« übersetzen könnte. Banken gab es ja noch nicht. Das Geld musste als Bargeld in gut verschließbaren, mehrfach gesicherten Truhen aufbewahrt werden.

Ein weiteres Thema war die Schulbildung. Die Ordnung sah vor, lernwilligen und begabten Knaben auch aus armen Familien, die sich eine Schulbildung eigentlich nicht leisten konnten, den Schulbesuch zu ermöglichen.

Im Winter 1521/22 erregten in Wittenberg gleichzeitig die sogenannten Zwickauer Propheten großes Aufsehen, zwei Tuchmacher aus Zwickau und ein Student, die sich auf Offenbarungen, Träume und Visionen beriefen. Sie kündigten eine Türkeninvasion und ein göttliches Gericht über die Gottlosen an, kritisierten die Kirche heftig und lehnten die Säuglingstaufe ab.

Luther beobachtete die Entwicklungen in seiner Heimat mit zunehmender Sorge. Christen, die sich von der Bibel lösten und sich auf direkte göttliche Eingebungen beriefen, waren für ihn »Schwärmer«.[35] Er hielt es kaum mehr aus auf der Wartburg. Anfang Dezember weilte er inkognito einige Tage lang in Wittenberg. Anfang März 1522 verließ er schließlich endgültig sein Versteck, eilte nach Wittenberg und hielt eine Reihe von Predigten, die nach dem Sonntag Invokavit, an dem sie begannen (9. März 1522), *Invokavit-Predigten* genannt werden. Luther warnte vor schnellen praktischen Umgestaltungen und forderte Rücksicht-

35 D. Martin Luthers Werke. Kritische Gesamtausgabe. Schriften. Bd. 23. Weimar 1901, S. 263, Z. 9.

nahme auf die »Schwachen«,[36] die Anhänger und Anhängerinnen der alten Kirche. Zunächst, so Luther, müssten die Gewissen der Menschen befreit und ihre innere Einstellung verändert werden, bevor man neue Gebräuche und Regeln einführen könne.

Luthers Position setzte sich in Wittenberg durch. Die »Wittenberger Unruhen«[37] fanden ein Ende und die Reformation schritt in der Hauptstadt der Reformation nunmehr nur noch langsam voran. Nicht nur die Zwickauer, sondern auch Karlstadt überwarf sich deshalb mit Luther und suchte das Weite.

Karlstadt gab 1523 seine Professur auf, verzichtete auch auf seinen Doktortitel und wirkte fortan als schlichter Pfarrer in Orlamünde an der Saale. Weil er sich theologisch immer weiter radikalisierte und sich Luther gegen ihn wandte, wurde er 1524 des Landes verwiesen. Nach einigen unsteten Jahren gelangte er 1530 nach Zürich, wo ihm Zwingli zu einer Anstellung verhalf. Zuletzt kehrte er aber zu seinen Anfängen zurück und wurde wieder Theologieprofessor, nun allerdings in Basel. Hier wirkte er bis zu seinem Tod 1541 und beschäftigte sich vor allem mit der Auslegung des Alten Testaments.

1523 veröffentlichte Luther eine eigene neue Gottesdienstordnung. Jetzt erst erlaubte er, beim Abendmahl den Wein auch der Gemeinde – den Laien – zu reichen. In der Liturgie hielt er noch an der vertrauten lateinischen Sprache fest. Erst zwei Jahre später schuf er mit der *Deutschen Messe* eine Grundlage für den Gottesdienst in deutscher Sprache. Neue Ordnungen für Taufen und Trauungen folgten. Von großer und bleibender Bedeutung waren schließlich die 1529 erschienenen Katechismen Luthers, kompakte Zusammenfassungen des christlichen Glaubens für Schule und Haus.

Zu den Wittenberger Reformatoren, die sich im Zusammenhang mit den Auseinandersetzungen des Jahres 1522 mit Luther zerstritten, gehörte auch der berühmte Thomas Müntzer, einer seiner ersten und entschiedensten Anhänger.

36 Luther: Studienausgabe 2 (wie Anm. 11), S. 532, Z. 24.

37 Vgl. Deutsche Geschichte in Quellen und Darstellung 3 (wie Anm. 25), S. 187.

Geboren 1489 in Stolberg am Harz als Sohn eines vermögenden Handwerkers, studierte Müntzer in Leipzig und Frankfurt an der Oder. Er ließ sich zum Priester weihen und erwarb den Magisterabschluss. Müntzer konnte Griechisch und Hebräisch, studierte Kirchenväter und Mystiker und besaß eine stattliche Bibliothek. Als Lehrer wirkte er in Halle, Aschersleben, Braunschweig und Halberstadt, betreute verschiedene Nonnenklöster und kam schließlich im Reformationsjahr 1517 nach Wittenberg, wo er blieb, bis er 1519 Prediger in Jüterbog wurde, einer Stadt im Fläming, zwischen Wittenberg und Berlin gelegen.

Im Jahre 1519 wurde Müntzer in einer katholischen Streitschrift als Anhänger der »Sekte des Dr. Martin« beschimpft.[38] Zum ersten Mal wurde hier für die Anhänger Luthers eine Parteibezeichnung gebraucht, aus der sich dann die Schimpfworte »Martinianer«[39], »Lutherianer«[40] und »lutherisch«[41] entwickelten. Erst sehr viel später bezeichneten sich die Anhänger der Wittenberger Reformation selbst als lutherisch.

Der Reformator empfahl Müntzer 1520 auf eine Predigerstelle in Zwickau. Dort begann seine Radikalisierung. Die erwähnten Zwickauer Propheten kamen aus seinem Umfeld. Wegen scharfer Predigten wurde er schließlich 1521 aus der Stadt verwiesen.

Müntzer ging nach Prag. Dort versuchte er vergeblich, die auf Hus-Anhänger zurückgehende Kirche der Böhmischen Brüder für seine Lehre zu gewinnen. Er glaubte, in Böhmen werde eine neue apostolische Kirche ihren Anfang nehmen. Erfüllt von einem großen Sendungsbewusstsein sah er sich als das Werkzeug Gottes bei der »Ernte«.[42] Er verfasste eine Erklärung (*Prager Ma-*

38 Vgl. Walter Elliger: Thomas Müntzer. Leben und Werk. Göttingen ²1975, S. 50, 53, 63.

39 Vgl. ebd., S. 49.

40 Flugschriften gegen die Reformation (1518–1524)/Adolf Laube (Hg.). Berlin 1997, S. 701, Z. 16.

41 Ebd., S. 849, Z. 27.

42 Thomas Müntzer: Die Fürstenpredigt. Theologisch-politische Schriften/Günther Franz (Hg.). Stuttgart 1967 (Universal-Bibliothek 8772), S. 15.

nifest), die mit dem Satz beginnt »Ich, Thomas Müntzer [...]«.[43] Er erklärte, die derzeitigen Priester der Kirche seien für ihr Amt nicht legitimiert, weil sie die Stimme Gottes nicht erfahren hätten. Glaube entstehe im Menschen durch einen inneren Existenzkampf unter Reinigung von kreatürlichen Abhängigkeiten und Gelüsten. Die Wahrheit der Bibel erweise sich nur durch die lebendige Rede Gottes im Herzen. Diese Möglichkeit stehe allen von Gott auserwählten Menschen offen. Die Menschen schied Müntzer in Auserwählte und Gottlose. Der Klerus, der sich zwischen Gott und die Menschen stelle, müsse vernichtet werden. Das *Manifest* endet mit folgenden Worten: »Thomas Müntzer will keinen stummen, sondern einen redenden Gott anbeten.«[44]

1523 kam Müntzer als Prediger nach Allstedt in Kursachsen. Hier setzte er die Eindeutschung des Gottesdienstes und der Kirchenlieder durch. Er heiratete. Die meisten Bürger des Ortes schlossen sich auf seine Anregung in einem Bund der Auserwählten zusammen. Müntzer kritisierte den Wittenberger Reformator nun als »Schriftgelehrten«[45], der sich zwischen Gott und Mensch stelle wie der alte Klerus. Den äußerlichen Glauben, den Buchstabenglauben, bezeichnet er als »erdichteten«, also eingebildeten Glauben.[46] Zum wahren Glauben komme man nur durch Versuchung, Leiden und Kreuz, also durch Gleichförmigkeit mit dem leidenden Christus. Ein Pfarrer müsse den erdichteten Glauben zerstören, denn er sei schlimmer als »gleißende Werke«.[47] Ein Pfarrer dürfe nicht trösten, sondern müsse betrüben. Höchstes Gift sei es, wenn ein »süßer Christus« der »fleischlichen Welt« gepredigt werde.[48]

Im Juli 1524 hielt Müntzer im Allstedter Schloss vor Herzog Johann von Sachsen (1498–1537), dem Bruder Friedrichs des Weisen, eine Predigt über Daniel 2, den Traum Nebukadnezars von einem Stern, der Königreiche zermalmt. Die Fürsten, so

43 Ebd., S. 3.
44 Ebd., S. 15.
45 Ebd., S. 117.
46 Ebd., S. 19.
47 Ebd., S. 34.
48 Ebd., S. 21.

sagte er dem Herzog ins Gesicht, hätten die Aufgabe die Gottlosen zu vernichten. Wenn sie es nicht täten, werde Gott ihnen das Schwert nehmen. Müntzer bezog Stellung gegen die Obrigkeit. Er bejahte ein Widerstandsrecht der Untertanen, wenn die Obrigkeit statt der Gottesfurcht der Kreaturfurcht Raum gebe und sich dem Gotteswort widersetze. Müntzer wandte sich gegen die Kindertaufe. Außerdem erklärte er, Wasser sei bei der Taufe nicht wichtig, es gehe um den Geist. Der Herzog jedoch ließ sich das nicht bieten. Als Folge seiner *Fürstenpredigt* musste Müntzer aus Allstedt fliehen.

Mühlhausen an der Unstrut war die nächste Station, im Herbst des Jahres 1524. Müntzer vertrat nun die Position, der göttliche Geist könne jemandem Glauben schenken, der die Bibel gar nicht kenne. Der gemeine Mann solle so gelehrt werden, dass er von den Pfarrern nicht länger verführt werden könne. »Gott verachtet die großen Hansen«[49], rief er aus und: »Die Zeit der Ernte ist da!«[50] Nur der Mensch, der sich von allem gelöst habe, finde zum Glauben. Drei Punkte charakterisierten Müntzer: die Rechtfertigung von Gewalt, die Berufung auf innere Erfahrungen und seine Bereitschaft zu leiden.

Luther verfolgte diese Entwicklungen mit großer Unruhe und forderte die Fürsten zum rigorosen Eingreifen gegen den neuen »Schwärmer« auf. Er schrieb einen *Brief an die Fürsten zu Sachsen.* Müntzer reagierte, indem er *Wider das geistlose, sanft lebende Fleisch in Wittenberg* zur Feder griff und Luther als »Bruder Sanftleben«[51], »Doktor Lügner«[52] und »Vater Leisetritt«[53] beschimpfte.

In der Tat wollte Luther keine schnelle und keine radikale Reformation. Er war radikal im Denken, nicht im Handeln. Bei Zwingli war das anders. Müntzer stand Zwingli näher.

49 Ebd., S. 100.
50 Ebd., S. 109.
51 Ebd., S. 64.
52 Ebd., S. 117.
53 Ebd., S. 88.

Disputationen in Zürich – Zwingli schreitet zur Tat

Die Reformation in Zürich hatte später als die Reformation in Wittenberg begonnen, überholte diese dann aber rasch. Wie Luther hatte Zwingli zunächst nur evangelisch gelehrt und gepredigt. Wie Lutheranhänger in Wittenberg, so drängten aber auch Zwinglianhänger in Zürich zur Tat. Doch während Luther seine Anhänger 1522 zurückpfiff und weiter zuerst und vor allem die Gewissen befreien und dabei Rücksicht auf die Andersdenkenden nehmen wollte, ließ Zwingli 1522 die Zügel los und verhalf Hand in Hand mit seinen radikalen Gefolgsleuten der Reformation in Zürich zu einem raschen Durchbruch.

Die Aktionen begannen im Frühjahr 1522 mit dem sogenannten Züricher Wurstessen. In der vorösterlichen Fastenzeit, in der nach alter Tradition Fleischgenuss verboten ist, aßen Anhänger Zwinglis demonstrativ öffentlich Würste und zeigten damit, dass es für Fastengesetze keine biblische Grundlage gebe. Ein Aufschrei ging durch die Stadt. Doch Zwingli verteidigte den Fastenbruch in einer Predigt *Vom Erkiesen und Freiheit der Speisen*, die er sogleich auch drucken ließ. Wie Luther schon 1520 erhob nun auch Zwingli seine Stimme für die christliche Freiheit, konkret für die Freiheit, selbst zu entscheiden, ob man kirchlichen Fastengeboten Folge leisten wolle oder nicht. Wenige Monate später forderte Zwingli auch die Aufhebung des Zölibats: Den Priestern sollte erlaubt werden zu heiraten.

In Zürich sammelten sich indessen die Gegner Zwinglis und erhoben Anklage gegen ihn. Die Situation eskalierte im Laufe des Jahres. Anders als in Wittenberg nahm die Reformation in Zürich keine Rücksicht auf die »Schwachen«, sondern suchte den Streit und bekämpfte ihre Widersacher. Der Rat der Stadt Zürich entschloss sich, zur Klärung der anstehenden Fragen und um den Frieden in der Stadt wiederherzustellen eine Disputation einzuberufen. Sie fand am 29. Januar 1523 statt und ist als die »Erste Zürcher Disputation« in die Geschichte eingegangen. Zwingli hatte dafür in deutscher Sprache 67 Thesen – er

Ulrich Zwingli,
der Reformator Zürichs

sprach von *Schlussreden* – aufgestellt, in denen er seine Position zu verschiedenen Fragen zusammenfasste. Ein Vertreter des für Zürich zuständigen Konstanzer Bischofs nahm teil, konnte den Rat und die Zwinglianhänger aber nicht überzeugen. Nach der Disputation gebot der Rat allen Züricher Predigern, hinfort schriftgemäß zu predigen. Zwinglis Reformation hatte einen Teil-, aber noch keinen vollständigen Sieg errungen.

Zwinglis Thesen von 1523 sind das Basisdokument der Züricher Reformation. Anders als Luthers Thesen hatten sie keinen akademischen Charakter. Sie waren nicht in lateinischer, sondern in deutscher Sprache verfasst, sie wurden nicht vor einem universitären, sondern vor einem städtischen Publikum verhandelt und sie hatten keinen theologischen, sondern einen kirchlich-praktischen Charakter. Zwingli behandelte unter anderem die Themen Papsttum, Messe, Heilige, Fastenregeln, Feiertage, Wallfahrten, Mönchsorden, Zölibat und Fegefeuer und fasste dabei prägnant zusammen, was er in Zürich seit 1521 gepredigt hatte. In den Monaten nach der Disputation arbeitete er an der Auslegung der Thesen und verfasste sein umfangreichstes und zugleich grundlegendes theologisches Werk, die *Auslegung und Begründung der Thesen* (Ußlegen und gründ der schlußreden [...]). Im Juli 1523 erschien es im Druck.

Zwinglis Theologie, wie er sie in seiner *Auslegung* entfaltet, steht zwischen Luther und Erasmus. Charakteristisch für Zwingli ist die Betonung des Gegensatzes zwischen Gott und Mensch und die Betonung der absoluten Souveränität Gottes. Einen freien Willen des Menschen lehnt er, radikaler noch als Luther, ab. Nachdrücklich betont er den Ernst und die Gewalt der Sünde, der jeder Mensch verfallen ist. Christus jedoch hat für Zwingli die Distanz zwischen Mensch und Gott überbrückt und von der Sünde befreit. Wirklich wird für den Menschen diese Befreiung durch den Glauben und nur durch den Glauben. Der Kirche und ihrer Sakramente bedarf es dafür nicht. Anders als bei Luther haben Taufe und Abendmahl für Zwingli keine Sünden vergebende Kraft, und er lehnt anders als Luther auch die Beichte ab. Zum Glauben kommt der Mensch durch einen Gnadenerweis Gottes. Anders als für Luther ist für Zwingli sogar denkbar, dass Gott unabhängig von seinem Wort in Bibel und Predigt an einem Menschen handelt und ihn zum Glauben zieht. Kirche, als Versammlung der Glaubenden, ist für Zwingli eine letztlich unsichtbare Größe. Wahre Christen sind mit wahren Christen im Geist und im Glauben verbunden. Päpste, Bischöfe und Konzilien sind für Zwingli völlig irrelevant. In Zürich will er ein Gemeinwesen gestalten, das dem göttlichen Willen gemäß ist. Kirchengemeinde und Obrigkeit arbeiten dabei eng zusammen. Anders als Luther legt Zwingli erheblichen Wert auf ein korrektes sittliches Leben der Christen. Wer die Taufe empfangen hat, ist zu einem christlichen Leben verpflichtet. Dabei geht es Zwingli aber allein um das Leben der Menschen mit den Menschen. Traditionelle religiöse Ordnungen wie das Fasten, die Heiligenverehrung und das Mönchtum werden von Zwingli als Menschensatzungen und Ausdruck von Kreaturvergötterung radikal, viel radikaler als bei Luther abgelehnt.

Nach der Disputation trieben die Anhänger Zwinglis die Reformation mit provozierenden Aktionen weiter voran. In einigen Kirchen wurden die Bilder entfernt, und Bauern verweigerten der Stadt die Abführung des Zehnten. Der Rat berief für Oktober 1523 eine weitere Disputation ein. Sie gestaltete sich als großartige Schauveranstaltung Zwinglis vor zahlreichem Publikum, thematisierte die Bilder und den Gottesdienst und führte zum endgültigen Durchbruch der Reformation. Die Beziehungen zum Konstanzer Bischof wurden eingestellt, und die Anhänger der alten Kirche verließen die Stadt. Aus den Kirchen wurden anders als in Wittenberg die Bilder entfernt und sogar Kreuze, Altäre und Orgeln. Alle Klöster wurden geschlossen.

Im April 1524 heiratete Zwingli die Witwe Anna Reinhart, mit der er bereits zwei Jahre lang zusammengelebt hatte. Zwei Jahre später, nach einer weiteren Disputation, nun in Baden im Aargau, an der Zwingli aus Sicherheitsgründen aber nicht persönlich teilnahm, wurde Zwingli seitens Konstanz' und Roms offiziell zum Ketzer erklärt. Die konfessionelle Spaltung der Schweiz war damit zementiert. Etwas Bleibendes schuf Zwingli 1524–1529 durch seine Übersetzung der Bibel. Später als Luther hatte er damit begonnen, aber früher als Luther kam er zum Ziel. Die *Zürcher Bibel*, benannt nicht nach Zwingli, sondern nach dem Ort ihres Entstehens, wurde neben der Lutherbibel zur erfolgreichsten evangelischen Übersetzung und wird, in mehrfach modernisierter Form, wie die Luthers noch heute verwendet.

Wenn auch Zwingli von Luther beeinflusst war, entstand mit ihm doch eine eigenständige Richtung der Reformation, die sich neben der von Luther und Wittenberg geprägten entfaltete und dauerhaft Bestand hatte. Die aus der Reformation Zwinglis, Zürichs und der Schweiz hervorgegangenen evangelischen Kirchen werden als »reformierte« Kirchen bezeichnet. »Reformatorisch« und »reformiert« meint zweierlei, auch wenn es im Grunde dasselbe Wort ist. Alle evangelischen Kirchen sind reformatorisch, aber die auf Luther und Wittenberg zurückgehenden Kirchen werden, auch heute noch, als lutherisch bezeichnet und die auf Zwingli, Zürich und die Schweiz zurückgehenden als reformiert. Auch in Deutschland gibt es neben den dominierenden lutherischen Kirchen eine reformierte Kirche, die ihre Zentren in Nordwestdeutschland und in Bayern hat. Neben lutherischen und reformierten gibt es in Deutschland aber auch noch unierte Kirchen. Sie entstanden im 19. Jahrhundert, indem sich lutherische und reformierte Kirchen und Gemeinden, die Trennungen der Reformationszeit überwindend, zusammenschlossen.

1524/25: Der Bauernkrieg – Reformation mit Gewalt?

Wenige Jahre nach dem Beginn der Reformation erschütterte ein Krieg beinahe ganz Deutschland, für den viele Luther und die Reformation verantwortlich machten. Die Bauern erhoben sich und griffen zur Gewalt und beriefen sich dabei ausdrücklich auf das Evangelium.

Deutschland war im 16. Jahrhundert ein Agrarland. Die meisten Menschen, auch viele in den Städten, lebten von der Landwirtschaft. Die wirtschaftliche und gesellschaftliche Situation der Bauern war jedoch schlecht und verschlechterte sich zunehmend. Viele waren leibeigen, gehörten also wie Sklaven zum Beispiel einem Kloster oder einem lokalen Adligen und konnten über keine Frage ihres Lebens, weder über Wohnort noch Ehe noch Tätigkeit, selbst entscheiden. Wer nicht leibeigen war, hatte das Land, das er bestellte, in der Regel gepachtet. Regelmäßige hohe Abgaben an Klöster oder lokale Adlige waren damit verbunden. Das traditionelle Weide- und Jagdrecht in den Wäldern wurde den Bauern bestritten, weil die hohen Herren die Wälder mehr und mehr als Jagdgebiete beanspruchten. Bildungsmöglichkeiten waren auf dem Land rar, und die kirchliche Betreuung ließ ebenfalls zu wünschen übrig. Noch vor der Reformation war es 1493, 1513 und 1517 im Rheintal, im Elsass und im Schwarzwald zu sogenannten Bundschuh-Aufständen gekommen. Der gebundene Bauernschuh im Gegensatz zum Lederstiefel der Herren diente den Aufständischen als Symbol.

Die Unzufriedenheit der Menschen auf dem Lande war groß. Luthers Aufruf zur Veränderung, seine Forderung nach Bildung in der *Adelsschrift* und seine Proklamation der Freiheit in der *Freiheitsschrift* fanden offene Ohren. Und hatte er in der *Adelsschrift* nicht sogar dazu aufgerufen, Wallfahrtskapellen zu zerstören und Diebe wie Diebe zu behandeln, auch wenn sie dem geistlichen Stand angehörten?

1523/24 gab es zunächst einen lokalen Aufstand im südlichen Schwarzwald in der Landgrafschaft Stühlingen, wo die Zahlung des Zehnten verweigert wurde. Anfang 1525 begann eine Erhebung im Allgäu und in Oberschwaben. Dort gehörte das Land weitgehend zum Bistum Augsburg. Hier bildeten sich mehrere Bauernvereinigungen, unter anderem der Baltringer Haufen, benannt nach einem Dorf, in dem die Bauern sich zu versammeln pflegten.

Im Februar oder Anfang März 1525 verfassten der Memminger Kürschner (Pelzbearbeiter) und Laienprediger Sebastian Lotzer (1490–nach 1525), der aus einem gebildeten Elternhaus in Horb stammte und Feldschreiber des Baltringer Haufens war, und der Memminger Prediger Christoph Schappeler (1472–1551), der aus St. Gallen kam und in Leipzig studiert hatte, einen Forderungskatalog, die berühmten *Zwölf Artikel*. Schon zuvor hatten Bauern, die sich organisiert hatten, Beschwerdekataloge aufgestellt.

Diese wichtigste Bauernkriegsschrift besteht aus einer kurzen Vorrede und zwölf kurzen Paragrafen. Bei grundsätzlicher Anerkennung der Obrigkeit und der Grundherrschaft forderten die Artikel die Abschaffung der Leibeigenschaft und die Beseitigung verschiedener Belastungen und Abgaben (Todfallabgabe, Einschränkung der Weide-, Holz- und Jagdrechte), ferner die neue Zweckbestimmung des Zehnten für die Pfarrer und die Armen der Gemeinden und nicht zuletzt forderten sie die freie Pfarrerwahl durch die Gemeinden und die Predigt des lauteren Gottesworts. Sie beriefen sich auf die in der Heiligen Schrift begründete Freiheit und auf das göttliche Recht. Die Bauern und ihre Unterstützer waren dazu bereit, ihre Forderungen fallen zu lassen, wenn diese sich nicht aus der Schrift begründen ließen. Die Bauern gliederten sich damit in die reformatorische Bewegung ein und argumentierten wie Luther in Worms.

Während die *Zwölf Artikel* verfasst wurden, zogen die Obrigkeiten ihre Truppen zusammen und bereiteten militärische Maßnahmen vor. Den Bauern stand der 1488 gegründete Schwäbische Bund gegenüber, ein Zusammenschluss verschiedener Städte und Territorien im Südwesten. Unter den Bauern wuchs die Bereitschaft zur Gewaltanwendung. Im März 1525 wurde im Südwesten die »Christliche Vereinigung« gegründet, zu der sich die Baltringer, die Allgäuer und die Bodenseebauern zusammenschlossen. Sie schlugen vor, Luther, Melanchthon und Zwingli als Schiedsrichter über die bäuerlichen Forderungen einzusetzen. Aber trotz dieser Verhandlungsstrategie kam es Ende März zu ersten Plünderungen von Schlössern, Burgen und Klöstern.

Der Aufstand breitete sich nach Franken, in die Oberrheingebiete und nach Thüringen aus. Dabei begingen die Bauern teilweise schwere Gewalttaten, besonders in Franken. Schrecken verbreitete insbesondere die Bluttat von Weinsberg am Ostersonntag des Jahres 1525, wo Burg und Stadt erobert und zahlreiche Menschen, darunter Adlige und Geistliche, grausam getötet wurden.

Einzelne Adlige unterstützten die Bauern. Ein berühmtes Beispiel war der Reichsritter Götz von Berlichingen (um 1480–1562), den später Goethe inszenierte. Auch in einigen Städten brachen soziale Unruhen aus, zum Beispiel in Mühlhausen in Thüringen. Viele Stadtbewohner waren ja ebenfalls landwirtschaftlich tätig. Es gab eine enge Verbindung zwischen Stadt und Land, zum Beispiel durch Märkte. Zentren des Bauernkriegs lagen gerade dort, wo Städte nicht fern waren.

Luther gefiel es ganz und gar nicht, dass die Bauern die Bibel als Norm für die Gestaltung der Welt verwenden wollten und sich auf angeblich »göttliches Recht«[54] beriefen. Der Bauernauf-

54 Martin Luther: Studienausgabe/Hans-Ulrich Delius (Hg.). Bd. 3. Berlin (Ost), 1983, S. 117, Z. 24.

Thomas Müntzer wurde vom Anhänger zum Gegner Luthers und solidarisierte sich mit den Bauern

stand und seine Forderungen waren für ihn eine unerträgliche Vermischung des Reiches Christi mit dem Reich der Welt. In der Welt hatten für ihn andere Gesetze zu gelten als unter der Herrschaft Christi. Im April 1525 verfasste er eine *Ermahnung zum Frieden auf die Zwölf Artikel der Bauernschaft in Schwaben*, in der er die Bauern beschwichtigte und ermahnte, aber den Herren selbst Schuld gab, dass es zum Aufruhr gekommen sei. In seiner zweiten Bauernkriegs-Schrift von 1525 *Wider die mörderischen und räuberischen Rotten der Bauern* forderte Luther aber die Obrigkeiten zum rücksichtslosen Dreinschlagen auf: »Solche wunderlichen Zeiten sind jetzt, dass ein Fürst den Himmel mit Blutvergießen verdienen kann besser als andere mit Beten.«[55]

Die Fürsten gingen, wie von Luther gewünscht, militärisch gegen die Bauern vor. Im Süden waren die Bauern schnell geschlagen. Am 4. April kam es zur Schlacht bei Leipheim. Die Bauern ergriffen vor dem Heer des Schwäbischen Bundes die

55 Ebd., S. 146, Z. 25–27.

Flucht. Am 17. April bahnte sich scheinbar eine friedliche Lösung an. Als sich 12 000 Bauern und 7000 Soldaten gegenüberstanden, stimmte der Heerführer des Schwäbischen Bundes, Georg Truchsess von Waldburg (1488–1531), Verhandlungen zu. Es wurde der *Weingartener Vertrag* abgeschlossen, in dem den Bauern ein Schiedsgericht zugesagt wurde, das ihre Beschwerden prüfen sollte. Doch das war nur ein Täuschungsmanöver, um die Bauernhaufen zu zerstreuen. Am 12. Mai 1525 wurden die Bauern in der Schlacht bei Böblingen vernichtend geschlagen.

Im Mai 1525 endete der Bauernkrieg auch in Thüringen. Im Herbst 1525 kam es noch zu einem kleinen Aufstand in Preußen und im Frühjahr 1526 in Salzburg. Insgesamt wurden im Verlauf der Auseinandersetzungen etwa 70 000 Bauern getötet.

Der einzige bedeutende Theologe, der sich auf die Seite der Bauern schlug, war Thomas Müntzer. Nach vorübergehenden Aufenthalten in Nürnberg und am Oberrhein, in Zürich und Basel war er im Frühjahr 1525 wieder nach Mühlhausen zurückgekehrt, hatte in der neuen Stadtgemeinschaft eine Pfarrstelle übernommen und wurde sofort zum Mittelpunkt des thüringischen Bauernaufstands.

Im Mai 1525 kämpfte Müntzer in der Schlacht von Frankenhausen. Landgraf Philipp von Hessen (1504–1567), evangelisch, und Herzog Georg von Sachsen (1471–1539), katholisch, standen ihm und den Bauern gegenüber. Müntzer sah einen Regenbogen über dem Lager der Fürsten und erwartete göttliche Hilfe. Doch der Kampf endete mit einem Desaster. Am 15. Mai ließen 6000 Bauern ihr Leben. Müntzer gelang es zu fliehen, er wurde aber in einem Haus in Frankenhausen entdeckt und gefangengenommen. Am 27. Mai 1525 erfolgte die Hinrichtung bei Mühlhausen durch Enthauptung. Einer der letzten Sätze, die Müntzer geschrieben hatte, lautete: »Das Volk wird frei werden, und Gott will allein der Herr darüber sein.«[56]

In Frankenhausen gibt es, am Ort der Schlacht, eine Gedenkstätte und ein ganz besonderes, zur DDR-Zeit gebautes Museum, das an Müntzer, die Reformation und den Bauernkrieg erinnert

56 Müntzer: Fürstenpredigt (wie Anm. 42), S. 145.

und das Geschehen mit den Kategorien marxistischer Historiker als frühbürgerliche Revolution interpretiert. Das »Panoramamuseum« enthält ein über 1700 m^2 großes Monumentalbild, geschaffen 1976 bis 1987 von dem Leipziger Maler Werner Tübke. Es zeigt die Schlacht von Frankenhausen mit Müntzer im Mittelpunkt. Während rings um ihn noch die Kämpfe toben, hält dieser die Flagge der Bundschuh-Bewegung bereits gesenkt, denn er weiß, dass seine Sache verloren ist. Der Tod nähert sich ihm mit dem Dudelsack. Müntzer erscheint nicht als ein strahlender Held, sondern als ein müder, gebrochener Mann. Neben Müntzer werden in anderen Szenen andere Gestalten der Reformationsepoche, natürlich auch Luther, dargestellt.

Das Bauernkriegsjahr 1524/25 war ein Jahr der Scheidungen. Luther distanzierte sich nicht nur von den Bauern, er distanzierte sich nicht nur von Thomas Müntzer, sondern er überwarf sich gleichzeitig auch mit Erasmus, dem großen Humanisten. Die beiden Gelehrten, die sich nie persönlich begegnet waren, gerieten in einen großen, literarisch ausgetragenen Streit. Anlass und Thema war die Frage der Willensfreiheit, die Luther 1518 in Heidelberg aufgeworfen hatte.

Luthers Streit mit Erasmus

Erasmus von Rotterdam, der große Humanist, war weder Anhänger noch Gegner der Reformation. Mit manchen Gedanken der Reformation und machen Reformatoren sympathisierte er, aber von Luther und dessen Grobheit fühlte er sich mehr und mehr abgestoßen.

Erasmus wurde von vielen gedrängt, gegen Luther zu schreiben, und er kam allmählich zu dem Schluss, er müsse sich von Luther abgrenzen, ohne ihn zu scharf anzugreifen. Erasmus wählte die Frage nach der Freiheit des menschlichen Willens. Er dachte mit der von Luther in Heidelberg angesprochenen Willensproblematik ein Randproblem der Theologie aufzugreifen. Die Frage, ob der menschliche Wille frei sei oder nicht, sei etwas für Gelehrte, ohne Relevanz für den normalen Christen. 1524 veröffentlichte er seine lateinische Streitschrift *De libero arbitrio Diatribe* (Abhandlung über den freien Willen).

In seinem Buch stellte Erasmus die These auf, der freie Wille des Menschen und die göttliche Gnade wirkten gemeinsam, um einen Menschen des Heils teilhaftig werden zu lassen. Der Wille sei dabei eine wirklich eigenständige Kraft. Er könne sich dem Heil zuwenden oder sich vom Heil abwenden. Um das Heil tatsächlich zu erreichen, bedürfe es aber immer der göttlichen Gnade. Kurz gesagt: Ohne göttliche Gnade gibt es kein Heil, aber die Gnade ist nicht unwiderstehlich und die Gnade ist nicht ausreichend. Erasmus versuchte seine Position durch Bibelzitate und biblische Beispiele zu belegen.

Erasmus bekannte sich selbst als friedliebend und erklärte, er wolle keinen Tumult und Streit. Nicht alle christlichen Wahrheiten seien für die Öffentlichkeit bestimmt. Er neige zur Skepsis in schwierigen theologischen Fragen. Viele Stellen der Schrift seien unklar. Nicht nur die Schrift, sondern auch die Tradition, verkörpert in den Kirchenvätern, sei deshalb wichtig. Das Alte Testament dürfe nicht wörtlich, sondern müsse allegorisch ausgelegt und das heißt nach dem hinter den Geschichten verborgenen geistlichen Sinn gefragt werden.

Nach einer Zeit des Wartens und Zögerns entschloss sich Luther, die Herausforderung aufzunehmen. Sein ebenfalls lateinisch abgefasstes und 1525 erschienenes Werk *Über den geknechteten Willen* (*De servo arbitrio*) hat den mehrfachen Umfang der *Diatribe*.

Luther wiederholte seine alte Position und erklärte, der Wille des Menschen sei nicht frei, sondern versklavt. Nur Gott selbst habe einen freien Willen. Der Mensch könne zwar über Dinge des Alltags einigermaßen frei entscheiden, aber er habe keinen freien Willen bezüglich Gottes und des Heils. Der Wille des Menschen sei ein Lasttier, das entweder von Gott oder vom Satan beladen werde. Gott und der Satan stritten sich darum. Ohne Leitung durch Gott sei der Wille des Menschen in jedem Fall böse, er sei keine neutrale Kraft. Die Willensfrage geklärt zu haben, sei für die Christen notwendig. Wer sie nicht kläre, mache die Christen zu »leichtfertigen Arbeitern«, zu Menschen, die handelten, ohne sich über die Möglichkeiten und Grenzen ihres Handelns im Klaren zu sein. Die Willensfrage sei also kein Randproblem der Theologie, und Erasmus habe unwissentlich – als Einziger – den Kernpunkt getroffen, um den es ihm, Luther, gehe.

Ferner betonte Luther im Gegensatz zu Erasmus, das Wort Gottes bringe Streit unter die Menschen. Was christlich gesehen wahr sei, müsse auch allen Menschen gelehrt werden. Der Christ müsse bekennen, Skepsis sei keine christliche Tugend. Die Heilige Schrift sei klar, Christus sei ihr Zentrum. Unklar seien nur sprachliche Einzelheiten. Bei der Auslegung müsse man beim Wortsinn, beim Literalsinn bleiben. Zum rechten Verständnis der Schrift bedürfe es aber auch des Heiligen Geistes. Doch der Geist sei an das Wort gebunden. Die Heranziehung der kirchlichen Tradition sei für die Schriftauslegung nicht notwendig.

Die Bestreitung des freien Willens führt zwangsläufig zur Frage nach der Prädestination, nach der göttlichen Vorherbestimmung des Menschen, denn ganz offensichtlich gelangen ja nicht alle Menschen zum Heil, und wenn es nicht an den Menschen, sondern an Gott selbst liegt, dann stellt sich die Frage, warum Gott einige Menschen zum Heil bestimmt und andere nicht.

Ausführlich äußerte sich Luther auch hierzu und entfaltete seine Lehre vom »verborgenen Gott« (lateinisch: *Deus absconditus*).[57] Hierbei kam es bei Luther zu einer Spaltung im Gottesbild. Er sagte, Gott lenke und bestimme alle Dinge, aber auf eine Weise, die den Menschen nicht einsichtig sei. Warum Gott einige Menschen zum Heil bestimme, andere nicht, sei in dieser Welt und in diesem Leben nicht zu erklären, aber Gott handle auf jeden Fall gerecht dabei. Doch der Christ solle nicht über das verborgene Handeln Gottes spekulieren, sondern sich an den »offenbarten Gott« (lateinisch: *Deus revelatus*) hal-

57 Martin Luther: Lateinisch-Deutsche Studienausgabe. Bd. 1: Der Mensch vor Gott/Wilfried Härle (Hg.). Leipzig 2006, S. 404, Z. 34 (lat.), S. 405, Z. 41 (dt.).

ten.[58] »Was über uns ist, geht uns nichts an«[59], erklärte Luther. Die Menschen sollen sich nicht mit dem beschäftigen, was ihnen entzogen ist. Die Gläubigen müssten sich an den geoffenbarten Gott halten, der – wie die Bibel bezeuge – das Heil aller Menschen wolle. Der verborgene Gott verlasse und verwerfe einen Menschen und lasse ihn verloren gehen – gleichzeitig aber weine und seufze der geoffenbarte Gott über das Verderben der Gottlosen. Letztlich bot Luther mit dieser Spaltung seines Gottesbildes keine systematische Lösung des Problems, wie sie Zwingli und vor allem Calvin in der gleichen Frage versuchten, sondern gab dem Glaubenden eine Verhaltensanweisung, nämlich Gottes universalem Heilsangebot zu vertrauen.

Luthers *De servo arbitrio* war ein Höhepunkt seiner Theologie. Das Buch gehörte zu den wenigen Schriften, zu denen Luther noch im fortgeschrittenen Alter stand und die er für die Nachwelt erhalten wissen wollte. Es ist eines der unter systematisch-theologischen Gesichtspunkten interessantesten Werke Luthers. In einigen Fragen, insbesondere bei der Prädestination, war es auch ein Höhepunkt an theologischer Zuspitzung. Allerdings schrieb Luther kein Lehrbuch, sondern eine Streitschrift.

Einen Höhepunkt bildete *De servo arbitrio* auch hinsichtlich der Polemik. Luther nahm sich den bejahrten, höchst gelehrten und in seinem Umgangsstil außerordentlich höflichen Erasmus vor und machte ihn zum Spottobjekt. Luthers polemische Abkanzelung des großen Gelehrten hat im Luthertum bis in die Gegenwart das Erasmusbild bestimmt.

Erasmus reagierte 1526/27 noch mit einer Gegenschrift, die den doppeldeutigen griechischen Titel *Hyperaspistes* trägt, den man übersetzen kann mit »Schutzschild gegen Luther«, in den man aber auch hineinlesen kann: »Einer, der über die Giftschlange Luther hinwegschreitet.« Luther reagierte darauf nicht mehr. Das Verhältnis war endgültig zerbrochen.

58 S. 404, Z. 14 (lat.), S. 405, Z. 17 f. (dt.).
59 S. 404, Z. 17 (lat.), S. 405, Z. 22 (dt).

Die Nonne und der Mönch – Katharina von Bora heiratet Martin Luther

Luther war Mönch, und als Mönch lebte er ehelos, und anders als viele andere hielt er sich nach allem, was wir wissen, auch tatsächlich an sein Keuschheitsgelübde und hatte weder offene noch heimliche intime Beziehungen zu Frauen.

Schon 1521, in einer auf der Wartburg verfassten Schrift, hatte Luther allerdings Sinn und Zweck der Mönchsgelübde, wie er sie selbst in Erfurt im Jahre 1506 abgelegt hatte, infrage gestellt. Luther konnte sie nicht als biblisch begründet ansehen und konnte vor allem ihre angebliche Unwiderruflichkeit nicht billigen. Warum sollte sich derjenige, der in einer bestimmten Lebensphase und -situation ein Gelübde abgelegt und zum Beispiel Keuschheit versprochen hatte, nicht später in christlicher Freiheit wieder anders entscheiden dürfen? In der Folge brachen viele Priester und viele Mönche, die auf Luther hörten, ihr Keuschheitsgelübde und schlossen eine Ehe.

Philipp Melanchthon heiratete schon 1520. Allerdings hatte er zuvor aus freien Stücken ehelos gelebt, nicht verpflichtet. Die Wittenberger, auch Luther, machten sich jedoch Sorgen um den jungen Professor, der in einer Art Wohngemeinschaft mit Studenten lebte und sich karg und ungesund ernährte, und drängten ihn regelrecht zur Ehe.

Melanchthon heiratete eine Frau aus der städtischen Oberschicht: Katharina Krapp. Sie war die Tochter eines Gewandschneiders, der auch das Amt des Bürgermeisters begleitet hatte, und zählte 23 Jahre. Dies wurde von Zeitgenossen unterschiedlich kommentiert. Manche meinten, die Frau sei schon etwas zu alt, also überfällig. Viele Mädchen, so auch später eine Tochter Melanchthons, heirateten schon zehn Jahre früher. Auffallend und außergewöhnlich bei Philipp und Katharina war aber auf jeden Fall, dass die Frau ebenso alt war wie ihr Ehegatte. Das war unüblich, und die Wittenberger haben das skeptisch beurteilt. Normalerweise heirateten alte Männer junge Frauen.

Der Konstanzer Student Thomas Blarer schrieb in einem Brief an seine Mutter und seinen Bruder: »Philipp hat geheiratet, eine Frau, die fast gleichaltrig ist, mit ganz geringer Mitgift, von mäßigem Aussehen.«[60] In Wittenberg kam außerdem das Gerücht auf, Katharina sei nicht mehr Jungfrau.

Die Ehe Melanchthons begann also unter unglücklichen Vorzeichen, und so verwundert es nicht, dass dieser im November 1520 den bevorstehenden Hochzeitstag in einem Brief an einen Freund als »Tag der Trübsale« ankündigte.[61] Seinen Brief hatte er allerdings klugerweise in griechischer Sprache verfasst, falls er in falsche Hände kommen würde. Katharina Krapp hat ihn sicher nie zu Gesicht bekommen.

Bald nach der Heirat gab es den ersten Streit. Markant war sein Anlass: Melanchthon hatte einen jungen Studenten, den ebenfalls frisch verheirateten Johann Agricola eingeladen, bei ihm einzuziehen. Melanchthon dachte, so seine Männerfreundschaften weiterpflegen zu können. Doch Katharina, unterstützt von ihrer Familie, widersetzte sich vehement, und die neu geplante Wohngemeinschaft im Ehedomizil kam nicht zustande. In großer Depression schrieb Melanchthon in einem Brief an den erwähnten Freund: »Ich habe aufgehört, mein eigener Herr zu sein.«[62] In weiteren Briefen des Jahres 1521 klagte er über das »Joch« der Ehe,[63] seufzte über das Ausmaß seiner Leiden, sah sie als von Gott geschickte »Knechtschaft« an[64] und erklärte: Nie sei ihm Härteres zugestoßen. Aus späteren Zeiten gibt es dann aber positivere Zeugnisse Melanchthons über seine Frau, auch Äußerungen der tiefen Liebe und der herzlichen Sehnsucht.

Über Sinn und Zweck der Ehe hat sich Luther 1522 in seinem

60 Karl Hartfelder (Hg.): Melanchthoniana Paedagogica. Eine Ergänzung zu den Werken Melanchthons im Corpus Reformatorum. Leipzig 1892, S. 111.

61 Melanchthons Briefwechsel. Kritische und kommentierte Gesamtausgabe. Texte/Heinz Scheible (Hg.). Bd. T1. Stuttgart-Bad Cannstatt 1991, S. 236, Z. 10.

62 Ebd., S. 238, Z. 2.

63 Ebd., S. 244, Z. 8.

64 Ebd., S. 260, Z. 29.

Sermon vom ehelichen Leben geäußert. Das Zusammenleben von Mann und Frau sieht er, mit 1. Mose 1,28, als etwas Notwendiges und Natürliches, ja Gebotenes an. Zum ehelosen Leben seien nur wenige Menschen geeignet. Doch hat man es, aus Luthers Sicht fälschlicherweise, im Mittelalter als die höhere Lebensform propagiert. Auch Sexualität gehöre zum Menschen, wie Essen und Trinken und Schlafen. Wenn Sexualität unterdrückt werde, so Luther, suche sie sich gefährliche Auswege. Die Ehescheidung sei möglich, aber nur in ganz besonderen Fällen wie bei dauerhafter Unfruchtbarkeit oder nach einem Ehebruch. Für Ehebrecher fordert Luther die Todesstrafe. Selbstverständlich spricht er sich gegen andere außereheliche Formen der Sexualität wie Selbstbefriedigung, Homosexualität und – im Mittelalter besonders beliebt und verbreitet – Sexualkontakte mit Tieren aus. Energisch wendet sich Luther in seiner Eheschrift gegen die Verachtung und despektierliche Behandlung der Frauen. Auch gegen die Geringschätzung der Hausfrauenarbeit zieht er zu Felde. Luther spielt sogar mit dem Gedanken eines Rollentauschs: Wenn ein Mann Windeln wüsche und kleine Kinder versorgte, würde ihn alle Welt auslachen, sagt Luther. Doch Gott, so Luther, würde sich freuen über diesen Mann, wenn und weil er diese Dinge im Glauben und in der Liebe tue.

Luther jedoch lebte weiterhin ehelos, zuletzt ganz alleine in seinem Wittenberger Kloster, einem riesigen Gebäudekomplex. Nach und nach waren alle Mönche ausgetreten, und die meisten hatten geheiratet, die ersten schon 1521.

1523 flohen zwölf Nonnen, die von Luthers Positionen gehört hatten und die nicht länger keusch, arm und gehorsam hinter Klostermauern leben wollten, aus dem Kloster Nimbschen bei Grimma, an das heute nur noch eine Ruine erinnert. Unter den Flüchtenden war die junge Adlige Katharina von Bora (1499–1552), die von ihren Eltern schon im zarten Alter von sechs Jahren in das Kloster gesteckt worden war. Luther verteidigte die Aufsehen erregende Klosterflucht mit einer programmatischen Schrift: *Ursache und Antwort, dass Jungfrauen Klöster göttlich verlassen mögen*.

Wer als Nonne sein Kloster verließ, ging einer ungewissen

Zukunft entgegen. Eine Klosterflucht war strafbar, und anrüchig war sie allzumal. Noch schwieriger war die Frage, was aus einer Frau, die jahre- oder gar jahrzehntelang im Kloster gelebt hatte, werden sollte. Es gab nicht viele Möglichkeiten, denn alleine konnte eine Frau in der damaligen Welt kaum leben und sich ernähren – es sei denn als Prostituierte. Manche entflohene Nonnen gingen zurück zu ihren Eltern – falls diese noch lebten. Andere suchten einen Ehemann, zum Beispiel einen ehemaligen Mönch, der als Prediger oder Schulmeister Arbeit gefunden hatte.

Katharina von Bora hatte wohl keine Eltern mehr und ging nach Wittenberg. Dort wurde sie untergebracht und versorgt, aber man fand für sie keinen Mann. Mehrere Eheanbahnungsversuche schlugen aus unterschiedlichen Gründen fehl. Es war nicht einfach, eine »entlaufene Nonne« aus niederem Adel an den Mann zu bringen.

Doch es gab ja noch Martin Luther, den Mönch, über 40 Jahre alt und noch immer ehelos. Luther ließ sich wie Jahre zuvor Melanchthon von Freunden und Kollegen drängen, Katharina von Bora zu heiraten, um so nach außen ein Zeichen zu setzen, dass er persönlich zu dem stehe, was er zum Thema Keuschheit und Ehe geschrieben hatte.

Luthers Heirat vollzog sich in zwei Schritten. Am 13. Juni 1525 hat er sich in Gegenwart von fünf Zeugen rechtskräftig mit Katharina verlobt. Danach vollzog der Wittenberger Stadtpfarrer, Johannes Bugenhagen (1485–1558), das Trauritual. Anschließend schloss sich, heute kaum vorstellbar, ein Beischlaf unter Zeugen an. Aber das war wichtig wegen der Rechtsgültigkeit der Ehe. Nach katholischem Eherecht musste eine Ehe »vollzogen« werden. Ohne Vollzug, ohne Sexualakt, war eine Ehe nicht rechtsgültig. Luther und seinen Anhängern war es jedoch wichtig, gegenüber allen Widersachern sagen zu können: Der ehemalige Mönch und die ehemalige Nonne leben jetzt in einer rechtsgültigen Ehe, es gibt kein Zurück mehr. Am 27. Juni folgte die Hochzeitsfeier mit Gästen, die aus einem gemeinsamen Kirchgang und einem Hochzeitsmahl bestand. Luthers Eltern waren anwesend und freuten sich über den Weg, den ihr

Katharina Luther,
geb. von Bora,
wurde zum Vorbild vieler evangelischer Pfarrfrauen

widerspenstiger Sohn jetzt ging. Beinahe exakt nach 20 Jahren – am 17. Juli 1505 war Luther ins Kloster eingetreten – hatte der Mönch sein Mönchsleben definitiv hinter sich gelassen.

Von 1525 an wandelte sich das Augustinerkloster Wittenbergs zum Pfarrhaus. Das Ehepaar Luther bekam sechs Kinder, von denen vier das Erwachsenenalter erreichten. Katharina Luther kümmerte sich um Haushalt, Garten, Felder und die Finanzen. Im Haus lebten auch mehrere Studenten und verkehrten zahlreiche Gäste. Beim Mittag- und Abendessen saßen häufig viele Personen im Lutherhaus zu Tisch. Dann hielt Luther seine berühmten Tischreden, kommentierte aktuelle Ereignisse, äußerte sich über Personen, die er mochte oder nicht mochte, und erzählte aus seinem Leben. Ab und zu ergriff auch seine Frau das Wort, wobei ihr Luther nicht selten schnell über den Mund fuhr. Viel sagen durfte sie in seiner Gegenwart nicht.

Die Kinder der Familie Luther waren ihren beiden Eltern nicht ebenbürtig. Keines der Kinder war wirklich erfolgreich, keines wurde wirklich prominent, keines trat in die Fußstapfen des Vaters. Johannes Luther, geboren 1526, wurde Beamter beim Herzog von Preußen und starb 1575 in Königsberg. Martin Luther, der nach dem Vater benannte Sohn, geboren 1531, wurde wie dieser Theologe, wirkte aber nur als Privatgelehrter und starb 1565 in Wittenberg. Paul Luther, geboren 1533, wurde Mediziner und starb 1593 in Leipzig. Die einzige überlebende Tochter, die 1534 geborene Margarethe, heiratete einen Gutsbesitzer in Preußen und starb 1570.

Der letzte männliche Nachkomme Martin Luthers und Katharina von Boras hieß Johann Gottlob Luther und starb 1759. Seither gibt es keine Nachfahren Luthers mehr, die den Namen Luther tragen. Es gibt jedoch Nachfahren der weiblichen Linien sowie Nachfahren seines Bruders Jakob Luther und natürlich auch Nachfahren der Vorfahren. Eine »Lutheriden-Vereinigung« sucht sie weiter zu sammeln und zählt heute 200 Mitglieder. Sie schätzt die Zahl der Nachfahren Luthers und seiner Familie aber auf 10 000.

Das Wohnhaus der Familie Luther, das ehemalige Kloster der Augustiner-Eremiten, wurde 1565 von den Erben verkauft und fortan für universitäre Zwecke genutzt. Nur der engere Wohntrakt der Familie blieb mehr oder weniger im Originalzustand erhalten und diente als Gedenkstätte. Wer das Museum besucht, betritt auch diese Stuben und sieht die zahlreichen Inschriften, mit denen sich schon Besucher des ausgehenden 16. Jahrhunderts an den Wänden verewigt haben. 1883 wurde in dem Gebäude, nun »Lutherhalle« genannt, ein reformationsgeschichtliches Museum eröffnet. Seit 2003, als das Gebäude von Grund auf saniert wurde, spricht man vom »Lutherhaus«.

Katharina von Bora ist die prominenteste Frau der Reformation. Dennoch wissen wir eigentlich wenig von ihr und haben kaum etwas aus ihrer eignen Hand. Das ist anders bei einer zweiten bedeutenden Frau der Reformationszeit, Argula von Grumbach (1491–1568), die in Bayern wirkte, aber mit Luther persönlich bekannt war. Sie trat als Schriftstellerin an die Seite der Reformation und setzte sich 1523 in mehreren Schriften, die weite Verbreitung fanden, für einen jungen evangelischen Stu-

Martin Luther mit seiner Familie (Lutherdenkmal Eisleben)

denten ein, der von der Universität Ingolstadt gemaßregelt worden war. Argula von Grumbach ist das Beispiel einer Frau, die motiviert vom Gedanken des allgemeinen Priestertums öffentlich für die Reformation wirkte.

Noch interessanter als von Grumbach ist die Straßburgerin Katharina Zell (1497–1562). Sie war mit einem evangelischen Pfarrer Straßburgs verheiratet und publizierte ebenfalls Schriften, allerdings nicht nur Streitschriften, sondern auch Erbauungsschriften. Über Jahre und Jahrzehnte hinweg stand sie engagiert und in der Öffentlichkeit an der Seite der Reformation. Sie war eine richtige Theologin der Reformation, die einzige Theologin der Reformation. Verschiedentlich wird sie auch als Reformatorin bezeichnet und sie ist die einzige Frau, die diesen Titel verdient hat.

Von Bora, von Grumbach und Zell machen das frauenemanzipatorische Potential der Reformation deutlich. Dieses kam aber nur punktuell zur Entfaltung. Die Männer behielten die Oberhand. Dass Frauen im Prinzip auch predigen könnten, war Luther schon 1521 in den Sinn gekommen, doch erst im 20. Jahrhundert wurde es Wirklichkeit.

Von Bora, von Grumbach und Zell waren Ausnahmen. Dennoch trugen Frauen erheblich zum Erfolg der Reformation bei als politische Obrigkeiten, wenn sie ihr Herrschaftsgebiet der Reformation zuführten, als Patrone, die Pfarrstellen zu vergeben hatten, wenn sie evangelische Prediger einstellten, als Ehefrauen, die einen Reformator geheiratet hatten und ihn unterstützten, als Hausfrauen und Mütter, die ihre Kinder evangelisch erzogen, als Beteiligte bei lokalen Protestaktionen, wobei auch manchmal die Fäuste eingesetzt wurden, und als Kirchgängerinnen, indem sie mit den Füßen abstimmten und bei evangelischen Predigern in die Gottesdienste gingen, die katholischen dagegen mieden. Ohne die Unterstützung durch Frauen hätte es keine Reformation gegeben.

Reformationen in Nürnberg, in Hessen und in Schwäbisch Hall

Von 1521 an fassten reformatorische Gedanken in vielen Regionen Deutschlands Fuß. Die Reformation konkretisierte sich in lokalen Reformationen. Jede lokale Reformation hatte ihre Eigenarten.

Exemplarisch sollen im Folgenden die Reformationen in der Freien Reichsstadt Nürnberg, in der Landgrafschaft Hessen und in der Freien Reichsstadt Schwäbisch Hall dargestellt werden. Freie Reichsstädte oder kurz Reichsstädte waren größere oder kleinere Städte mit dem zu ihnen gehörenden größeren oder kleineren Umland, die direkt dem Kaiser unterstanden, also politisch selbstständig waren, genauso wie die Landgrafschaft Hessen oder das Kurfürstentum Sachsen. Wie diese Territorien konnten auch die Reichsstädte im Reichstag mit dem Kaiser zusammen die Politik gestalten.

Eine der größten, wohlhabendsten und bedeutendsten Reichsstädte war Nürnberg. Hier fasste die Reformation 1522 Fuß. Leitend war Andreas Osiander, ein humanistisch geprägter Priester, der 1520 nach Nürnberg gekommen war. 1523 wurde das

Abendmahl mit Brot und Wein gereicht, 1524 der Gottesdienst umgestaltet. Im gleichen Jahr wurde begonnen, die Klöster aufzulösen. 1525 bekannte sich der Rat förmlich zur Reformation.

Osiander war 1496, vielleicht 1498 in Gunzenhausen geboren worden und hatte in Ingolstadt studiert, auch Griechisch und Hebräisch gelernt. Nach seiner Priesterweihe wurde er 1520 in Nürnberg von den Augustiner-Eremiten als Hebräischlehrer angestellt und geriet unter den Einfluss der Reformation. Von 1522 an beschäftigte ihn die Reichsstadt als Prediger, und Osiander wurde zum wichtigsten Reformator Nürnbergs. Auch schriftstellerisch war er tätig und veröffentlichte Kinderpredigten über den Katechismus, die noch im 19. Jahrhundert gedruckt wurden. 1543 gab er das astronomische Hauptwerk von Kopernikus heraus und offenbarte sich als einer der Wenigen, die Kopernikus' neue Lehre, die Erde kreise um die Sonne und nicht umgekehrt, für diskussionswürdig hielten. Osiander starb 1552 in Königsberg, wo er zuletzt gewirkt hatte.

Nürnberg war die Heimat von Caritas Pirckheimer (1467–1532), einer weiteren bedeutenden Frau der Reformationszeit neben Katharina von Bora, Argula von Grumbach und Katharina Zell. Doch Caritas Pirckheimer war keine Anhängerin der Reformation, sondern eine Gegnerin. Im evangelischen Nürnberg lebte sie weiter als fromme Katholikin, als Nonne, als Äbtissin eines Klarissenklosters mitten in der Stadt. Von den evangelisch gewordenen Nürnbergern wurden sie und ihre Mitschwestern aber zunehmend bedrängt. Wenn die Klarissen in ihrer Kirche beteten, wurden sie mit Steinen beworfen. Einige evangelische Nürnberger drangen sogar mit Gewalt in das Kloster ein und entführten junge Nonnen und zwangen sie zur Ehe. Caritas Pirckheimer suchte sich und ihre Ordensgemeinschaft zu verteidigen und schrie laut um Hilfe. Unter anderem wandte sie sich nach Wittenberg, allerdings nicht an Luther, sondern an Melanchthon. Als dieser 1525 nach Nürnberg kam, um eine Schule einzuweihen, besuchte er das Klarissenkloster und sprach mit Caritas Pirckheimer. Anschließend ermahnte er den evangelischen Rat der Stadt, die Schwestern in Frieden zu lassen. Melanchthons Intervention hatte Erfolg. Die Schwestern durften weiter im evangelischen Nürnberg leben. Erst im Jahre 1596, als die letzte Klarissin starb, erlosch das klösterliche Leben und die Gebäude wurden, abgesehen von der Kirche, abgerissen. Caritas Pirckheimer war eine bedeutende, hochgebildete Frau der Reformationszeit, die sich, nachdem sie sich mit den evangelischen Glaubensüberzeugungen beschäftigt hatte, entschied, der alten Kirche und der klösterlichen Lebensform auch unter schwierigen Umständen die Treue zu halten.

Während in Nürnberg die Reformation von Predigern ausging, war in Hessen der Landesherr höchstpersönlich die treibende Kraft: Landgraf Philipp von Hessen. Er war 1504 in Marburg geboren worden. 1518 wurde er für mündig erklärt und übernahm die Regierung der Landgrafschaft Hessen, eines großen und bedeutenden Territoriums im Herzen Deutschlands.

Im Jahre 1521 nahm Philipp als 16-Jähriger am Wormser Reichstag teil und sprach mit Luther persönlich. Zu dieser Zeit gab es in Hessen bereits evangelische Prediger. In Alsfeld predigte der Augustiner-Eremit Tilmann Schnabel im Sinn Luthers und in Hersfeld die Priester Heinrich Fuchs und Melchior Rink. Der aus Marburg stammende Luther-Schüler Hartmann Ibach wirkte in der Reichsstadt Frankfurt am Main. An Philipps Hof in Kassel befanden sich »Martinianer«, Anhänger Luthers.[65] Philipp jedoch verhielt sich bis 1524 noch reserviert, ja abweisend gegenüber ihnen und verwies einige noch Anfang 1524 des Landes.

Dann jedoch entschied sich Philipp unter dem Einfluss Melanchthons, dem er zufällig 1524 in der Nähe von Frankfurt begegnet war, für die Reformation, tolerierte in seinem Territorium die evangelische Predigt und wurde zu einem von wenigen Fürsten, welche die Reformation auch theologisch verstanden. Philipp hatte jedoch eine Schwäche für Frauen, und eine Frau sollte ihm und mit ihm dem gesamten Protestantismus später zum Verhängnis werden.

65 Walter Heinemeyer: Philipp der Großmütige und die Reformation in Hessen. Gesammelte Aufsätze zur hessischen Reformationsgeschichte (Veröffentlichungen der Historischen Kommission für Hessen und Waldeck 24,7). Marburg 1997, S. 41–46.

Philipp, der Landgraf von Hessen, war einer der tatkräftigsten Politiker der Reformation

Schwäbisch Hall war wie Nürnberg eine Freie Reichsstadt, wenn auch deutlich kleiner als Nürnberg. Macht und Wohlstand verdankte die Stadt einer Saline. Von 1522 an wirkte hier Johannes Brenz, der 1518 Luther bei der Heidelberger Disputation erlebt hatte. Brenz stammte aus Weil der Stadt, einer kleinen Reichsstadt, und war 1499 geboren. 1514 hatte er sich in Heidelberg immatrikuliert.

Von Beginn an predigte Brenz 1522 in Hall evangelisch und ging gegen Messe, Heiligenkult und Klöster vor. Es gab in Hall allerdings keinen Bildersturm, die Reformation verlief ordentlich und friedlich. 1526/27 schuf Brenz eine evangelische Kirchenordnung und 1527/28 einen Katechismus. Ein weiterer Katechismus, 1535 entstanden, machte ihn berühmt. Er erlebte über 500 Ausgaben. Brenz wirkte später zunächst beratend, dann in hohen Kirchen leitenden Ämtern für die Reformation in Württemberg.

Neben Nürnberg, Hessen und Schwäbisch Hall sowie natürlich Kursachsen war die Reformation bis 1525 bereits in den Territorien Brandenburg-Ansbach, Brandenburg-Bayreuth und

Braunschweig-Lüneburg fest verankert und in vielen weiteren wichtigen reichsunmittelbaren Städten, darunter Hamburg, Bremen, Heilbronn, Reutlingen, Ulm, Straßburg und Konstanz.

Luther hatte die Reformation angestoßen, doch seine Möglichkeiten Einfluss auszuüben nahmen als Folge der in Vorsicht begründeten Reisebeschränkung ab. Als Gebannter und Geächteter konnte Luther, ohne sein Leben zu riskieren, kaum mehr reisen. Er musste sich, auch aus Rücksicht auf seine Familie, auf die Gebiete beschränken, wo er sicher war, und das waren Sachsen und das an Sachsen direkt angrenzende Hessen. Bereits Mitte der Zwanzigerjahre war die Reformation nicht mehr Luthers Reformation. In Wittenberg wurde sein Kollege Melanchthon schon 1521 zum zweiten führenden Mann und hatte vor allem die auswärtigen Termine wahrzunehmen. Die Wittenberger Reformation besaß – modern gesprochen – von 1521 bis 1546 eine Doppelspitze. Außerhalb Wittenbergs etablierten sich weitere Reformatoren, Reformatoren der zweiten und dritten Reihe, auch Reformatoren der zweiten und dritten Generation, die bei Luther und Melanchthon in die Schule gegangen waren, in Wittenberg studiert hatten.

1526: Der Reichstag in Speyer – Die Reformation gewinnt an Fahrt

Seit 1521 war Luther verketzert und geächtet und er sowie seine Anhänger mit dem Tod bedroht. Doch die Durchsetzung des *Wormser Edikts* erfolgte vonseiten des Kaisers nur halbherzig, denn Karl V. führte Krieg mit Frankreich und sogar mit dem Papst. Andere Dinge standen im Vordergrund, nicht die Luthersache.

In den Jahren 1521–1526 war der Kaiser mit einem Krieg in Norditalien gegen Frankreich beschäftigt, dem 1. Italienischen Krieg. 1525 wurde dabei vom Kaiser bei Pavia ein entscheidender Sieg über Franz I. errungen. Im Januar 1526 wurde in Mailand Friede geschlossen. Doch die Konflikte setzten sich fort.

Politische Differenzen zwischen Kaiser und Papst kamen hinzu. Noch im Jahr 1526 verbündeten sich Frankreich, Venedig, Mailand, Florenz und der Papst in der »Heiligen Liga von Cognac« gegen den Kaiser. Es ging um die Machtverhältnisse in Italien. Der 2. Italienische Krieg begann. Karl V. suchte der Liga militärisch Herr zu werden, und es kam zur Plünderung Roms (*Sacco di Roma*) durch kaiserliche Truppen. Am 6. Mai 1527 griffen sie die Heilige Stadt an. Dabei fiel der Anführer. Darauf ging die Truppe zu Plünderungen über. Papst Clemens VII. (1479–1534) flüchtete sich in die Engelsburg, musste sich aber am 5. Juni ergeben und kam in Gefangenschaft, aus der er sich erst am 6. Dezember loskaufen konnte. Luther beobachtete die Ereignisse mit Genugtuung und hielt das Ende des Papsttums für gekommen. In dem Geschehen sah er einen Beweis für die weise göttliche Geschichtslenkung, weil ausgerechnet *der* Kaiser, der ihn im Auftrag des Papstes verfolgt habe, nunmehr im Sinn Luthers das Papsttum verwüste. Doch das Papsttum sollte sich rasch wieder erholen.

Vom 25. Juni bis zum 27. August 1526 tagte in Speyer ein Reichstag ohne den Kaiser. Einstimmig wurde beschlossen, die Fürsten und die selbstständigen Städte sollten es bis zum allgemein erhofften Konzil oder einer Nationalversammlung in der seit dem Reichstag von Worms 1521 im Raum stehenden Religionsfrage so halten, wie er es vor Gott und dem Kaiser verantworten könne, also ihrem Gewissen folgen.

Die Gesandten Hessens und Sachsens trugen in Speyer das Bibelwort »Das Wort unseres Gottes bleibt ewiglich« (Jesaja 40,8; ähnlich Lukas 21,33), abgekürzt und in lateinischer Sprache, auf dem rechten Ärmel ihres Gewandes. Dieses an sich unverfängliche Wort wurde von da an zur Losung der Reformation. Dezent versteckt in der Abkürzung des lateinischen Spruchs (»VDMIE«) bekannten sich die Evangelischen fortan auch dort, wo ihnen ein offenes Bekenntnis zur Reformation verwehrt war, auf diese Weise zum evangelischen Glauben. Ein Beispiel findet sich in einem 1557 angefertigten Gestühl des Rats der Stadt Osnabrück, die offiziell katholische Bischofsstadt war, deren Bürger aber weitgehend dem evangelischen Glauben anhingen.

VDMIE, Verbum Dei manet in eternum,
Das Wort unseres Gottes bleibt ewiglich –
Dieser Bibelspruch, hier versteckt im Ratsgestühl der Stadt Osnabrück,
war ein Bekenntnis zur Reformation

Der Beschluss von Speyer führte zu einem Aufschwung der Reformation, da ihn die evangelischen Obrigkeiten so interpretierten, als ob sie nun die Freiheit hätten, die reformatorische Umgestaltung ihrer Gemeinwesen durchzuführen. Der Aufbau evangelischer Landeskirchen schritt voran. Nürnberg führte 1528 eine Kirchenvisitation durch, bei der vor allem die theologischen Überzeugungen der Pfarrer erhoben wurden. Straßburg ordnete das Schulwesen und das Klostergut neu und schaffte Anfang 1529 den katholischen Gottesdienst ab. Konstanz löste die Klöster auf, schloss das örtliche Bordell, regelte die Armenversorgung neu und entfernte 1528 alle Bilder aus den Kirchen.

Besonders tatkräftig und konsequent gingen die Reformationsanhänger in der Landgrafschaft Hessen vor. Den Beschluss des Speyerer Reichstags nahm auch Landgraf Philipp zum Anlass, die kirchlichen Verhältnisse in seinem Territorium neu zu gestalten. Im Oktober 1526 tagte in Homberg an der Efze eine Synode, die eine evangelische Kirchenordnung beschloss. Doch

Luther erhob Einspruch und empfahl, langsamer vorzugehen und die Reformation zunächst einmal als eine Bildungsaufgabe zu begreifen. Philipp nahm Luthers Rat konstruktiv auf und verpflichtete die Pfarrer zunächst einmal auf die reformatorische Lehre.

Im Jahr 1527 errichtete Philipp die Universität Marburg, die seit dem 20. Jahrhundert auch seinen Namen trägt. Es war die erste dauerhaft erfolgreiche evangelische Hochschulgründung. Schon 1526 war zwar in Liegnitz eine evangelische Universität gegründet worden, sie hatte aber nur bis 1530 Bestand. Es folgte als weitere neugegründete evangelische Universität 1544 die Universität Königsberg. Philipp verzichtete bei seiner Gründung auf päpstliche Privilegien, die er für eine evangelische Universität auch niemals erhalten hätte, und begnügte sich mit kaiserlichen, die er freilich auch erst 1541 erlangte. Der Standort Marburg wurde gewählt, weil die zentral gelegene Stadt seit 1524 als Sitz des Hofgerichts diente und damit auch zum geistigen Mittelpunkt des Landes geworden war. Finanziert wurde die Universität aus dem Besitz aufgelöster Klöster, und sie wurde auch in einem ehemaligen Kloster untergebracht.

Einer Universität bedurfte es, um die Pfarrer auszubilden. Der Bildungsstand der vorreformatorischen Geistlichen war niedrig gewesen, weil die meisten keine Universitätsbildung genossen hatten. Ein Universitätsstudium für alle angehenden Pfarrer war zwar schon in der Mitte des 15. Jahrhunderts gefordert worden, doch die Wirklichkeit sah anders aus. Für die Reformation waren aber gebildete Pfarrer unabdingbar.

In Marburg wurden Medizin, Recht und Theologie, also alle damaligen Wissenschaften gelehrt. Die Sprachen und die Mathematik waren nach mittelalterlicher Sitte in das Grundstudium integriert. Natürlich wurde neben Latein auch Griechisch und Hebräisch unterrichtet. Viele Professoren waren humanistisch geprägt, viele hatten in Wittenberg studiert. Das Wort Gottes sollte nach dem Willen Philipps die oberste Richtschnur für alle Wissenschaften sein. Bei einem Verstoß gegen diese Anordnung drohte den Professoren die Entlassung. Aber Philipp schrieb nicht nur mit seiner Universitätsgründung Geschichte, sondern auch mit der Schaffung eines bislang einzigartigen Stipendienwesens im Jahr 1529. Mittellosen begabten Studenten sollte so ein Studium ermöglicht werden. Von 1546 an lebten die Stipendiaten gemeinsam in einem eigenen Gebäude. Die Marburger Stipendiatenanstalt wurde zum Vorbild für das später gegründete, aber geschichtlich bedeutendere »Tübinger Stift«.

Nicht nur die hohe Bildung hatte der Landgraf im Blick. Er plante vielmehr, das ganze Land mit Bildungseinrichtungen auszustatten, wie es Luther in seinen Reformschriften der frühen Zwanzigerjahre vorgeschlagen hatte. In den Dörfern Hessens sollten die Geistlichen Elementarunterricht erteilen, und in allen größeren und kleineren Städten sollten Latein- oder Partikularschulen errichtet werden. Für die Mädchen wünschte sich Philipp nach Möglichkeit deutsche Schulen in Städten und größeren Dörfern.

Die Einführung der Reformation erfolgte durch den Beschluss der jeweiligen Obrigkeiten, also der Fürsten in den Territorien und der Räte in den Städten. Bei der Durchführung und Umsetzung der Reformation griffen die Obrigkeiten der Territorien zu einem alten Instrument kirchlicher Kontrolle und Verwaltung, der Visitation. Bischöfe waren seit alters dazu verpflichtet, die ihnen unterstehenden Gemeinden und ihre Pfarrer zu visitieren, das heißt zu besuchen und zu kontrollieren. Die Bischöfe in der Zeit um 1500 vernachlässigten diese Aufgabe, aber die Reformatoren entdeckten sie neu und nutzen ihre Möglichkeiten. Freilich waren es nun keine Bischöfe, die ihre Gemeinden und Pfarrer besuchten, sondern Theologen und Juristen im Auftrag des Landesherrn. Doch die Reformatoren erklärten, der Landesherr handle in diesem Fall als Not- oder Ersatzbischof, weil die eigentlich zuständigen Bischöfe versagten. Als Notbischof dürfe und müsse er handeln, weil er als Christ infolge des allgemeinen Priestertums dazu berechtigt und weil er als Fürst infolge der ihm zur Verfügung stehenden Macht dazu befähigt sei. Damit begründete die Reformation schon in den Zwanzigerjahren das später so genannte landesherrliche Kirchenregiment, das den Landesherren, den Obrigkeiten, die Kirchenleitung nach Art eines Bischofs übertrug. Diese Leitungsstruktur hatten die aus der Reformation hervorgegangenen evangelischen Kirchen Deutschlands bis 1918. Sie waren somit Staatskirchen.

Im Einflussbereich Luthers und Melanchthons gab es die ersten Visitationen schon 1525 im Raum Eisenach. 1527, nach dem Reichstag von Speyer, begann die groß angelegte Visitation Kursachsens. Sie wurde zum Vorbild für viele andere Visitationen.

In Kursachsen regierte seit 1525 als Nachfolger des ohne eheliche Kinder verstorbenen Friedrichs sein jüngerer Bruder Johann (1468–1532), dem man – zu Recht – den Beinamen »der Beständige« gegeben hat. Sie gehörten dem Geschlecht der Ernestiner an. Johann bekannte sich von Anfang an und konsequent zu Luther und zur Reformation und hielt allen Widerwärtigkeiten während seiner bis 1532 währenden Regierungsperiode Stand. Er residierte übrigens in Torgau. Wenn Luther mit einem seiner Landesherren etwas zu besprechen hatte, musste er nach Torgau reiten. In ihrem Wittenberger Schloss hielten sich die sächsischen Kurfürsten nur selten auf. Luther reiste im Laufe der Jahre alles in allem – mindestens – 41-mal nach Torgau. Das dortige Schloss, weitaus stattlicher und besser zu verteidigen als das Wittenberger, steht noch und kann besichtigt werden.

Visitationen hatten grundsätzlich eine doppelte Zielrichtung. Zum einen sollte der Besitzstand der Kirche erhoben und ihr Vermögen inventarisiert und neu geordnet werden. Überflüssige Gebäude, seien es Kirchen oder Pfarrhäuser, wurden verkauft oder neuen Verwendungszwecken zugeführt. Kirchen wurden dabei gerne auch in Kornkammern umgewandelt oder schlicht abgerissen. Die Steine konnte man als Baumaterial verkaufen. Aus evangelischer Sicht hatten Gebäude an sich nichts Heiliges. Überzählige wertvolle Abendmahlskelche, häufig aus Gold oder aus Silber, wurden von den Obrigkeiten eingezogen und zu Geld gemacht. Die Durchführung der Reformation wurde dadurch für die Landesherren zu einer überaus lukrativen Angelegenheit.

Die zweite Zielrichtung der Visitationen war die Überprüfung der Pfarrer. Dabei ging es um ihre theologische Einstellung, ihren Bildungsstand und ihre Lebensführung. Erwartet wurde, dass sich die Pfarrer ausdrücklich, durch Unterschrift, zur Reformation bekannten. Wer dazu nicht bereit war, wurde ent-

Das kurfürstliche Schloss zu Torgau
war eines der politischen Zentren der Reformation

lassen. Der kirchliche Personalbestand wurde gewaltig reduziert. Ämterkumulation war nicht mehr erlaubt. Auf die akademische Ausbildung der Pfarrer wurde geachtet. Neu geordnet wurde auch die Pfarrerbesoldung.

Konkrete Einblicke in örtliche Verhältnisse haben wir am Beispiel Sachsens aus dem Jahr 1526. Als damals der Kurfürstliche Rat Georg Spalatin im Auftrag seines Landesherrn die 25 Gemeinden des kursächsischen Amtes Borna visitierte, stellte er fest, dass 14 der 23 befragten Pfarrer evangelisch predigten. Vier Pfarrer waren verheiratet, drei lebten – modern gesprochen – »ohne Trauschein« mit einer Frau zusammen und fünf waren prinzipiell bereit, in den Stand der Ehe zu treten. Die anderen elf, darunter auch solche, die evangelisch predigten, wollten ehelos bleiben.

Ein wichtiger Punkt war die schon von Karlstadt in Wittenberg 1522 angegangene Neugestaltung der Armenfürsorge, verbunden mit einer Neubewertung des Bettelns. Das Betteln wurde nicht mehr als Ausdruck von Askese angesehen und wertgeschätzt, und das Almosengeben war kein religiös verdienstliches Werk mehr. Die Reformation bekämpfte den Straßenbettel und befürwortete und organisierte eine geordnete Versorgung der Armen in ihren Heimatgemeinden. Besonders konsequent und vorbildlich verfuhr auch in dieser Frage die Landgrafschaft Hessen. Hier gründete der Landesherr Philipp in Gronau, Haina, Merxhausen und Hofheim in ehemaligen Klöstern Hospitäler. Damit führte er die Armen- und Krankenfürsorge in seinem Land auf eine zu seiner Zeit unbekannte Höhe.

Das Schulwesen wurde neu organisiert. Ziel war eine breite Volksbildung. Dazu brauchte man Lehrer, Gebäude und Unterrichtsmaterial. Die Eltern mussten dazu gebracht werden, ihre Kinder in die Schule zu schicken. Dem dienten Appelle und Predigten, eine förmliche Schulpflicht kam erst sehr viel später. Luther hatte schon 1524 in einer programmatischen Schrift *An die Ratsherren aller Städte deutschen Landes* appelliert, *dass sie christliche Schulen aufrichten und halten sollen*.

Zur Neugestaltung des Gottesdienstes gehörten Veränderungen in der Liturgie und die Einführung deutscher Lieder. Besonders beliebt war der Psalmengesang. Die kirchlichen Feiertage wurden neu geordnet. Eine große Zahl von Feiertagen wurde abgeschafft. Damit förderte die Reformation auch Wirtschaft und Handel. Gottesdienste gab es nur noch mit der Gemeinde zusammen und in deutscher Sprache. Die Predigt war der zentrale Punkt des Gottesdienstes. Die Menschen wurden zum Gottesdienstbesuch angehalten, sogar verpflichtet.

Den Pfarrern wurden Predigthilfen und Predigtbeispiele an die Hand gegeben. Sie waren angehalten, die Bibel auszulegen und das Evangelium – die »gute Nachricht« von der gnädigen Hinwendung Gottes zum Menschen in Jesus Christus – zu verkündigen.

Mit der Neugestaltung des Gottesdienstes ging die Umgestaltung kirchlicher Gebäude einher. In den Kirchen wurden überzählige Altäre entfernt, denn Seitenaltäre, an denen Priester Messen ohne Publikum zelebrierten, waren in evangelischen Kirchen nicht mehr sinnvoll. Außerdem wurden Tabernakel und

Reliquien beseitigt und solche Bilder, die mit evangelischen Überzeugungen nicht mehr vereinbar waren, insbesondere Bilder legendärer Heiliger, aber natürlich nicht biblisch legitimierte wie zum Beispiel Bilder und andere Darstellungen des Gekreuzigten, der Evangelisten und sogar von Maria. Trennwände zwischen Kirchenschiff und Chor, sogenannte Lettner, wurden abgerissen. Die alten Kirchen wurden aber weiter benutzt, nur sehr vereinzelt kam es zu Neubauten, bei denen sich evangelische Akzente auch in der Architektur niederschlugen. Ein erstes, schönes, noch heute zu besichtigendes Beispiel ist die Schlosskirche in Torgau, die Luther 1544 einweihte. In ihr gibt es keinen Chor mehr, an der Stelle des Altars steht ein steinerner Tisch, die Kanzel wurde im Zentrum des Raumes untergebracht. Allmählich wurde es üblich, die Kirchen mit Bänken auszustatten, um den Menschen das Predigthören zu erleichtern. Eine Predigt konnte nämlich durchaus eine Stunde, mitunter länger dauern.

Die Sakramentsverwaltung wurde neu geordnet. Die evangelischen Kirchen zählten zwei, nicht mehr sieben Sakramente. Der Eheschluss, die Beichte, die Ordination, die Firmung und die Krankensalbung gehörten nicht mehr zu den rituellen heiligen Handlungen. Konsequent wurde darauf geachtet, dass Kinder wirklich getauft wurden. Regelmäßig sollten Tauf- und Abendmahlsgottesdienste angeboten werden. Abendmahlsfeiern gab es nur als Gemeindegottesdienste und immer mit Kelch, also mit Wein für alle.

Die Frömmigkeitspraxis der Menschen bekam eine neue Gestalt. Es war nicht mehr üblich, den Kirchen viel Geld zu stiften im Glauben, sich dadurch einen Platz im Himmel zu sichern. Es gab keine Wallfahrten und keine Anrufung der Heiligen mehr. In den Familien wurden Andachten gehalten. Das Gebet rückte ins Zentrum der neuen evangelischen Frömmigkeit. Von Luther selbst gibt es eine Anleitung für das Gebet, seine 1535 erschienene, auch heute noch lesenswerte *Einfältige Weise zu beten*. Luther glaubte felsenfest, dass Gott alle Gebete höre und erhöre und empfahl, jedes Gebet mit einem lauten Amen zu schließen.

Auch das Eheleben wurde neu geregelt. Die Ehe wurde generell freigegeben, aber auch einem strengen Reglement unterworfen. Vor- und außereheliche Beziehungen wurden energisch bekämpft, die Prostitution eingedämmt oder sogar gänzlich verboten. Die Ehe wurde zur Norm. Ein eheloses Leben galt als Ausnahme. In der Ehe gab es eine strenge Unterordnung der Frau unter den Mann. Außereheliche Beziehungen – »Ehebruch« – wurden streng geahndet, ja in notorischen Fällen sogar mit der Todesstrafe bedroht, wie es Luther 1522 gefordert hatte. Es sind Beispiele bekannt, dass Ehebrecher und Ehebrecherinnen tatsächlich mit dem Tod bestraft wurden – überwiegend traf es Frauen.

Teil der kirchlichen Umgestaltung war ferner die Auflösung der Klöster. Die ehemaligen Klostergebäude wurden manchmal in Schulen umgewandelt. Die Mönche wurden zu Pfarrern gemacht oder versorgt. Nonnen wurden verheiratet oder gingen zurück zu ihren Eltern.

Die Kritik am Mönchtum, die den Reformatoren mit den Humanisten gemein war, bildete einen der wichtigsten und populärsten Ansatzpunkte der Reformation. In der *Adelsschrift* hatte Luther 1520 scharfe Kritik am Mönchtum geübt und die Auflösung der Klöster angeregt. In seiner ebenfalls einflussreichen Schrift *Über die Mönchsgelübde* (*De votis monasticis*) vom Jahre 1521/22 hatte er schließlich die Mönchsgelübde, und damit auch seine eigenen Gelübde, die er 1506 abgelegt hatte, für ungültig erklärt. Eine Zukunft für die Klöster sah Luther nur in ihrer Umwandlung in Schulen. Als Folge der Reformation lösten sich nun in vielen Städten die Klöster auf, weil die Mönche und Nonnen davonliefen, oder sie wurden aufgelöst, weil die Obrigkeiten das Klosterleben eindämmen oder ganz unterbinden wollten. Es kam dabei an vielen Orten zu leidvollen, gewaltsamen Szenen. Nur vereinzelt, vor allem im Gebiet des heutigen Niedersachsen, gab es weiterhin Frauenklöster, umgewandelt zu evangelischen Damenstiften, in denen adlige Töchter ein privilegiertes Leben führten.

Bei der Visitation Kursachsens wurde schnell klar, dass es notwendig war, den Pfarrern und Lehrern eine Anleitung für ihre Praxis in die Hand zu geben, die theologische Einsichten der Reformation zusammenfasste und gleichzeitig, im Stile einer

Kirchenordnung, Praxisfragen regelte. Melanchthon schrieb deshalb 1527, aufgrund seiner Erfahrungen bei der Visitation des Kurkreises (Wittenberg und Umgebung), zunächst die lateinischen *Visitationsartikel* (*Articuli, de quibus egerunt visitatores in regione Saxoniae*), die als Entwurf gedacht waren und ohne sein Zutun gedruckt wurden. Nach der Visitation in Thüringen verfasste er den *Unterricht der Visitatoren* in deutscher Sprache, der nach offizieller Approbation durch den Kurfürsten und durch Luther im Februar 1528 im Druck erschien.

Als Folge des Reichstags von Speyer 1526 entstanden in der zweiten Hälfte der Zwanzigerjahre vielerorts neue evangelische Kirchenwesen. Das kirchliche Leben wurde so verändert, dass es sich deutlich vom früheren und vom gleichzeitigen katholischen unterschied. Die Reformation hatte sozusagen sichtbare Gestalt gewonnen.

Die Osmanen vor Wien – Ohne Türken keine Reformation?

Die gesamte Reformationsgeschichte war begleitet von der sogenannten Türkengefahr. Türkische Stämme drangen immer weiter in den Westen vor. Die ursprüngliche Heimat der Türken war Zentralasien gewesen. Seit dem 10. Jahrhundert waren sie unter den Einfluss des Islam gekommen. Im 11. Jahrhundert setzten sich zunächst die Seldschuken in Kleinasien fest. Ihnen folgten im 14. Jahrhundert die Osmanen. 1453 war Konstantinopel türkisch geworden, und im Laufe der Zeit setzte sich der neue Name Istanbul durch. Die östliche Christenheit hatte damit ihr Zentrum verloren. Da die Türken Moslems waren, verbreitete sich mit dem Vordringen der Türken der Islam. Während die Araber 800 Jahre früher den Islam über Nordafrika bis nach Spanien gebracht hatten, kam mit den Türken der Islam nunmehr nach Kleinasien und auf den Balkan.

Unter dem Osmanen-Herrscher Süleyman I. (1494–1566) stießen die Türken in den Zwanzigerjahren immer weiter Richtung Westen vor und belagerten 1529 erstmals Wien. 1521 war Belgrad türkisch geworden, und 1526 hatten die Türken Ungarn in der Schlacht bei Mohács an der Donau besiegt. Vor den Toren Wiens wurden die Türken zurückgeschlagen. Aber mit einem weiteren Vordringen der Türken in den Westen war ernsthaft zu rechnen.

Die Vorstöße der Türken waren zunächst und vor allem eine militärische Herausforderung. Der Kaiser musste Truppen organisieren und dafür finanzielle Mittel aufbringen, um die Türken zurückzudrängen oder zumindest ein weiteres Vordringen zu verhindern. Das ganze Reich musste dafür zusammenstehen. Aus diesem Grund konnte der Kaiser nicht gegen Luther und die Evangelischen vorgehen. Er brauchte alle Kräfte gegen die Türken. Ein Bürgerkrieg war angesichts der Türkengefahr nicht opportun. So schufen die Türken unbewusst und indirekt günstige Voraussetzungen für die Ausbreitung der Reformation, indem sie die Kräfte des Kaisers banden und ihn innerhalb des Reichs zum Stillhalten zwangen.

Ein zweiter Faktor, durch den die Türken zum Erfolg der Reformation beitrugen, lag auf der Ebene von Frömmigkeit und Mentalität. Die Christen, vor allem die evangelischen Christen, interpretierten das Vordringen der Türken als göttliche Strafe für die kirchlichen und anderen Missstände sowie als Zeichen der Endzeit. Die Türken bestärkten so, wieder unbewusst und indirekt, die Botschaft der Reformation und gaben der Weltsicht Luthers Recht. Die Türkengefahr bewies aus evangelischer Sicht, dass Gott zürnte und das Ende der Welt nahe war. Der Bußruf der Reformation war also berechtigt. Dem Zorn Gottes konnte man nur durch Buße begegnen und auf Weltende und Gericht konnte man sich nur durch Buße vorbereiten.

Ein dritter Aspekt, durch den die Türken die Reformation nicht nur förderten, sondern im Grunde sogar einen Anstoß zur Reformation gegeben hatten, betrifft die Ereignisse des 15. Jahrhunderts. Als Konstantinopel von den Türken bedroht wurde und schließlich fiel und zu Istanbul wurde, machten sich viele christliche Gelehrte Konstantinopels auf den Weg in den Westen und nahmen alte griechische Handschriften mit, darunter Bibelhandschriften ebenso wie handschriftliche Texte von Aristoteles und Platon sowie den Kirchenvätern. Im Abendland angekommen, verhalfen sie den dort vergessenen Schätzen der Antike zu einer Neuentdeckung. Vor allem als man die Unterschiede zwischen dem dem Abendland in lateinischer Sprache bekannten (und dazu noch auf dem Umweg über das Arabische überlieferten) Aristoteles zu den griechischen Originaltexten feststellte, wuchs die Erkenntnis, dass man immer, auch in der Bibelforschung, zu den Quellen zurückgehen müsse. *Ad fontes* – »zurück zu den Quellen« – wurde die wissenschaftliche Maxime der Humanisten.[66] Und hier haben wir eine direkte Brücke zur Reformation, die sich ebenfalls neu an den Quellen und dabei an den alten Texten in ihren Originalsprachen orientieren wollte.

Drei Gründe gibt es also, warum man heute mit Fug und Recht die These aufstellen kann: Ohne Türken keine Reformation! Die Reformatoren sahen die Türken aber keineswegs positiv. Sie wurden als besonders grausam und blutrünstig dargestellt. Außer Acht blieb dabei allerdings, dass vor den Toren Wiens allenfalls die Truppenführer Türken, die einfachen Soldaten jedoch orthodoxe Christen vom Balkan waren. In den Türkenkriegen kämpften eigentlich Christen gegen Christen.

Die Türkengefahr stieß auch die Beschäftigung mit dem Islam an, den man bislang, anders als das Judentum, kaum wahrgenommen hatte. Die Reformatoren sahen, wie schon die mittelalterliche Kirche, in Mohammed einen christlichen Irrlehrer. Der Islam galt also nicht als neue Religion, sondern als eine verwerfliche, falsche Variante des Christentums. Gleichwohl findet sich bei den Reformatoren auch Positives, Wertschätzendes über die Türken und den Islam wie zuvor schon bei Erasmus. Positiv fiel der Verzicht auf Alkohol auf sowie das fleißige Beten. Melanchthon registrierte auch, dass die Türken in Siebenbürgen religiöse Toleranz praktizierten, und aus diesem Grund warfen die Reformatoren den Katholiken manchmal vor: Ihr seid schlimmer als die Türken!

66 Erasmus von Rotterdam: Opera omnia. Abt. 1, Bd. 2. Amsterdam 1971, S. 120, Z. 11.

In der Reformationszeit wurde erstmals der Koran in lateinischer und damit für Christen lesbarer Sprache gedruckt. Das war in Basel im Jahre 1542 und geschah auf Wunsch und Betreiben Luthers. Denn in Basel gab es zwar Buchdrucker und Gelehrte, die den Koran gerne veröffentlichen wollten, aber die evangelische Obrigkeit der Stadt gedachte es nicht zu erlauben. Der Koran galt als ketzerisches, gotteslästerliches Buch. Luther wandte sich persönlich an den Rat der Stadt Basel und erwirkte die Druckerlaubnis, und Melanchthon steuerte das Vorwort bei, das dann merkwürdigerweise unter Luthers Namen erschien. Luther und Melanchthon wollten durch ihr Engagement für den Druck allerdings, leider, nicht einer vorurteilsfreien Beschäftigung mit dem Islam den Weg bereiten, sondern sie meinten, man könne den Moslems nicht mehr schaden als durch die Veröffentlichung ihrer heiligen Schrift, deren lächerlichen, widergöttlichen Charakter jeder Leser sofort erkennen würde.

Streit um das Abendmahl – Ist Jesus leiblich gegenwärtig?

Alle Christen in allen Kirchen kennen und feiern das Abendmahl. Mit Brot und Wein wird an das letzte Mahl Jesu mit seinen Jüngern erinnert, am Abend vor seiner Auslieferung, Gefangennahme und Hinrichtung. Statt vom Abendmahl spricht man in reformierten Kirchen vom Nachtmahl, und Katholiken verwenden bis heute den althergebrachten griechischen Begriff Eucharistie, was soviel bedeutet wie Danksagung, und bezeichnen den Gottesdienst, in dessen Zentrum die Eucharistiefeier steht, als Messe. Die Begriffe unterscheiden sich und die Art und Weise, wie gefeiert wird, unterscheidet sich auch. Und natürlich gibt es auch verschiedene theologische Deutung dieser symbolischen Mahlfeier. Dass an den Tod Jesu erinnert wird, ist unstrittig, aber man konnte auch zugespitzt sagen: Der Tod Jesu, sein Opfer am Kreuz, wird erneuert und symbolisch/rituell wiederholt. Die Theologen sprachen deshalb vom Messopfer.

Neben der Erinnerung spielen bei der Feier Vergebung und Gemeinschaft sowie Lob und Dank eine Rolle. Beim Abendmahl werden Sünden vergeben. Das Abendmahl bringt Gemeinschaft zum Ausdruck und schafft und stärkt sie, Gemeinschaft der Christen mit Gott und Gemeinschaft der Christen untereinander. Wichtig war ferner der Gedanke der Gegenwart Jesu Christi. Jesus Christus ist gegenwärtig, wenn in der Gemeinde sein Mahl gefeiert wird. Doch wie sollte man sich seine Gegenwart vorstellen? Die Theologen des Mittelalters hatten gelehrt, dass bei der Feier das Brot verwandelt werde in den Leib Christi und der Wein in sein Blut. Das stellte man sich höchst real vor. Der Wein war Blut, Blut Christi, auch wenn er weiter wie Wein aussah, roch und schmeckte. Die Theologen sprachen von einer Verwandlung der Substanzen, von einer Transsubstantiation.

Das Abendmahl oder die Eucharistie wurde zu einem zentralen Streitgegenstand der Reformationszeit. Es ging um theologische und praktische Fragen. Alle Reformatoren waren sich einig in der Ablehnung des Kelchentzugs und des Messopfergedankens sowie der Transsubstantiationslehre und der stillen Messen. Doch in der Frage, wie genau das Abendmahl zu verstehen und wie es zu feiern sei, gingen Luther und Zwingli verschiedene Wege und entzweiten sich.

1525 trat Zwingli mit einer Schrift an die Öffentlichkeit, in der er zum Abendmahl ganz neue, moderne Ideen darlegte. Er wollte in dieser Feier nur noch eine symbolische, eine zeichenhafte Handlung sehen. Brot und Wein seien Symbole für den Leib und das Blut Christi. Die Gemeinde erinnere sich bei der Feier an seinen Tod und verkünde ihn. Christus selbst sei nicht in seiner Person, erst recht nicht leiblich gegenwärtig, sondern allenfalls im Glauben der Gemeinde.

Luther reagierte entsetzt und erbost. Zwingli ging ihm zu weit. Obwohl Luther von der in ihren philosophischen Grundlagen auf Aristoteles beruhenden Lehre von der Transsubstantiation nichts mehr wissen wollte, hielt er doch mit dem Neuen Testament daran fest, dass das Brot wirklich der Leib und der Wein wirklich das Blut Christi sei – ein Geheimnis, das er ratio-

Das Abendmahl (Gemälde von Lukas Cranach) verbindet die Christen und wurde doch immer wieder Auslöser von Streit

nal nicht durchdringen wollte. Er las in der Bibel: »Der Herr Jesus, in der Nacht, da er verraten ward, nahm er das Brot, dankte und brach's und sprach: Das ist mein Leib, der für euch gegeben wird [...]« (1. Korinther 11,23 f.). Für Luther war Christus real, wirklich präsent, wenn die Gemeinde das Abendmahl feierte. Luther lehrte die »Realpräsenz«.

Über die Frage entstand ein heftiger, äußerst polemisch ausgetragener Streit. Für Luther stand nichts weniger als die ganze Bibel auf dem Spiel. Wer an einem Christuswort rüttele, rüttele an allen. Zwingli hatte sich aus seiner Sicht, wie zuvor Müntzer, Karlstadt und die Zwickauer Propheten, nun endgültig als »Schwärmer« entpuppt. Der Reformation drohte die Spaltung.

Nach der Scheidung von Karlstadt, Müntzer und Erasmus, hatte sich Luther nun auch von Zwingli getrennt. Doch Zwingli war mehr als Karlstadt, Müntzer und Erasmus, denn Zwingli stand für einen ganzen Flügel der Reformation. Hinter ihm standen nicht nur die Evangelischen der Schweiz, sondern auch viele Evangelische in Südwestdeutschland.

Philipp von Hessen als wichtiger Politiker der Reformation beobachtete diese Entwicklung mit Sorge und beschloss, die beiden Streithähne an einen Tisch zu bringen und eine Einigung zu versuchen. Im Oktober 1529 lud er in sein Marburger Schloss. Die beiden Kontrahenten kamen, jeder mit einigen Anhängern im Gefolge. Mehrere Tage lang wurde ernsthaft verhandelt, und zwar in deutscher Sprache, denn der Landgraf wollte verstehen, über was die Theologen sich unterhielten. Für die Theologen freilich war das gar nicht so einfach, denn sie waren es gewohnt, schwierige theologische Lehren in lateinischer Sprache zu formulieren, nicht aber in der deutschen. Außerdem sprachen Luther und Zwingli nicht dasselbe Deutsch und verstanden sich auch sprachlich nur schlecht. Immer wenn es auf die Frage der Realpräsenz kam, eskalierte die Stimmung. Luther pochte auf ein wörtliches Verständnis der Bibel, und Zwingli hielt an seiner 1524 gewonnenen Überzeugung fest, dass man das »Das ist […]« mit »Das bedeutet […]« übersetzen müsse.[67]

Eine Einigung kam nicht zustande. Schlimmer noch: Luther erklärte, dass er Zwingli fortan nicht mehr als Bruder in Christus ansehen könne. Zwingli hatte den Wittenberger mit Tränen in den Augen darum gebeten, trotz des Streits die Verbundenheit in Christus zu wahren. Nun war sie zerbrochen. Die Reformation war gespalten.

Um die Differenzen zwischen Luther und Zwingli verstehen

67 Huldrych Zwingli: Auswahl seiner Schriften/Edwin Künzli (Hg.). Zürich 1962, S. 184; Das Marburger Religionsgespräch 1529/Gerhard May (Hg.). Gütersloh 1970 (Texte zur Kirchen- und Theologiegeschichte 13), S. 21.

zu können, muss man sich noch einmal an beider Lebensgeschichte erinnern. Die Differenzen in der Abendmahlsfrage waren nicht einfach nur theologisch bedingt, sondern hatten auch biografische und existentielle Dimensionen. Luther hat als Priestermönch viele Jahre lang einen täglichen, intimen Umgang mit dem Sakrament des Altars gepflegt und diesen Aspekt seines monastischen Lebens so ernst genommen wie alle anderen. Mit tiefer Ehrfurcht begegnete er dem Leib und dem Blut seines Herrn. Zitternd hielt er bei seiner ersten eigenen Messfeier im Erfurter Augustinerkloster am 2. Mai 1507 den Kelch in der Hand. Im Zusammenhang mit den täglichen Messen machte Luther in seiner Klosterzeit tiefe religiöse Erfahrungen. Die reale Gegenwart Christi im Sakrament des Altars bedeutete ihm Hilfe und Trost, löste bei ihm aber immer wieder auch ein Erschrecken aus. Die ausgeprägte Abendmahlsfrömmigkeit blieb Luther auch nach seiner reformatorischen Wende erhalten. Zwingli dagegen hatte solche Erfahrungen nie gemacht. Als Leutpriester war er eine veräußerlichte Frömmigkeitspraxis gewohnt. Von ihr zeugt noch heute die erwähnte Zwingli-Monstranz in Glarus. Ein radikaler Bruch mit der traditionellen Abendmahlstheologie und -frömmigkeit fiel ihm leicht, weil seine religiöse Existenz davon nicht berührt war.

Von den Zwanzigerjahren des 16. Jahrhunderts an stand die Abendmahlsfrage trennend zwischen den beiden Flügeln der Reformation. Luthers Nachfahren im 17. Jahrhundert reagierten auf die andere Sicht des Abendmahls so allergisch, dass sie der Auffassung zuneigten: lieber römisch als schweizerisch. Das heißt: Dem Papst stehen wir näher als den Schweizer Reformatoren. Im 19. Jahrhundert wurden Brücken gebaut, aber erst 1973 wurde der Streit definitiv ausgeräumt, als die sogenannte Leuenberger Konkordie formuliert und verabschiedet wurde, eine theologische Konsenserklärung lutherischer und reformierter Kirchen, benannt nach einem evangelischen Tagungszentrum auf dem Leuenberg bei Basel.

Streit um die Taufe – Darf man Kinder taufen?

Wie das Abendmahl gehörte auch die Taufe von Anfang an zur religiösen Praxis des Christentums. Christ wurde man, indem man sich taufen ließ, so wie sich Jesus selbst von Johannes dem Täufer hatte taufen lassen zu Beginn seines Wirkens. Wie das Abendmahl wurde auch die Taufe, radikaler noch, mit dem Gedanken der Sündenvergebung verbunden. Die Taufe war ein symbolischer Reinigungsakt, ja mehr noch: Das Wasser symbolisierte Tod und Leben. Wasser kann töten, aber Wasser ist auch unverzichtbar für das Leben.

Wie beim Abendmahl gingen auch bei der Taufe die verschiedenen Kirchen verschiedene Wege. Aus einem realen Untertauchen wurde allmählich ein symbolisches Benetzen mit Wasser. Mehrfach in der Geschichte der Christenheit wurde aber heftig um die Frage gestritten, ob es erlaubt sei, Kinder, ja Säuglinge zu taufen.

Luther und Zwingli hielten an der Taufe fest, selbstverständlich. Die Beibehaltung der Taufe als Sakrament war nicht strittig. Auch in der Form, wie die Taufe durchgeführt wurde, gab es zwischen Anhängern der alten Kirche und den Reformatoren keinen wesentlichen Dissens. Aber schon von 1521 an gab es einzelne Evangelische, die in Zukunft nur noch Erwachsene taufen wollten, die sich bewusst für den christlichen Glauben entschieden hatten.

Der Streit um die Taufe entzweite die Evangelischen wie der Streit um das Abendmahl. Es stritten hierbei aber nicht Lutheraner mit Zwinglianern, sondern Lutheraner mit Lutheranern und Zwinglianer mit Zwinglianern, da Menschen in beiden Lagern der Reformation die Berechtigung der Kindertaufe infrage stellten.

Die Taufkritiker hatten, wie von Luther und Zwingli gefordert, die Bibel gelesen und ernst genommen und dort entdeckt, dass in der frühen Christenheit Erwachsene, nicht Kinder getauft wurden und auch Jesus in seinem Taufbefehl eindeutig einen

Wegen der Kindertaufe (hier eine Darstellung von Lukas Cranach) entzweiten sich die Reformationsanhänger

Zusammenhang und eine Reihenfolge zwischen Glaube und Taufe herstellte: »Wer da glaubt und getauft wird, der wird selig werden.« (Markus 16,16) Die Erwachsenentaufe wird deshalb auch als Glaubenstaufe bezeichnet.

Die Forderung, nunmehr also, konsequent biblisch, nur noch Erwachsene zu taufen, lag nahe. Und ein Zweites lag nahe: die

Gültigkeit einer an einem Säugling vollzogenen Taufe zu bestreiten. Im Jahr 1525 ließen sich deshalb erstmals einige Zwinglianhänger taufen, erneut taufen, weil sie die ihnen gespendete Kindertaufe als ungültig erachteten und auch Zweifel hegten, ob sie wirklich als Kind getauft worden seien. Oftmals war die Taufe im späten Mittelalter aus Nachlässigkeit wohl unterblieben, und kein Kirchenbuch dokumentierte, wer wann von wem getauft worden war und wer nicht. Auch unter Lutheranhängern kam es zu »Wiedertaufen« und dazu, dass Eltern die Taufe ihrer Kinder verweigerten. Die Befürworter dieser neuen Taufpraxis wurden zu Luthers und Zwinglis Zeit als Wiedertäufer oder, mit einem Fremdwort aus dem Griechischen, Anabaptisten bezeichnet. Heute spricht man wertneutral von Täufern oder Baptisten.

Zwingli und Luther reagierten heftig und verteidigten die Kindertaufe mit allen Mitteln, ja verteidigten sie nicht nur, sondern erklärten sie als zwingend notwendig. Sie hielten die Kindertaufe für biblisch begründet, da im Neuen Testament durch Berichte der *Apostelgeschichte* wie der von der Taufe des Kornelius (Apostelgeschichte 10) belegt und durch das Jesus-Wort »Lasset die Kinder zu mir kommen […]« (Matthäus 19,14) legitimiert. Außerdem argumentierten sie mit der alttestamentlichen Beschneidung, die ebenfalls an, allerdings natürlich nur männlichen, Säuglingen vollzogen wurde und deren Nachfolge die Taufe angetreten habe. Die Frage, wo denn bei der Kindertaufe der von Jesus in seinem Missionsbefehl (Markus 16,15f.) ausdrücklich verlangte Glaube bleibe, wurde unterschiedlich beantwortet. Man verwies darauf, dass der Glaube ein Geschenk Gottes sei und somit auch in unmündigen Kindern bereits vorhanden sein könne, und auf den stellvertretenden Glauben der Eltern und Paten oder erklärte, dass der Zusammenhang von Glaube und Taufe auch gewahrt werde, wenn ein zeitliches Nacheinander bestehe und der Glaube erst nach Jahren auf die Taufe folge. Luther und Melanchthon, nicht aber Zwingli, argumentierten ferner mit der Erbsünde, der auf Adam und Eva zurückgehenden, regelrecht angeborenen Sünde. Ein Kind komme mit der Erbsünde beladen zur Welt und müsse schnellstmöglich durch die Taufe davon befreit werden.

Ein kleiner Kreis von Kindertaufgegnern gründete im Februar 1527 in Schleitheim im Hegau die »Brüderliche Vereinigung«. Damit entstand im Umfeld des Züricher Täufertums eine erste reformatorische Freikirche. Ihre Grundsätze legte sie in sieben Artikeln nieder und schuf damit das erste evangelische Bekenntnis der Reformationszeit.

Die *Schleitheimer Artikel* machten die Glaubenstaufe zum Prinzip. Ferner war ihnen die Absonderung von der Welt wichtig. In den Gemeinden sollten sich die wahrhaft Glaubenden sammeln. Gemeindeglieder, die den hohen Ansprüchen nicht genügten, wurden ausgeschlossen. Durch eine strenge Bannpraxis grenzten sich die Täufer von allen ab, die nicht zur Gemeinde gehörten. Einen Eid zu leisten verweigerten sie ebenso wie den Kriegsdienst. Sie trachteten danach, gemäß dem Gesetz Jesu, der Bergpredigt (Matthäus 5–7), zu leben. Weltliche Obrigkeiten wurden ebenfalls abgelehnt, da wahrhafte Christen ihrer nicht benötigten. Die Pfarrer, als Hirten bezeichnet, sollten frei gewählt werden. Das Abendmahl wurde nicht als Mittel zur Sündenvergebung und erst recht nicht als Opferhandlung, sondern als Ausdruck der christlichen Gemeinschaft verstanden.

Der Verfasser der Artikel, Michael Sattler (1490–1527), ein ehemaliger Prior eines Benediktinerklosters im Schwarzwald, der von 1525 an in Zürich gelebt hatte, wurde wenig später, im Mai 1527 im katholischen Rottenburg am Neckar unter dem Vorwurf der Ketzerei lebendig verbrannt. Seit 1997 erinnert eine Gedenkstätte an seinen grauenvollen Tod.

In Waldshut am Hochrhein, in Nikolsburg in Mähren und in Münster in Westfalen erlangten Täufer zeitweise politische Macht und gestalteten Gemeinwesen nach ihren Vorstellungen. Besonders erfolgreich wirkte der Täuferführer Balthasar Hubmaier (1480–1528). Um 1480 geboren, aus Friedberg bei Augsburg stammend, absolvierte er ein Theologiestudium in Freiburg im Breisgau bei Johann Eck. Eine Promotion in Ingolstadt schloss sich an. Hubmaier ließ sich zum Priester weihen und wirkte von 1516 an als Domprediger in Regensburg, wo er sich als ein schlimmer Judenfeind und ein großer Förderer von Marienwallfahrten exponierte. 1519 ließ er die örtliche Synagoge in eine Marienkapelle umwandeln. Wenig später kam es zur Begegnung mit der reformatorischen Lehre. Eine Pfarrstelle in Waldshut, einer Stadt unter der Oberherrschaft der österreichischen Habsburger, übernahm er 1521 und begann dort spätestens 1523 reformatorisch zu predigen. Im Frühjahr 1523 traf er erstmals mit Zwingli zusammen. Im Oktober 1523 nahm er an der Zweiten Zürcher Disputation teil, wo er direkt neben Zwingli saß.

Es gelang Hubmaier in Waldshut eine von der Obrigkeit organisierte Täuferreformation durchzuführen. 1524 wurde der Gottesdienst neu gestaltet und alle Bilder aus den Kirchen entfernt. Eine freiwillige Züricher Schutztruppe wurde in Waldshut stationiert, um gegebenenfalls gegen Habsburg zu helfen. Im Frühjahr 1525 heiratete Hubmaier, und an Ostern 1525 ließ er sich in Waldshut von Wilhelm Reublin, Pfarrer von Witikon bei Zürich, gemeinsam mit 60 Anhängern taufen. Der Stadtrat Waldshuts und weitere 300 Menschen wurden anschließend von Hubmaier getauft. Das Abendmahl wurde in Waldshut nun als Gedächtnismahl verbunden mit einer Fußwaschung gefeiert. Anfang Dezember aber besetzten die Österreicher die Stadt und bereiteten dem Treiben ein Ende. Hubmaier floh nach Zürich, wo er allerdings sofort inhaftiert wurde. Die Züricher versuchten ihn zu zwingen, seine täuferischen Überzeugungen öffentlich zu widerrufen. Der erste Versuch scheiterte. Hubmaier trat auf die Kanzel des Fraumünsters, aber widerrief nicht, wie er zuvor versprochen hatte, sondern erklärte, er habe sich nicht geirrt. Darauf erklomm Zwingli eine andere Kanzel und griff ein. Mehrere Monate Gefängnis folgten. Dann hatte Hubmaier genug. Er widerrief nun drei Mal in drei Kirchen – aber nur zum Schein.

Im April 1526 verließ Hubmaier Zürich und ging über Konstanz und Augsburg nach Mähren. 1526 konnte er dort einen Grundherren für das Täufertum gewinnen und erneut, in Nikolsburg (heute: Mikulov), eine obrigkeitliche Täuferreformation durchführen. Wegen des Türkenkriegs kam es allerdings in der Gemeinde zu Spannungen zwischen strengen Pazifisten – »Stäbler« genannt, weil sie wie biblische Hirten nur Hirtenstäbe, keine Waffen trugen – und den sogenannten »Schwertlern«, die bereit waren, trotz ihrer pazifistischen Grundhaltung gegen die Türken Gewalt anzuwenden und sich gegen einen Angriff mit dem Schwert zu wehren. Die Stäbler verließen 1529 Nikolsburg und gründeten in Austerlitz (heute: Slavkov) eine neue Gemeinschaft, in der sie auch Gütergemeinschaft praktizierten. Zu dieser Gemeinde stieß später, 1533, der Tiroler Täuferführer Jakob Huter (ca. 1500–1536), und die Gemeinde wurde durch ihn zur Kernzelle der Gemeinschaft der Hutterischen Brüder, die es in den USA und in Kanada, wohin sie im 19. Jahrhundert auswanderten, noch heute gibt.

Balthasar Hubmaier war schon 1527, als in Böhmen Ferdinand von Österreich (1503–1564) die Königsmacht erlangt hatte, verhaftet und nach Wien deportiert worden. 1528 starb er dort auf dem Scheiterhaufen. Eine Gedenktafel am Stubentor erinnert heute an sein Schicksal. Seine Frau wurde in der Donau ertränkt. Von Hubmaier gibt es insgesamt 25 Schriften. Er war der einzige wirklich gebildete Theologe der frühen Täuferbewegung.

Spektakulärer und folgenreicher als die Ereignisse in Schleitheim und in Waldshut waren die Ereignisse in Münster in Westfalen. In der Bischofsstadt war Anfang der Dreißigerjahre die Reformation eingeführt worden. Unter Leitung von Bernhard Rothmann, einem Kaplan, nahm sie schnell eine radikale Entwicklung. Bei einer Ratswahl erhielten Anhänger der Täuferbewegung die Mehrheit. Sie rechneten mit einem baldigen Weltende und damit, dass Christus leibhaftig in Münster erscheinen werde. Der Bischof und andere Obrigkeiten zogen jedoch ihre Truppen zusammen. Vom Februar 1534 bis Juni 1535 wurde Münster belagert, was die endzeitliche Stimmung unter den Täufern steigerte. Das Gemeinwesen wurde radikal umgestaltet, und der Holländer Jan Bockelson (1509–1536), auch bekannt als Jan von Leiden, regierte als »König im neuen Tempel Gottes«[68] im »neuen Jerusalem« (Offenbarung 21). Andersdenkende wurden vertrieben oder getötet und unter Berufung auf das Alte Testament die Mehrehe – von den Gegnern als Viel-

68 Das Königreich der Täufer. Bd. 1: Reformation und Herrschaft der Täufer in Münster. Münster/Westf. 2000, S. 164, 183.

weiberei verteufelt – eingeführt. Bockelson allein soll 16 Frauen zur Ehe genommen haben. Ob das so stimmt, weiß man nicht. Vorwürfe im Beziehungs- und sexuellen Bereich waren und sind immer hervorragend geeignet, um Gegner zu verteufeln.

Katholische und evangelische Obrigkeiten, finanziell unterstützt von den Fuggern, bereiteten dem sogenannten Wiedertäuferreich ein blutiges Ende. Münster wurde wieder streng katholisch. Die Anführer starben unter den Qualen glühender Zangen und wurden anschließend in Käfigen an einem Kirchturm aufgehängt. Nachbildungen der Käfige hängen dort noch heute, die Originale stehen im Museum. Das Täufertum, das weithin pazifistisch eingestellt war, haben die Ereignisse in Münster nachhaltig diskreditiert. Fortan war »Wiedertäufertum« ein Synonym für Anarchie, Aufruhr und Unzucht.

Andere Täufergruppen und Täufer waren und blieben jedoch ganz und gar friedlich. Dazu gehörte Menno Simons, auf den die Mennoniten zurückgehen, eine auch heute noch, weltweit, auch in Deutschland, existierende Täuferkirche. Menno wurde vermutlich 1496 im westfriesischen Dorf Witmarsum geboren. Gestorben ist er 1561 in Wüstenfelde bei Oldesloe im heutigen Schleswig-Holstein. Er wirkte als Priester, schloss sich aber um 1531 der Reformation und 1536 der Täuferbewegung an, als er sein Priesteramt niederlegte und selbst – noch einmal – die Taufe empfing. Anschließend wirkte er als Prediger, Seelsorger und Schriftsteller in den Niederlanden und in Norddeutschland.

Wichtiger als die Mennoniten, von denen es in Deutschland heute nur 60 000 gibt, wurden und sind die Baptisten. Doch diese weltweit, insbesondere in Nordamerika sehr erfolgreiche Täuferkirche, die auch in Deutschland heute 200 000 Mitglieder zählt, ist nicht in der Reformationszeit, sondern erst im frühen 17. Jahrhundert, aber auch in den Niederlanden entstanden.

1529: Noch einmal Reichstag in Speyer – begleitet von Protesten

Im Jahr 1529 wurde wieder ein Reichstag zusammengerufen. Er tagte wieder in Speyer und wieder ohne den Kaiser. Verschiedene Themen standen auf der Tagesordnung, darunter auch der Umgang mit Menschen, die das Taufen ihrer Kinder verweigerten oder als Kinder getaufte Erwachsene noch einmal tauften. Die Anhänger des alten und des neuen Glaubens waren sich einig, dass man Kindertaufverweigerer ebenso wie »Wiedertäufer« mit dem Tod bestrafen müsse. Einmütig wurde das »Wiedertäufermandat« beschlossen, und fortan wurde die evangelische Täuferbewegung sowohl in katholischen als auch in evangelischen Gebieten blutig verfolgt. Viele evangelische Christen bezahlten ihre Ablehnung der Kindertaufe mit ihrem Leben. Genaue Zahlen sind nicht bekannt, und nur selten erinnern heute Gedenksteine an die Opfer, wie in Rottenburg am Neckar (Michael und Margaretha Sattler), auf der Wartburg (Fritz Erbe) und in Zürich (Felix Manz).

Melanchthon war an der Täuferverfolgung direkt beteiligt. Im Winter 1535/36 hat er in Thüringen – in Jena, auf der Leuchtenburg sowie in Kahla – mehrere Inhaftierte verhört, darunter den Täuferführer Hans Peißker, einen Müller aus Kleineutersdorf bei Kahla an der Saale. In mehreren Fällen, auch bei Peißker, befürwortete Melanchthon die Hinrichtung. Für Peißker gibt es in seiner Heimat bis heute kein Denkmal.

Die Verfolgung der Täufer gehört zu den dunklen Kapiteln der Reformationsgeschichte. Die lutherischen Kirchen haben sich erst 2010 bei den heutigen Täuferkirchen für dieses Unrecht offiziell entschuldigt.

Uneinig waren sich Evangelische und Katholiken 1529 in Speyer allerdings erneut in anderen Punkten der Religionsfrage. Ferdinand von Österreich, der den Kaiser vertrat, drängte zu einem Beschluss, der die Entscheidung von 1526 revidierte, und fand dafür unter den Anhängern der alten Kirche eine Mehrheit. Die evangelische Minderheit wurde überstimmt, und ab sofort sollten alle kirchlichen Neuerungen wieder verboten sein und vorgenommene Neuerungen wieder rückgängig gemacht werden.

Gegen diesen Mehrheitsbeschluss auf Betreiben des Kaiservertreters protestierten mehrfach, hartnäckig und förmlich die unterlegenen Evangelischen – und wurden fortan als Protestanten bezeichnet. Protestanten war 1529 ein Schimpfwort, vergleichbar mit dem heutigen »Protestler«, gerichtet gegen die Evangelischen, die von einem legitimen Verfahrensrecht des Reichstags Gebrauch gemacht hatten. Später machten sich die Evangelischen diese despektierliche Fremdbezeichnung zu eigen. Heute spricht man vom Protestantismus, wenn man die Gesamtheit der aus der Reformation hervorgegangenen Kirchen meint. Auch Nachfahren von Reformatoren und Kirchen, die mit dem Protest 1529 rein gar nichts zu tun hatten, wie die Anhänger und Nachfolger Zwinglis und Calvins, tragen heute diese Bezeichnung.

1530: Evangelische definieren ihren Glauben – Das Augsburger Bekenntnis

Unmittelbar nach der Konfrontation des Jahres 1529 sandte der Kaiser wieder Signale der Versöhnung aus. Er berief erneut einen Reichstag ein, an dem er selbst teilzunehmen gedachte, nach Augsburg. In der Einladung sagte er, er wolle den Religionsstreit nunmehr gütlich beilegen und bitte alle Reichstagsmitglieder darum, ihm ihren Glauben darzulegen.

Die evangelischen Theologen und die evangelischen Obrigkeiten freuten sich und griffen den Vorschlag des Kaisers konstruktiv auf. An verschiedenen Orten, unter anderem in Torgau, der Residenz der sächsischen Kurfürsten, kamen evangelische Theologen zusammen und brachten in kurzen Zusammenfassungen ihre evangelischen Überzeugungen zu Papier.

Im Juni 1530 trat der Reichstag in Augsburg zusammen. Zwei Gruppen und ein Einzelner reichten evangelische Bekenntnisse ein. Kursachsen, Hessen, Brandenburg-Ansbach, Lüneburg, Anhalt, Nürnberg und Reutlingen legten ein gemeinsam ausgearbeitetes Bekenntnis vor, ein zweites reichten die Städte Straßburg, Konstanz, Memmingen und Lindau ein. Ein Einzelbekenntnis kam von Zwingli. Ernsthaft verhandelt wurde nur über das erstgenannte Bekenntnis. Es ist als das *Augsburger Bekenntnis* (lateinisch: *Confessio Augustana*, kurz: CA) in die Geschichte eingegangen. Bei seiner Entstehung hatte Melanchthon die Feder geführt. Er war in Augsburg auch vor Ort. Andere Reformatoren, zum Beispiel Osiander aus Nürnberg und Brenz aus Schwäbisch Hall, waren ebenfalls anwesend. Luther dagegen konnte nicht nach Augsburg reisen, da ihm diese Reise möglicherweise das Leben gekostet hätte. Er begab sich aber in die Nähe Augsburgs und wählte als nächstgelegenen Ort, wo er sich noch sicher fühlte, Coburg im heutigen nördlichen Bayern. Von hier aus hielt er brieflich Kontakt mit denen, die in Augsburg präsent waren, was aber nicht ganz einfach war, da die Übermittlung von Briefen Tage dauerte.

Luther versuchte insbesondere Melanchthon zu stärken, zu trösten, aufzumuntern, aber auch auf die rechte Bahn zu weisen. Die gemeinsame Verhandlungslinie war bereits Ende März festgelegt worden. Luther war mit der Arbeit, die Melanchthon in Augsburg leistete, im Großen und Ganzen zufrieden, auch mit dem Bekenntnis. Ihm war klar, dass er selbst diese schwierige vermittelnde Arbeit so nicht hätte leisten können. In diesem Zusammenhang schrieb er einmal an den sächsischen Kurfürsten, er, Luther, könnte »nicht so leise treten«.[69] Das war anerkennend gemeint. Aber daraus wurde später der Vorwurf konstruiert und Luther in den Mund gelegt, Melanchthon sei ein Leisetreter, kein wahrer Bekenner.

Das *Augsburger Bekenntnis* legt den evangelischen Glauben

69 D. Martin Luthers Werke. Kritische Gesamtausgabe. Briefwechsel. Bd. 5. Weimar 1934, S. 319, Z. 7 f.

Melanchthon mit dem Augsburger Bekenntnis (Denkmal in Wittenberg)

klar, aber nicht provokativ dar. Es baut Brücken, indem es zunächst die Gemeinsamkeiten aller Christen herausstellt. Im ersten Teil werden Themen wie die Gotteslehre und das Sündenverständnis, aber auch die Lehre von der Kirche und von den Sakramenten verhandelt, insgesamt 21 Punkte, in denen – angeblich – Übereinstimmung herrschte.

Ein hier verhandeltes wichtiges Thema ist die Lehre von der Kirche. Was ist Kirche, woran kann man Kirche erkennen? Darauf gab es verschiedene Antworten. Nicht wenige, gerade im evangelischen Lager, sagten: Die Kirche besteht aus den wahrhaft Glaubenden, und da man es niemandem ansehen kann, ob er wahrhaft glaubt, ist die Kirche eigentlich unsichtbar. Anhänger der alten Kirche dagegen hätten geantwortet: Kirche ist sichtbar, sie ist sichtbar in den Bischöfen und im Papst, also durch ihre Amtsstruktur. Melanchthon fand im *Augsburger Bekenntnis* eine eigene, auch heute noch überzeugende Antwort: Kirche ist dort, wo das Evangelium gepredigt und die Sakramente – Taufe und Abendmahl – gespendet werden. Die Kirche ist also sichtbar, aber nicht durch Ämter oder Gebäude, sondern dort, wo Kirche in Übereinstimmung mit Jesus Christus gelebt, praktiziert wird. Diese Definition von Kirche, zu finden im 7. Artikel des *Augsburger Bekenntnisses*, war präzise und doch vergleichsweise offen, denn Kirche in diesem Sinn konnte es auch dort geben, wo der Papst herrschte, und dort, wo Täufergruppen ein Christentum ganz anderer Art praktizierten. Es kam auf die Inhalte an.

Eine zweite, eng damit zusammenhängende Frage beantwortete Artikel 14 des Bekenntnisses. Wer darf in der Kirche predigen und die Sakramente spenden? Anhänger der alten Kirche hätten geantwortet: nur Angehörige des geistlichen Standes, nur Geweihte; auf die Weihe kommt es an. In Täufergruppen hätte man dagegen gesagt: jeder. Luther selbst hatte 1520 ja das allgemeine Priestertum propagiert und betont, dass alle, die getauft sind und glauben, in einem gewissen Sinn Priester seien und damit befähigt und berechtigt, zu predigen und zu lehren. Melanchthon definierte im *Augsburger Bekenntnis*: Derjenige darf predigen und die Sakramente spenden, der dazu ordentlich berufen wurde. Es kommt also nicht auf die Weihe an, aber es kann auch nicht sein, dass sich jedermann selbst das Recht zu predigen anmaßt. Es bedarf einer Berufung, einer Einsetzung in das Amt, entweder durch die Gemeinde selbst oder durch die Obrigkeit. Voraussetzung einer Berufung ist selbstverständlich, dass man zur Ausübung des Amtes befähigt ist. Und dazu gehörte nach Auffassung der Reformatoren neben einer angeborenen oder erworbenen Begabung eine ordentliche Bildung, ein Studium.

Auch das Thema Rechtfertigung griff Melanchthon im Zusammenhang mit dem *Augsburger Bekenntnis* erneut auf. Er versteht nun unter der Rechtfertigung ein Urteil Gottes, ein Wortgeschehen, eine Gerechtsprechung: Gott spricht den Sünder frei wie ein Richter einen Schuldigen. Verändert wird nur das Gottesverhältnis des Menschen, nicht aber sein Wesen. Weil in der Antike der Ort der Rechtssprechung das Forum war, bezeichnet man seit dem späten 19. Jahrhundert das Melanchthon'sche Verständnis der Rechtfertigung als »forensisch«. Ebenso spricht man auch von einer »imputativen« Rechtfertigungslehre, da dem Gläubigen die fremde Gerechtigkeit Christi angerechnet (imputiert) wird.

Melanchthons Lehrweise brachte verschiedene Probleme mit sich. Zum einen war die juristische Perspektive und Terminologie nicht glücklich. Sie gab dem versöhnenden, Frieden stiftenden Heilshandeln Gottes am Menschen einen einseitigen Akzent, der sich auf das Gottesbild negativ auswirkte. Auch ein Richter, der freispricht, ist ein Richter. Doch soll man Gott in erster Linie als Richter sehen? Zum anderen war Melanchthons Loslösung der Rechtfertigung von der Erneuerung nicht überzeugend. Er trennte zwischen den beiden Aspekten des Geschehens, ohne wirklich an eine zeitliche Abfolge zu denken, sowohl aus Gründen der Heilsgewissheit als auch aus praktisch-didaktischen Intentionen. Doch der neue Gehorsam, der »mit Notwendigkeit«[70] der Versöhnung folgen müsse, gehörte für Melanchthon eigentlich unbedingt zur Rechtfertigung. Er begriff ihn als ein Werk des Heiligen Geistes, der dem Menschen »zugleich«[71] mit der Freisprechung geschenkt werde: »Wenn die erschrockenen Gewissen durch den Glauben aufgerichtet werden, wird gleichzeitig der Heilige Geist gegeben, der im Herzen neue, dem göttlichen Gesetz entsprechende Regungen weckt.«[72] Melanchthons Intention ist klar und entspricht der von Luthers *Freiheitsschrift* 1520, aber faktisch wurden im Luthertum später die Rechtfertigung, die Freisprechung, die Versöhnung betont, die Erneuerung, der Gehorsam, die Herzensregungen aber vernachlässigt.

Im zweiten Teil des Bekenntnisses werden in nur sechs Punkten unter der Überschrift »Missbräuche«[73] strittige Fragen wie der Laienkelch (Abendmahlswein für die Gemeinde), der Zölibat

70 Melanchthons Werke 2/2 (wie Anm. 32), S. 422, Z. 25.

71 Ebd., S. 426, Z. 35.

72 Ebd., S. 426, Z. 34–36.

73 Die Bekenntnisschriften der Evangelisch-Lutherischen Kirche. Vollständige Neuedition/Irene Dingel (Hg.). Göttingen 2014, S. 132, Z. 3.

(Ehelosigkeit der Priester), das Messopfer (die Lehre, bei der Messe werde das Opfer Christi wiederholt) und die Mönchsgelübde diskutiert. Dieses Vorgehen Melanchthons, das man als geschicktes Taktieren oder als ernsthaftes Angebot zum Kompromiss ansehen kann, war in Augsburg jedoch nicht erfolgreich.

Am 25. Juni 1530, an einem heißen Sommertag, nachmittags um drei Uhr, wurde das *Augsburger Bekenntnis* in seiner deutschen Fassung vor dem Kaiser und der Reichsversammlung verlesen. Karl V., der des Deutschen nicht mächtig war, schlief dabei ein. Melanchthon war nicht anwesend. Er saß in seiner Augsburger Herberge und weinte vor Erschöpfung. Die Verlesung im Kapitelsaal des Bischofspalasts wurde von Christian Beyer aus Wittenberg, dem kursächsischen Kanzler, vorgenommen.

Die katholische Seite reagierte auf das *Augsburger Bekenntnis* mit einer *Widerlegung*, der »Confutatio«, am 3. August verlesen, die den Protestanten nicht ausgehändigt wurde. Dagegen verfasste Melanchthon eine lateinische *Apologie*, deren Annahme der Kaiser am 22. September aber verweigerte. Karl V. verlangte von den Evangelischen die Zustimmung zur *Confutatio*. Die katholische Mehrheit bestätigte das *Wormser Edikt* von 1521 und verhieß ein Konzil binnen Jahresfrist. Die evangelischen Teilnehmer verließen den Reichstag unter erneutem Protest. Die kaiserliche Abschlusserklärung des Reichstags vom 19. November bezeichnete das *Augsburger Bekenntnis* als widerlegt.

Das eigentlich gescheiterte *Augsburger Bekenntnis* wurde trotz seines speziellen Entstehungshintergrunds bald schon als offizieller Ausdruck der lutherischen Lehre, als lutherisches Hauptbekenntnis angesehen. Bis heute werden viele evangelische Theologen und Theologinnen bei ihrer Ordination in den Pfarrdienst auf das Bekenntnis verpflichtet, und 2009 diskutierten die Evangelischen darüber, ob es zum »Grundbekenntnis« der Evangelischen Kirche in Deutschland gemacht werden sollte.

Obwohl sich manche lutherische Theologen eine deutlichere Ausformulierung evangelischer Lehre gewünscht hätten, hat sich der zurückhaltende Stil bewährt. Das *Augsburger Bekenntnis* war schon im 16. Jahrhundert und erst recht bei der Bildung von Kirchenunionen im 19. Jahrhundert als Brücke zu den reformierten Kirchen dienlich, und es hat sich in jüngster Zeit sogar als mögliche Brücke zu einer theologischen Einigung mit der römisch-katholischen Kirche erwiesen. In den Achtzigerjahren des 20. Jahrhunderts diskutierten führende katholische Theologieprofessoren, unter anderen der spätere Präsident des »Päpstlichen Rates zur Förderung der Einheit der Christen« Kardinal Walter Kasper, damals Theologieprofessor in Tübingen, die katholische Anerkennung des *Augsburger Bekenntnisses* und erklärten, dass dieses Positionen enthalte, denen sie heute zustimmen könnten. Damit ist Jahrhunderte später in Erfüllung gegangen, was sich Melanchthon im Jahre 1530 gewünscht hatte.

Hinter den Kulissen gab es 1530 in Augsburg noch private und offizielle Gespräche und Verhandlungen, in denen Melanchthon Chancen für eine theologische Einigung auszuloten versuchte. Einige Fürsten und Theologen beider Seiten bemühten sich, letztlich vergeblich, Kompromisse zu schließen. Allen war klar, dass die Fortdauer des kirchlichen Konflikts früher oder später einen Krieg zur Folge haben würde.

Droht Krieg? – Militärbündnisse gegen und für die Reformation

Schon seit 1524 gab es kleinere Militärbündnisse, zunächst gegen, dann auch für die Reformation. 1528 bahnte sich als Folge von Gerüchten ein erster Reformationskrieg an. Philipp von Hessen mobilisierte seine Truppen gegen die Bistümer Bamberg, Würzburg und Mainz. Der Konflikt wurde jedoch beigelegt, bevor es zu eigentlichen Kampfhandlungen kam.

Nach dem Scheitern des Reichstags 1530 drängten die evangelischen Politiker darauf, die Reformation auch militärisch zu rüsten, doch die Theologen zögerten. Luther und Melanchthon wollten die Reformation eigentlich nur mit Worten verbreiten und schützen und auf Gott vertrauen. Ferner widersprachen militärische Maßnahmen ihrem Verständnis von Obrigkeit und

Auf dem Marktplatz vor dem Wittenberger Rathaus steht das Lutherdenkmal von Johann Gottfried Schadow (erbaut 1817–1821)

Ordnung. Grundsätzlich, das hatte Luther in aller Schärfe im Kontext des Bauernkriegs dargelegt, war es für Christen nicht zulässig, sich der Obrigkeit zu widersetzen. Man musste ihr gehorsam sein wie man seinen Eltern gehorsam war. Militärische Maßnahmen zur Verbreitung oder auch nur zum Schutz der Reformation richteten sich aber gegen den Kaiser, also gegen die oberste Obrigkeit.

Trotz dieser grundsätzlichen Bedenken gelang es den Politikern und ihren Juristen, die beiden Wittenberger Reformatoren zu überzeugen, dass zwar kein Angriffs-, aber ein Verteidigungskrieg gegebenenfalls legitim sei und dem gottgewollten Obrigkeitsgehorsam nicht widerspreche, denn ein Kaiser, der in Religionsfragen zur Gewalt greife, handle nicht mehr als rechtmäßige Obrigkeit und verliere deshalb den Anspruch auf Gehorsam.

Die Bedenken Luthers und Melanchthons waren ausgeräumt, und so konnten nach dem Scheitern des Augsburger Reichstags die Bündnispläne der Evangelischen Gestalt gewinnen. Im Februar 1531 schlossen in Schmalkalden im Thüringer Wald Kursachsen und Hessen als die beiden mächtigsten Säulen der Reformation mit Braunschweig-Lüneburg, Braunschweig-Grubenhagen, Anhalt-Bernburg, Mansfeld sowie den Städten Straßburg, Ulm, Konstanz, Reutlingen, Memmingen, Lindau, Biberach, Isny, Lübeck, Magdeburg und Bremen ein Verteidigungsbündnis, das wegen des Ortes der Verhandlungen als Schmalkaldischer Bund bezeichnet wurde.

Hessen und Straßburg hätten auch gerne die Schweizer (Zürich, Bern, Basel) in das Bündnis aufgenommen, doch Zwingli und seine Anhänger waren nicht bereit, das *Augsburger Bekenntnis* anzuerkennen. Der Schmalkaldische Bund suchte die Verbindung mit England, Frankreich und Dänemark, um ein breites antihabsburgisches Bündnis aufzustellen. Sogar die Sympathie des Papstes und des katholischen Bayerns konnten die Schmalkaldener gewinnen. Ein erster Erfolg des protestantischen Bündnisses war der sogenannte Nürnberger Anstand im Jahre 1532, ein Moratorium, das den Protestanten einen Landfrieden bis zum erwarteten Konzil gewährte. Die Kriegsgefahr war in Deutschland vorläufig abgewendet.

1531: Zwingli fällt im Kampf

Früher als in Deutschland kam es in der Schweiz zum Religionskrieg. Zwingli und Zürich hatten weiter erfolgreich an der Durchsetzung der Reformation auch in den Gegenden der Schweiz gearbeitet, die bislang noch der alten Kirche anhingen. Zwingli war dazu jedes Mittel recht. Seine zwischendurch gehegten, von Erasmus inspirierten pazifistischen Überzeugungen wieder aufgebend, befürwortete er 1525/26 in seinem *Plan zu einem Feldzug* sogar kriegerische Maßnahmen zur Ausbreitung der Reformation und war auch selbst bereit, zum Schwert zugreifen. 1529 legte er in seinem *Ratschlag über den Krieg* dar, dass ein Angriff auf die katholischen Orte der Eidgenossenschaft berechtigt sei, und erörterte konkrete politische und militärische Maßnahmen. Auslöser war die Hinrichtung des in Zürich gebürtigen evangelischen Predigers Jakob Kaiser in

Schwyz, einem der katholischen Orte der Eidgenossenschaft. Auch die Altgläubigen rüsteten zum Kampf. Im Juni 1529 erklärte Zürich den Krieg. Bei Kappel am Albis-Pass, südöstlich von Zürich, stießen die beiden Heere aufeinander, kämpften aber nicht, sondern ließen verhandeln. Die in der Truppenstärke schwächere katholische Seite verpflichtete sich, ihr Bündnis mit den Habsburgern aufzugeben.

Im Anschluss kam es zu einer weiteren Ausbreitung der Reformation im Thurgau und im Rheintal. In den katholischen Kerngebieten der Eidgenossenschaft wurden jedoch wie zuvor alle reformatorischen Ansätze im Keim erstickt. Im April 1531 forderte Zwingli einen Angriffskrieg. Die zunächst verhängte Nahrungsmittelblockade, die vor allem Salzlieferungen zu unterbinden trachtete, zeitigte keinen Erfolg. Als im Oktober Meinungsunterschiede über das weitere Vorgehen zwischen Bern und Zürich aufbrachen, nutzten die katholischen Orte ihre Chance und erklärten ihrerseits den Krieg.

Am 11. Oktober 1531 kam es, erneut bei Kappel, zur entscheidenden Schlacht. Zwingli war dabei, das Schwert in der Hand, nicht als Feldprediger wie einst bei den Glarner Einsätzen in Italien, sondern kämpfend wie eine große Anzahl weiterer Züricher Pfarrer. Die schlecht disponierten Evangelischen verloren und Zwingli kam ums Leben, sein Leichnam wurde geschändet und verbrannt.

Der große Reformator Zürichs hat kein Grab, nur ein Denkmal am Ort des Geschehens. Später wurden zunächst in Luzern, von 1848 an in Zürich die Waffen gezeigt, mit denen Zwingli gekämpft haben soll. Neuere Untersuchungen erwiesen sie jedoch als unecht. Allenfalls der von einem sicher tödlichen Hieb durchlöcherte Helm im Landesmuseum könnte nach Meinung der Experten tatsächlich Zwingli gehört haben.

Als Luther vom Tod Zwinglis erfuhr, reagierte er mit Genugtuung, bezeichnete Zwinglis unglückliches Ende als gerechte göttliche Strafe und äußerte die Vermutung, dass es sehr unwahrscheinlich sei, dass der Züricher zu Gott in den Himmel komme. Melanchthon dagegen bekundete in einem Brief an einen Freund in Straßburg seine Trauer, »im Namen der Kirche«.

1532: Calvin schliesst sich der Reformation an

Neben Luther und Zwingli war der Franzose Johannes Calvin die dritte große Gestalt der Reformation. Mehr Christen stehen heute in der Tradition Calvins als in der Luthers. Aber Calvin war, noch eindeutiger als Zwingli, von Luther und der Reformation in Deutschland abhängig, war von ihr beeinflusst. Calvin war ein Reformator der zweiten Generation, denn als Luther und Zwingli zu ihren reformatorischen Erkenntnissen kamen, war er noch ein Kind.

Calvin wurde im Jahre 1509 in Noyon im Norden Frankreichs geboren. Sein Vater war Sekretär beim Bischof und ließ seinem Sohn eine gediegene Ausbildung zuteilwerden. Calvin studierte in Paris, Orléans und Bourges und wurde Jurist. Sein Studium schloss er mit einer Promotion ab.

Calvin erlernte aber auch die – für den Juristenberuf nicht notwendige – griechische Sprache, denn sein eigentliches Interesse galt der klassischen Literatur. 1532 veröffentlichte er einen Kommentar zu Senecas *De clementia* (Von der Milde).

Auch in Frankreich wurden Schriften Luthers verbreitet und gelesen, und der junge Calvin wurde so mit den Ideen der Reformation bekannt. Um das Jahr 1532 entschied sich Calvin für die Reformation. Er selbst sprach später von einer »Bekehrung«. Wir wissen keine Details, da Calvin, anders als Luther und Zwingli, nie über sich selbst sprach, nie aus seinem Leben erzählte.

Fest steht, dass Calvin im Winter 1533/34 aus Paris floh. Calvin war gefährdet, weil er ein langjähriger Freund von Nikolaus Cop war, der kurz zuvor Rektor der Pariser Universität geworden war und als solcher am 1. November 1533 eine Rede gehalten hatte, die reformatorische Gedanken enthielt und die Calvin möglicherweise sogar verfasst oder mitverfasst hatte. Cop wurde angeklagt und zog es in dieser Situation vor, in das evangelische Basel zu fliehen. Im Laufe des Novembers kam es in Paris zu zahlreichen Verhaftungen. Im Jahr darauf eskalierten die Auseinandersetzungen, als in Paris und Umgebung Plakate

Johannes Calvin – nur wenige Bilder gibt es vom Reformator Genfs

ausgehängt wurden, in denen die katholische Messe als Missbrauch des Abendmahls Christi verurteilt wurde. Der König ordnete die Unterdrückung der »lutherischen Sekte« an.

In Frankreich wurden Anhänger der Reformation jetzt blutig verfolgt. Calvin musste deshalb nach Paris nun auch Frankreich ganz verlassen. Er zog 1535 nach Basel, wo er sicher war, und begann unter dem an Martin Luther erinnernden Decknamen Martianus Lucianus als Privatgelehrter und Schriftsteller für die Reformation zu wirken. Nach dem Vorbild von Melanchthons *Loci* verfasste er ein Lehrbuch des evangelischen Glaubens, den *Unterricht in der christlichen Religion*, kurz Institutio genannt. Es ist 1536 erschienen. Der gelernte Jurist präsentierte sich jetzt als scharfsinniger Theologe.

Calvins *Unterricht* war eigentlich ein Katechismus, allerdings nicht in Frage-Antwort-Form, sondern in der Form eines Traktats. Inspiriert war er vom 1529 veröffentlichten Katechismus Luthers, aber auch von Gedanken Melanchthons. Calvin behandelte das Gesetz (Zehn Gebote), den Glauben (Apostolikum) und das Gebet (Vaterunser), ferner Taufe und Abendmahl sowie die von der Reformation verworfenen »Sakramente« Beichte/Buße, Firmung, Ehe und Letzte Ölung (Krankensalbung) und schließlich die christliche Freiheit sowie Fragen des Kirchenverständnisses und der Obrigkeitslehre. Vorangestellt hat Calvin dem Werk eine Vorrede, gerichtet an den französischen König. In ihr verteidigte er die Evangelischen in Frankreich gegen den Vorwurf des Verrats und der revolutionären Umtriebe.

Württemberg wird evangelisch

In den Dreißigerjahren verbreitete sich die Reformation in großen Schritten. Immer mehr Obrigkeiten entschieden sich für den neuen Glauben, wobei wohl nicht immer religiöse Überzeugungen den Ausschlag gaben. Auch politische und wirtschaftliche Gründe sprachen dafür, es mit dem Neuen zu versuchen. Mit der Reformation ging immer die Entmachtung und Enteignung der Kirche einher. Ein Landesherr bekam somit mehr Macht und mehr Geld.

1534 wurde auch das nicht unbedeutende Herzogtum Württemberg evangelisch. Es hatte damals einen zwielichtigen Landesherrn, der sein Land schon seit 15 Jahren nicht mehr regierte. Herzog Ulrich (1487–1550) war 1519 vertrieben worden, nachdem er sich einen Mord zuschulden hatte kommen lassen und außerdem die Freie Reichsstadt Reutlingen überfallen hatte. Er hielt sich anschließend zeitweise in der Nähe Zwinglis auf und lernte so die Reformation kennen. Und dann fasste er einen in seinen Augen genialen Plan. Er erklärte, er werde sein Herzogtum evangelisch machen, falls man ihn in sein Land zurückführe. Damit lockte er das evangelische Hessen – und das katholische Frankreich, das gleichzeitig im eigenen Land die Evangelischen verfolgte. Hessen wollte die Reformation stärken, und Frankreich wollte einfach nur den Habsburgern im Allgemeinen und dem Kaiser im Besonderen eins auswischen, denn Württemberg wurde seit 1519 von den österreichischen Habsburgern verwaltet.

Johannes Brenz, der Reformator Schwäbisch Halls und Württembergs

Im Mai 1534 wurde Herzog Ulrich von Truppen Hessens zurückgeführt. Bei Lauffen am Neckar kam es zur Schlacht. Herzog Ulrich siegte, übernahm wieder die Herrschaft und machte sein Land evangelisch. Dafür holte er qualifizierte und honorige Männer an seine Seite, unter anderen Johannes Brenz aus Schwäbisch Hall. Er, ein entschiedener Lutheranhänger seit der Heidelberger Disputation 1518, wurde nun zum wichtigsten Reformator Württembergs.

Brenz beteiligte sich zunächst von Schwäbisch Hall aus als Ratgeber. 1553 wurde er Propst in Stuttgart und hatte damit das höchste Amt in der evangelischen Kirche Württembergs inne. 1559 schuf er eine Kirchenordnung. In Stuttgart ist er 1570 gestorben.

Ein wichtiger Punkt war die Reformation der Universität Tübingen. Dort stieß die Neuordnung auf erheblichen Widerstand. Ein Teil des Lehrkörpers wurde deshalb entlassen, der Kanzler floh mit den Amtssiegeln ins katholische Rottenburg. 1535 wurde eine neue Ordnung erlassen, die unter Beteiligung Melanchthons 1536 noch einmal verändert wurde. Brenz hat die Universitätsreform schließlich 1537/38 vollendet.

1536 wurde in Tübingen nach Marburger Vorbild das »Hochfürstliche Stipendium«, kurz »Stift« gegründet. Das Studienhaus sollte für den geistlichen Nachwuchs des Landes sorgen. Untergebracht wurde es in den Gebäuden des ehemaligen Klosters der Augustiner-Eremiten. Das Tübinger Stift existiert noch heute und dient der württembergischen Landeskirche weiter zur Ausbildung von Theologen und inzwischen auch Theologinnen.

Mit Herzog Christoph übernahm 1550 ein vorbildlicher Herrscher die Regierung und machte Württemberg zu einem Musterland der Reformation. Die Universität Tübingen wurde zu einer Hochburg evangelisch-theologischer Lehre. Klöster wurden konsequent, ganz nach Luthers 1520 geäußerten Grundsätzen, in Schulen umgewandelt, in Internatsschulen für angehende Pfarrer und Beamte. Diese, kurz Klosterschulen genannt, spielten in der württembergischen Bildungsgeschichte eine große Rolle, und zwei – Maulbronn und Blaubeuren – existieren als Evangelische Seminare noch heute. Bis ins 19. Jahrhundert hinein herrschte in ihnen allerdings regelrecht klösterliche Zucht und Strenge. Hermann Hesse berichtet darüber, aus eigener Erfahrung, in seinem lesenswerten Roman »Unterm Rad«.

Bald schon gab es in Württemberg keinen Pfarrer mehr, der nicht studiert, der nicht mindestens den Magistertitel erworben hatte. Ferner wurde im Land, wieder ganz den Visionen Luthers entsprechend ein flächendeckendes Schulwesen aufgebaut, das jedem Jungen und jedem Mädchen, auch auf dem Lande, eine Grundbildung in Lesen und Schreiben sowie in Fragen der Religion ermöglichte. Im 17. Jahrhundert war Württemberg dann das erste Land, das eine allgemeine Schulpflicht diskutierte und tatsächlich einführte.

Die Reformation in Genf – Andere Wege zum gleichen Ziel

Die Reformation in Genf verbindet sich mit dem Namen Calvin, aber ihre Anfänge gehen auf Wilhelm Farel (1489–1565) zurück, einen Franzosen aus der Dauphiné, der seit 1535 in Genf für den evangelischen Glauben wirkte.

Calvin hatte Basel im März 1536 verlassen, war nach Italien gereist und kam im Juli 1536 zufällig, auf dem Weg nach Straßburg, nach Genf, und Farel überredete ihn zu bleiben. Gemeinsam brachten die beiden Männer nun die Reformation in der Rhonestadt voran. Genf gehörte noch nicht zur Schweizer Eidgenossenschaft. Die Stadt wurde eigentlich von einem Bischof regiert, der sich aber wegen Konflikten mit der städtischen Führungsschicht schon 1533 nach Annecy, weitab von seiner Stadt, zurückgezogen hatte. Nun gaben die gewählte städtische Obrigkeit und die beiden Reformatoren den Ton an. 1537 verfasste Farel für die Bürger und Einwohner Genfs ein Glaubensbekenntnis.

1538 kam es zu Meinungsverschiedenheiten zwischen der Obrigkeit und den beiden Reformatoren, und Farel und Calvin mussten Genf verlassen. Calvin ging nach Straßburg, wo sich die Reformation schon lange fest etabliert hatte. Dort fand er eine neue Aufgabe in der Betreuung der evangelischen Flüchtlinge aus Frankreich, die in großer Zahl in Straßburg lebten. Mit Erfolg leitete er die französische Flüchtlingsgemeinde in Straßburg.

Im Jahre 1541 wurde Calvin nach Genf zurückgerufen und er nahm den Ruf und die neue Herausforderung an. Ohne größere Hindernisse konnte er nun die Kirche in Genf neu gestalten und dabei manches von dem nutzen, was er in Straßburg gelernt hatte. 1541 schuf er eine Kirchenordnung und 1542 einen Katechismus und eine Gottesdienstordnung.

Calvin hat ein originelles Modell für die Kirchenleitung geschaffen. Er richtete vier verschiedene kirchliche Ämter ein und bezog die Laien dadurch in die Gemeindeleitung weitaus stärker ein als im Luthertum, wo die Kirche auf dem Weg war, zu einer reinen Pastorenkirche zu werden. Calvins Anliegen war es, die Kirche so zu organisieren, wie es im Wort Gottes vorgeschrieben und wie es in der Frühzeit der Kirche praktiziert worden sei.

Das erste der vier Ämter war das des Hirten oder – griechisch – Pastors. Ihm oblag die Verkündigung des Wortes, die Sakramentsverwaltung und die Seelsorge. Voraussetzung für die Zulassung in dieses Amt war die Reinheit der Lehre, die Fähigkeit zu unterrichten und zu organisieren sowie ein tadelloser Lebenswandel. Die Genfer Pfarrer mussten Vorbilder für ihre Gemeinde sein. In wöchentlichen Zusammenkünften wurden Bibeltexte besprochen und die Lehre und das Leben der einzelnen Pastoren überprüft.

Das zweite Amt war das des Gelehrten oder Doktors. Die Gelehrten hatten die Aufgabe, angehende Pfarrer zu unterrichten. Später wirkten sie an der Akademie.

Die dritte Gruppe von Amtsträgern waren die Ältesten. Sie führten Aufsicht über das Leben jedes einzelnen Gemeindeglieds und berichteten darüber den Pfarrern. Anders als Luther und Melanchthon legte Calvin großen Wert darauf, dass die Menschen in der Stadt ein konsequentes christliches Leben führten.

Die Diakone, die vierte Gruppe unter den kirchlichen Amtsträgern, hatten die Aufgabe, Geld einzusammeln und zu verwalten sowie an Bedürftige zu verteilen. Außerdem waren sie zuständig für das Krankenhaus, das zugleich Alten- und Kinderheim war.

Die von Calvin geschaffene Ämterstruktur, geregelt in der Kirchenordnung von 1541, war innovativ. Viele Menschen gestalteten auf diese Weise das kirchliche Leben aktiv mit. Alle Ämter waren aber nur für Männer gedacht. Frauen wurden nicht beteiligt.

Calvin hat sehr viel gepredigt, etwa 250-mal jedes Jahr. Meist waren es fortlaufende Auslegungen. Dabei sprach er frei, allein auf Grundlage des biblischen Textes. Hörer schrieben aber mit, sodass sich die meisten Ansprachen erhalten haben.

Seit 1917 erinnert in Genf ein Denkmal an die Reformation

Calvin lenkte die Geschicke der Genfer Kirche kompetent und konsequent. Widerspruch duldete er nicht. Wer in Fragen der Theologie andere Positionen hatte, wurde aus der Stadt gewiesen.

Ein wichtiges Thema für Calvin war das von Luther in seinem Disput mit Erasmus 1525 gestreifte Thema Prädestination, die göttliche Vorherbestimmung des Menschen. Es ging um die Frage, ob es der Mensch selbst in der Hand habe, ob er nach seinem Tod zu Gott komme und Anteil bekomme am ewigen Leben, oder ob das alleine Gott, unabhängig vom Tun und Lassen des Menschen, entscheide. Calvin vertrat eine sehr zugespitzte Position, indem er sagte, Gott habe vor aller Zeit, vor der Schöpfung, alles vorausgesehen, was kommen würde, und habe von vornherein, bevor sie geboren würden, bestimmte Menschen zum Heil, andere zur Verdammnis bestimmt. Nichts hängt also am Menschen selbst, alles hängt an Gott. Die Prädestinationslehre, genauer die Lehre von der doppelten Prädestination (Vorherbestimmung zum Heil oder zur Verdammnis) wurde für den Calvinismus charakteristisch – und stieß im Luthertum auf

Unverständnis, ja Protest. Luthers Nachfahren entgegneten Calvin und seinen Anhängern in Anlehnung an das Bibelwort Titus 2,11: »Gott will das Heil aller Menschen.«

Widerspruch gab es jedoch auch in Genf. Der aus Frankreich stammende, reformatorisch gesinnte Humanist und Arzt Hieronymus Bolsec erhob 1551 öffentlich den Einwand, durch Calvins Lehre werde Gott zum Urheber der Sünde gemacht. Der Mann wurde umgehend verhaftet, verhört und schließlich aus der Stadt verbannt. Er kehrte nach Frankreich zurück, schloss sich wieder der katholischen Kirche an und schrieb Schmähschriften gegen den Genfer Reformator.

Heutige Calvinforscher betonen: Über die Prädestination hat Calvin Flüchtlingen gepredigt, die Trost suchten und sich nach einem unglücklichen Leben fragten, ob Gott sie wirklich liebe. Calvin habe daraus nie eine Kernlehre, nie ein System gemacht. Doch Calvins theologische Nachfahren machten daraus ein System, eine Zentrallehre der calvinistischen Theologie, die für diese von hoher Relevanz war bis in das 19. Jahrhundert hinein, vereinzelt sogar bis in die Gegenwart.

Wo die doppelte Prädestination gepredigt wurde, fragten sich die Menschen, ob sie selbst wohl zu den Erwählten oder zu den Verworfenen gehörten. Woran kann es der Einzelne erkennen? Die Antwort der calvinistischen Prediger lautete: Wen Gott fürs ewige Leben erwählt hat, dem schenkt er schon im irdischen Leben Erfolg. Am Erfolg, auch am materiellen, am finanziellen, am beruflichen Erfolg konnte man erkennen oder zumindest zur Vermutung kommen, dass man erwählt sei. In calvinistischen Konfessionskulturen erzeugte der Prädestinationsglaube eine Leistungsmentalität, in der prominente Wirtschafts- und Gesellschaftstheoretiker wie Max Weber später die Wurzel für den Geist des Kapitalismus sahen. In der Tat waren es in erster Linie mental vom Calvinismus geprägte Länder und Regionen – England oder in Deutschland das Wuppertal –, in denen sich die moderne Geldwirtschaft und Industriegesellschaft zuerst entwickelten. Ob es aber wirklich an der Religion lag, ist strittig.

Von größter Bedeutung für Genf war die Gründung einer

Akademie im Jahr 1559. Die Akademie entsprach einer Universität, nur dass dieser Titel nicht verwendet wurde, weil die Einrichtung selbstverständlich ohne päpstliche und kaiserliche Bewilligung gegründet worden war und auch niemand daran dachte, diese Bewilligungen nachträglich beim Papst und beim Kaiser einzuholen. Viele standen dem Vorhaben skeptisch gegenüber, aber im Jahr der Eröffnung ließen sich gleich 162 Studenten einschreiben. Bald kamen auch viele Ausländer. Die Studenten hatten bei der Immatrikulation das Genfer Bekenntnis zu unterschreiben. Zunächst wurde an der Akademie nur Theologie gelehrt und dabei so gut wie ausschließlich Bibelauslegung. Nach Calvins Tod bekam die Akademie auch eine medizinische und eine juristische Abteilung. Die Genfer Akademie war die Keimzelle der heutigen Universität.

Calvin selbst hielt Vorlesungen über das Alte Testament und legte Schritt für Schritt dessen Bücher aus. Er eröffnete seine Vorlesungen mit der Verlesung des hebräischen Textes, danach übersetzte er den Text ins Lateinische und anschließend trug er seine Auslegung vor. Dabei sprach er, ohne von irgendwelchen Aufzeichnungen Gebrauch zu machen. Calvin besaß ein fantastisches Gedächtnis.

1557 erschien Calvins später einflussreicher Psalmenkommentar. Auch seine Vorlesungen über Josua, Hosea, die Kleinen Propheten, Daniel, Jeremia und die Klagelieder sowie Hesekiel, überwiegend mitgeschrieben und redigiert von Hörern, wurden in den Druck gegeben und erschienen sowohl in lateinischer als auch französischer Sprache.

Am 27. Mai 1564 starb Calvin in Genf. Seinem Wunsch entsprechend wurde er anonym bestattet. Kein Grabstein zierte sein Grab, und so ist der Ort, wo er liegt, nicht mehr identifizierbar. Calvin hatte nie viel Aufhebens um seine Person gemacht. Deshalb ist nur so wenig von seinem Leben bekannt, und deshalb gibt es auch, von bei Vorlesungen entstandenen Kritzeleien einiger Studenten einmal abgesehen, kaum Bilder von ihm. Er wollte immer nur der Sache dienen und wurde auch von seinen Anhängern nicht wie – zumindest tendenziell – Luther von den Seinen zu einem evangelischen Heiligen gemacht. Die Nachfolge Calvins trat in Genf sein Schüler Theodor von Beza an, wie Calvin ein Franzose und ein Jurist, aber ein Adliger, der zuvor Gräzist in Lausanne und zuletzt Rektor der Genfer Akademie gewesen war.

Theodor (von) Beza (eigentlich: de Bèze) lebte von 1519 bis 1605. Seit den Vierzigerjahren war er in Genf. Calvin wünschte sich ihn als seinen Nachfolger. Auch der Rat von Genf sprach sich dafür aus und die Pfarrer und Professoren stimmten zu, Beza das Leitungsamt der Pfarrerversammlung zu übertragen. Jährlich, von 1580 an sogar wöchentlich, hatte aber eine Neuwahl zu erfolgen. Beza führte Genf noch strenger, noch gesetzlicher als Calvin. Er ist anders als Calvin auch viel gereist und hat sich in seinem Heimatland engagiert um die bedrohten Protestanten gekümmert, auch mehrfach an Religionsgesprächen teilgenommen, zum Beispiel 1561 in Poissy bei Paris. An der Akademie betätigte sich Beza als Bibelausleger.

Genf unter Calvin und Beza glich in den Augen vieler einer Stadt Gottes auf Erden, einem neuen Jerusalem. Besonders konsequent und erfolgreich wurde ein in vielem vorbildliches christliches Gemeinwesen aufgebaut. Die Kehrseite davon war die schon mehrfach angesprochene Intoleranz gegenüber Andersdenkenden. Der intolerante Umgang mit ihnen gipfelte 1553 in der Verbrennung Michael Servets (1509 oder 1511–1553), eines Spaniers, der an der Trinitätslehre Kritik geübt und erklärt hatte, er glaube nur an *einen* Gott und Jesus sei ein Mensch, ein Lehrer, ein Prophet gewesen, aber keine göttliche Gestalt. Kritiker dieser neuen Sicht auf Gott sahen darin ein Wiederaufleben des immer wieder als Ketzerei verdammten altkirchlichen Arianismus des 4. und 5. Jahrhunderts. Auf Betreiben Calvins wurde Servet als Gotteslästerer verurteilt und hingerichtet. Christliche Kritiker der Dreieinigkeitslehre, sogenannte Antitrinitarier, gab es jedoch weiter, und sie sollten später sogar eine eigene Kirche gründen.

In Basel erhob sich ein einsamer Protest: Sebastian Castellio (1515–1563), Humanist und selbst Anhänger der Reformation, schrieb eine aufsehenerregende Schrift, die sich gegen Ketzerverbrennungen aussprach und für religiöse Toleranz plädierte.

Castellio stammte aus Savoyen und lebte von 1540 an in Straßburg. Hier lernte er Calvin kennen und schloss Freundschaft mit dem Reformator, der ihm schließlich in Genf zu einer Lehrerstelle verhalf. Castellio verfasste gelehrte Werke und entwickelte eigene, von Calvins Auffassungen mitunter abweichende theologische Auffassungen. Es kam zum Streit, weil Castellio sagte, das Hohelied, eine Schrift des Alten Testaments, schildere nicht die Liebe Christi zur Kirche, sondern sei ein profanes Liebeslied – Castellio hatte, wie wir heute wissen, recht. Außerdem bezweifelte er, dass die im Glaubensbekenntnis erwähnte Höllenfahrt Christi (damals hieß es: niedergefahren zur Hölle, heute sagt man: hinabgestiegen in das Reich des Todes) als Gewissensprüfung des Gottessohnes zu verstehen sei, wie Calvin meinte. Castellio verließ Genf und ging nach Basel, wo er nach einigen harten, entbehrungsreichen Jahren eine Professur für Griechisch erhielt. Nach der Verbrennung Servets veröffentlichte Castellio anonym die lateinische Schrift, die sich mit der Frage beschäftigte, ob Irrlehrer zu verfolgen seien. Castellio forderte die Duldung abweichender religiöser Meinungen und die Konzentration auf die Grundlehren der Heiligen Schrift. Andersdenkende sollten belehrt, nicht bestraft, und erst recht nicht getötet werden. Auch sollten sich Christen, Juden und Türken akzeptieren und nicht verachten. Alle drei Religionen bezeugten ja, dass es nur einen Gott gebe. Castellios Statements gipfeln in der schlichten Feststellung: »Wer einen Menschen tötet, verteidigt keine Lehre, sondern tötet einen Menschen.«[74] Weil für ihn auch das Leben in Basel immer schwieriger wurde, plante Castellio nach Polen auszuwandern. Er starb jedoch 1563, noch in Basel. Für Servet wurde 1903 in Genf ein Gedenkstein errichtet.

74 [Sebastian Castellio:] Contra libellum Calvini. O. O. 1612, Bl. E1v.

Köln und Osnabrück – Bischöfe entscheiden sich für die Reformation

Deutschland bestand im 16. Jahrhundert aus wenigen großen und einer Vielzahl kleiner und kleinster, politisch selbstständiger Territorien sowie einer Reihe von selbstständigen Städten, den sogenannten Reichsstädten. Unter den Territorien wurde eine ganze Reihe von Bischöfen regiert und diese werden deshalb als geistliche Territorien oder Fürstbistümer bezeichnet. Bischöfe waren in der Regel so fest in der Kirche verankert und profitierten so stark von der Kirche, dass sie nur selten mit der Reformation sympathisierten. Die berühmten Ausnahmen von der Regel waren die Bischöfe von Köln und von Osnabrück. In Köln gab es einen spektakulären Reformationsversuch, der jedoch völlig scheiterte. In Osnabrück leitete der Bischof die Reformation weniger spektakulär ein mit dem Ergebnis, dass Osnabrück schließlich zum einzigen bikonfessionellen Fürstbistum Deutschlands und zu einer Stadt der Toleranz wurde.

Der Erzbischof von Köln, Hermann von Wied (1477–1552), als Kurfürst einer der mächtigsten Männer des Reiches, sympathisierte von 1542 an als erster Bischof im Reich überhaupt offen mit der Reformation. Er war ursprünglich ein entschiedener Gegner Luthers. 1529 ließ er zwei Protestanten hinrichten, darunter Adolf Klarenbach (um 1497–1529), der in Wesel als Konrektor an der Lateinschule gewirkt hatte. Doch der Kurfürst machte auch böse Erfahrungen mit der römischen Kurie. Innere Kämpfe, Bibellektüre und die Beschäftigung mit dem *Augsburger Bekenntnis* führten allmählich eine Wende herbei. Außerdem hatte Hermann einen evangelisch gesinnten Ratgeber: Peter Medmann. Der hatte in Wittenberg studiert und war Schüler Melanchthons. Im Februar 1542 lud der Kurfürst den Straßburger Reformator Martin Bucer in sein Jagdschloss Buschhoven im Kottenforst ein, um mit ihm über Reformmaßnahmen zu beraten. Bucer war begeistert von dem Vorhaben des Kölners und bezog sofort Melanchthon mit ein.

Melanchthon weilte 1543 geraume Zeit in Bonn. Gemeinsam mit Bucer verfasste er für Köln eine Kirchenordnung, die *Kölnische Reformation*. Damit setzte sich Melanchthon jedoch zwischen alle Stühle, denn den Katholiken war diese Ordnung zu evangelisch, den Evangelischen aber zu katholisch. Bucer und Melanchthon waren zu der Meinung gekommen, man solle in Köln zunächst einmal das Schriftprinzip und evangelische Predigt durchsetzen, aber ansonsten das herkömmliche Kirchenwesen noch bestehen lassen.

Starker Widerstand gegen die Reformationspläne kam von den hohen Geistlichen am Dom, dem Domkapitel. Im Juli 1543 wurde in Köln das Abendmahl evangelisch, unter beiderlei Gestalt, gefeiert. 1544 sagte sich der Bischof vom Papst los. Darauf drohte der Kaiser, ihm die politische Herrschaft zu entziehen, und forderte ihn ultimativ zur Abstellung der Neuerungen auf. Rom exkommunizierte den Bischof 1546 und setzte ihn ab. Von Wied appellierte darauf an ein Konzil und an den Reichstag. Doch kaiserliche Kommissare kamen Ende 1546 in sein Fürstentum, riefen einen Landtag zusammen und entmachteten ihn. Die Präsenz kaiserlicher Truppen im nahe gelegenen Herzogtum Geldern erzeugte dabei den nötigen Druck. Im Januar 1547 zog sich Hermann von Wied auf seine Privatgüter zurück. 1552 starb er als einsamer Protestant auf seinem Stammsitz in Wied im Engersgau.

Der von Bucer und Melanchthon begleitete Versuch einer Reformation in Köln ist gescheitert. Stadt und Bistum blieben katholisch und sind bis heute eine feste Säule des Katholizismus in Deutschland.

Neben dem Kölner Kurfürsten war der Bischof von Münster und Osnabrück Franz von Waldeck (1491–1553) ein weiterer geistlicher Fürst, der mit der Reformation sympathisierte. Franz war vermutlich im Jahre 1491 geboren worden und gehörte einem Grafengeschlecht an, das durch die Grenzlage seines Herrschaftsgebiets im nördlichen Hessen vielfach mit Westfalen verbunden war. Franz, als nachgeborener Sohn zum geistlichen Leben bestimmt, studierte zu Luthers Zeit in Erfurt sowie in Leipzig und wurde humanistisch geprägt. Im Jahre 1510 über-

Osnabrück mit seinem Dom –
hier entschied sich ein Bischof für die Reformation

nahm er als Domherr in Köln ein erstes geistliches Amt, weitere Ämter folgten in Trier und Paderborn. Franz häufte dem Stil der Zeit entsprechend Amt an Amt. In Mainz wurde er Stiftsherr und in Einbeck Propst.

1521 nahm Franz am Reichstag zu Worms teil, und zwar als Begleiter seines Vetters Philipp IV. von Wildungen (1493–1574), dürfte Luther aber nicht persönlich begegnet sein. Philipp zählte schon wenig später zu den eifrigen Anhängern Luthers und gab 1525 den Anstoß für die Einführung der Reformation in Waldeck. Franz dagegen begegnete der neuen Lehre noch mit Ablehnung. In Einbeck, wo er von 1523 an lebte, wurde er mit Predigern konfrontiert, die ihr anhingen. In Lüttringhausen im Bergischen Land, das zu seinem Amtsbereich gehörte, schritt er gegen Klarenbach ein.

1530 erlangte Franz ein erstes Bischofsamt im unbedeutenden Bistum Minden. Im Jahr darauf empfahl ihn Philipp von Hessen für den vakanten Stuhl des Trierer Erzbischofs und Kurfürsten, hatte damit jedoch keinen Erfolg. Unter Philipps geschickter Einflussnahme erfolgte jedoch am 1. Juli 1532 die Wahl zum Bischof von Münster in Westfalen und am 11. Juli 1532 die Wahl zum Bischof von Osnabrück. Philipps Plan, Franz auch noch mit dem ebenfalls gerade vakanten Paderborner Bischofsamt auszustatten, scheiterte jedoch. Als Bischof von Minden, Münster und Osnabrück war Franz aber ein angesehener, einflussstarker und reicher Mann. Lutherische Neigungen hatte er wohl inzwischen, aber die persönliche Karriere stand für ihn im Vordergrund. Geistlich hat er seine Ämter nicht aufgefasst, was man daran ersehen kann, dass er sich erst 1540 zum Priester weihen ließ und erst 1541 die Bischofsweihe empfing. Möglicherweise war sein geheimes Ziel eine Umwandlung seiner geistlichen Staaten in ein geschlossenes weltliches Territorium. Der evangelische Glaube wäre für ihn dann nur Mittel zum Zweck gewesen. Aber das war auch bei manchen anderen Landesherren nicht anders. Nicht jeder Evangelische war aus Überzeugung evangelisch und nicht jeder Katholik war aus Überzeugung katholisch. Macht- und Finanzinteressen spielten beinahe bei allen eine, mitunter dominierende Rolle. Doch Franz schickte auch adlige Studenten, ausgestattet mit Empfehlungsbriefen, zum Studium bei Luther nach Wittenberg. Das hätte er nicht gemacht, wenn er nicht überzeugt gewesen wäre, dass der Wittenberger Theologie die Zukunft gehörte. Zwei seiner Söhne aus einer dauerhaften unehelichen Beziehung studierten später im evangelischen Marburg.

Im Fürstbistum Osnabrück hatte die Reformation schon 1521 vorübergehend Fuß gefasst, als ein Ordensbruder Luthers, Gerhard Hecker, evangelisch zu predigen begann. Weitere Reformatoren, die in der Stadt wirkten, waren der erwähnte Adolf Klarenbach (1526), der in Köln für seinen Glauben sein Leben opfern sollte, und Dietrich Buthmann (1532), über dessen späteres Lebensschicksal nichts bekannt ist. Entscheidend wurden das Jahr 1543 und das Wirken von Hermann Bonnus (1504–1548) in der Stadt, der, gebürtig im nahen Quakenbrück, zuvor in Lübeck erfolgreich für die Reformation gewirkt hatte und ein Schüler Melanchthons war. Gemeinsam mit dem Rat der Stadt rief Franz den Reformator Bonnus 1543 in die Stadt. Eine lutherische Kirchenordnung wurde eingeführt, und bald wurde in der Stadt vorwiegend evangelisch gepredigt. Luther und Melanchthon waren begeistert und schrieben Bonnus ermutigende Briefe. Als Lübeck Bonnus zurückrief, beschwor ihn Luther, in Osnabrück zu bleiben und den reformationswilligen Bischof nicht im Stich zu lassen. Eine Besonderheit von Bonnus war, dass er sich um die Entwicklung einer evangelischen Form der Heiligenverehrung bemühte und dazu auch publizistisch Vorschläge unterbreitete. Gerade in Osnabrück sollte in maßvoller Form das Heiligengedenken weiterpraktiziert werden. Auch die Klöster wurden nicht aufgelöst.

Alles schien bestens voranzukommen in der Stadt an der Hase, doch schon im Jahr 1545 geriet die Entwicklung ins Stocken. Mit Sorge beobachtete Franz von Waldeck die bedrohliche Entwicklung in Köln. Er sondierte in alle Richtungen und nahm sogar an einer Tagung des Schmalkaldischen Bundes, des evangelischen Militärbündnisses, teil. 1546 meldete sich in Osnabrück die altgläubige Opposition wieder laut zu Wort. Der Bischof wurde angeklagt, und es drohte ihm wie dem Kölner Erzbischof die Exkommunikation. Einer Aufforderung des Papstes, in Rom zu erscheinen, leistete er nicht Folge. Am 12. Mai 1548 aber, nach der Niederlage der Protestanten im Schmalkaldischen Krieg, widerrief Franz offiziell alle reformatorischen Veränderungen, ohne sie jedoch faktisch rückgängig zu machen.

Die Reformation des Fürstbistums Osnabrück wurde nicht zu Ende geführt, konnte aber auch nicht mehr zurückgedrängt werden. Das Fürstbistum war und blieb konfessionell paritätisch, es gab in Stadt und Land evangelische und katholische Christen. Ja sogar im Osnabrücker Domkapitel, das den Bischof zu wählen hatte, saßen später bekennende Lutheraner. In der Folge wurden mehrfach evangelische Adlige zu Bischöfen gewählt. 1648, im Westfälischen Frieden, wurde der konfessionelle Wechsel in der Regentschaft des Fürstbistums durch die Einführung einer alternierenden Sukzession zum Prinzip erhoben. Bis 1802 wechselten sich Lutheraner und Katholiken im Bischofsamt ab, wobei der Lutheraner immer aus dem Hause Braunschweig-Lüneburg kam. Osnabrück wurde dadurch zu einem wichtigen Mosaikstein frühneuzeitlicher Toleranzgeschichte.

Letzte Einigungsversuche – Die Religionsgespräche 1540/41 und das Konzil 1545

Luther wollte keine Kirchenspaltung. Doch bereits 1520/21, drei Jahre nach dem Beginn der Reformation, war die Spaltung Wirklichkeit geworden, indem der Papst Luther und seine Anhänger aus der Kirche ausgeschlossen hatte. Trotz der bereits vollzogenen Trennung gab es in der Folgezeit aber immer wieder Bemühungen, den Konflikt vielleicht doch noch beizulegen. Der Augsburger Reichstag 1530 war ein solcher Versuch, auf Initiative des Kaisers.

1540 wurde der Kaiser noch einmal initiativ und versuchte einen neuen, bislang noch nicht begangenen Weg. Er wollte führende Theologen beider Seiten zusammenbringen und sie über die theologischen Fragen beraten lassen mit dem Ziel, einen Konsens oder zumindest eine Annäherung zu finden.

In den Jahren 1540/41 fanden drei solche Religionsgespräche statt, in Hagenau, in Worms und in Regensburg. Beteiligt waren unter anderen Melanchthon und Eck. Die Verhandlungen verliefen mühsam, aber sie kamen voran. 1541 lag in Regensburg ein Ergebnis auf dem Tisch, eine Konsenserklärung zum Zentralthema der Reformation, zur Rechtfertigung.

Die Regensburger Kompromissformel klang weitgehend evangelisch, sogar das »durch den Glauben allein« (lateinisch: *sola fide*) kam vor.[75] Die Formel betonte das Wirken des Heiligen Geistes im Rechtfertigungsgeschehen. Das katholische Anliegen, die tatsächliche Veränderung des Menschen und nach außen hin sichtbare Werke der Liebe, hat sie gewahrt, indem sie sagte, durch den Heiligen Geist werde gleichzeitig mit dem Glauben die Liebe eingegossen, die den verdorbenen Willen des Menschen heile und so bewirke, dass er das Gesetz erfülle. Heilsgewissheit erlange der Glaubende aber nicht dadurch, dass er auf sich und die ihm einwohnende Gerechtigkeit blicke, son-

75 Deutsche Geschichte in Quellen 3 (wie Anm. 25), S. 415.

dern indem er auf die geschenkte Gerechtigkeit Christi schaue. Damit wurde auch das evangelische Anliegen der Heilsgewissheit und das den Evangelischen ebenfalls wichtige »extra nos« (das Heil kommt von außen, von Christus) gewahrt. Gute Werke würden belohnt. Wer viele gute Werke tue, ernte ein höheres Maß an Seligkeit als der, der nur wenige vorweisen könne.

Luther, der die Entwicklungen im sicheren Wittenberg verfolgte, stimmte zu, wenn auch mit Einschränkungen. Doch aus Rom kam ein klares Nein. Und auch die Politiker beider Seiten wollten die Sache nicht. Der Einigungsversuch war gescheitert.

Eine letzte, eine allerletzte Einigungshoffnung verband sich mit dem Konzil. Seit 1520 hatten Luther und die Evangelischen nach einem Konzil, nach einer großen Kirchenversammlung gerufen, um die Reform der Kirche zu diskutieren und zu beschließen. Aber die Päpste weigerten sich, an ein solches Konzil auch nur zu denken. Doch der Kaiser drängte auch hier. 1534 kam mit Paul III. ein Papst an die Macht, der einem Konzil aufgeschlossen gegenüberstand. Nach jahrelangen vergeblichen Bemühungen kam es 1545 zustande. Tagungsort sollte Trient sein, eine zum Reich gehörende, aber von Rom nicht allzu weit entfernte Stadt.

Das Konzil kam endlich zustande, aber nun verweigerten sich die Evangelischen der Teilnahme, weil sie das Konzil nicht als »frei« und nicht als »christlich« ansahen,[76] womit gemeint war, dass es letztlich vom Papst beherrscht werde und dem Papst verpflichtet sei.

Verabschiedet wurden im Rahmen der ersten Sitzungsperiode 1545/46 eine Reihe dogmatischer Dekrete, durch die sich die katholische Kirche von den Kirchen der Reformation abgrenzte. Die Konzilsväter bekannten sich zur *Vulgata*, der lateinischen Bibel, die von den Reformatoren als fehlerhaft kritisiert und zugunsten der hebräischen und griechischen Originaltexte verdrängt worden war. Neben der Heiligen Schrift erklärte das Konzil die kirchliche Tradition zur verbindlichen

76 Luther: Studienausgabe 2, S. 106, Z. 23, 33; Die Bekenntnisschriften der Evangelisch-Lutherischen Kirche (wie Anm. 73), S. 718, Z. 24, 26, 28 f.

Grundlage des kirchlichen Lebens und zu einer Quelle der göttlichen Offenbarung. Auch mit der Rechtfertigungslehre befassten sich die Konzilsväter und definierten, dass der Mensch nicht, wie es die Reformatoren behaupteten, allein durch den Glauben von Gott als Gerechter angesehen werde, sondern durch gute Werke dazu beitragen müsse. Ausdrücklich wurden einzelne Lehren Luthers verurteilt und verdammt, wodurch die Beziehungen zwischen katholischen und evangelischen Christen für Jahrhunderte vergiftet wurden.

Das Trienter Konzil tagte 1545/46 ohne evangelische Beteiligung. Mit seinen Beschlüssen gegen die Evangelischen vertiefte und zementierte es die Kirchenspaltung. Erst 1552, in einer zweiten Phase des Konzils, sollten noch einmal andere Perspektiven aufblitzen.

4. Gefährdung und Konsolidierung der Reformation bis 1555

Der dunkle Luther – Luthers Schriften gegen die Juden

Luther war nicht konfliktscheu, ja viele erlebten ihn als streitsüchtig. Die alte Kirche, vor allem den Papst, bekämpfte Luther mit harten Bandagen und schreckte auch vor Aufrufen zur Gewalt nicht zurück. Auch mit Zwingli und später mit Calvin ging er nicht zimperlich um, sondern polemisierte gegen die beiden Mitreformatoren beinahe so heftig wie gegen den Papst.

Polemik und Gewalt gehörten zum Geist der Zeit, und Luther hatte daran Anteil. Zum Geist der Zeit gehörte auch eine ausgeprägte religiös und wirtschaftlich begründete Judenfeindschaft, die bei Luther ebenfalls zu finden ist. In Wittenberg lebten keine Juden, und Luther war an seinen Wohnorten und auf seinen Reisen nur selten Juden begegnet, aber Luther hasste sie und hasste sie mit zunehmendem Alter immer mehr.

Um den Jahreswechsel 1542/43 schrieb Luther ein Buch mit dem Titel *Von den Juden und ihren Lügen*. Er distanzierte sich pauschal und gänzlich vom Judentum und sagte, er wolle von den Juden nichts lernen, sie auch nicht bekehren und mit keinem mehr etwas zu tun haben. Aus seiner Sicht stand fest, »dass die Juden gewisslich von Gott verworfen und nicht mehr sein Volk sind, er auch nicht mehr ihr Gott sei«[77]. Man solle mit Juden deshalb nicht über den Glauben diskutieren. Es gebe für sie keine Hoffnung, bis sie durch ihr Elend mürbe und so gezwungen würden, sich zu Jesus zu bekennen. »Musst du oder willst du mit ihnen reden, so sprich nicht mehr, denn also: Hörest du, Jude, weißt du auch, dass Jerusalem und eure Herrschaft samt

77 D. Martin Luthers Werke. Kritische Gesamtausgabe. Schriften. Bd. 53. Weimar 1920, S. 418, Z. 21 f.

dem Tempel und dem Priestertum zerstört ist, nun über 1460 Jahre?«[78] Die Faktizität der Geschichte wurde für Luther zum schlagenden Argument gegen die jüdische Religion. Zur jüdischen Messiashoffnung erklärte er: »Wenn mir Gott keinen anderen Messias geben wollte, als wie die Juden ihn begehren und hoffen, so wollte ich viel, viel lieber eine Sau, denn ein Mensch sein.«[79] Luther übte Kritik am angeblichen jüdischen »Hochmut«[80] und erhob den Vorwurf, Juden stießen Lästerungen gegen Christus und die Christen aus, würden Brunnen vergiften und Morde begehen. Sie seien Wucherer, die im Land zu haben ein Unglück sei wie eine Pest.

Luther machte in seiner Schrift konkrete Vorschläge, wie man gegen die Juden vorgehen solle. Er forderte die Niederbrennung der Synagogen und die Vernichtung der jüdischen Wohnhäuser, die Einziehung der Gebetbücher und der Talmudschriften, Lehrverbot für die Rabbiner, Reisebeschränkungen und ein Verbot der Geldleihe gegen Zinsen, des sogenannten Wuchers. Die Obrigkeiten sollten den Juden Gold und Silber abnehmen und sie zur körperlichen Arbeit zwingen oder aus dem Lande weisen. Die Arbeit von Christen am Sabbat in jüdischen Haushalten müsse ebenfalls untersagt werden.

Noch im selben Jahr 1543 folgte eine weitere Schrift: *Vom Schem Hamephorasch und vom Geschlecht Christi*. Ausgangspunkt waren nun die antichristlichen jüdischen Erzählungen, die Jesus als Zauberer darstellten, der den »verborgenen Gottesnamen«[81] gebraucht und missbraucht habe. Luther wollte die Christen erneut vor den Juden »warnen«[82] und verglich sie mit »den Teufeln selbst«[83]. Er hatte keine Hoffnung, sie zu bekehren, und bezeichnete die aus Römer 11 abgeleitete, auf das ganze Volk

78 Ebd., S. 418, Z. 8–10.
79 Ebd., S. 542, Z. 5–7.
80 Ebd., S. 446, Z. 5.
81 Luther verwendet immer den hebräischen Ausdruck »Schem Hamphoras« (eigentlich: Schem Hamephorasch), ebd., S. 579 (Z. 4) ff.
82 Ebd., S. 579, Z. 14.
83 Ebd.

bezogene endzeitliche Bekehrungshoffnung als einen »Wahn«.[84] Paulus habe mit »ganz Israel«[85] die Kirche aus einigen Juden und vielen Heiden gemeint. Die Bekehrung einzelner Juden hielt Luther für möglich, glaubte aber, die Getauften würden weiter ihren jüdischen Charakter bewahren und häufig vom christlichen Glauben wieder abfallen. Wolle man sicher gehen, dass die Getauften dem neuen Glauben treu blieben, müsste man sie bei der Taufe gleich ertränken, empfahl Luther voller Sarkasmus in einer Tischrede. Wieder redete er der Vertreibung das Wort. Wer Juden im Land dulde, ziehe Gottes Zorn auf sich. Sie seien »giftige, böse Würmer«[86]. Luther sprach von »Sau-Juden«[87] in ihren »Sau-Schulen«[88].

Antisemiten konnten sich später auf diese Äußerungen Luthers berufen, ja sie haben ihn sogar zitiert. Es gibt, leider, eine Linie, die von Luther zum rassisch argumentierenden Antisemitismus des 19. Jahrhunderts und zur nationalsozialistischen Judenverfolgung, dem Holocaust, führt. Am 10. November 1938, an Luthers Geburtstag, brannten in Deutschland die am Abend vorher und in der Nacht angezündeten Synagogen.

Doch die beiden Bücher der Jahre 1542/43 waren nicht Luthers einziges Wort zum Judenthema. Der gleiche Mann, der 1543 die Vertreibung der Juden und die Verbrennung der Synagogen forderte, der die Juden als Hunde und als Säue bezeichnete, hatte exakt 20 Jahre früher, in einer Schrift des Jahres 1523, noch ganz im Gegenteil dazu aufgerufen, mit Juden freundlich umzugehen und sie als Brüder Jesu zu achten. Auch Philosemiten konnten sich also später auf Luther berufen und haben sich auf ihn berufen.

Luthers erste Schrift zum Thema war die 1523 erschienene Abhandlung *Dass Jesus Christus ein geborner Jude sei*. Luther folgerte aus der Tatsache, dass Jesus Jude und als solcher ein wahrer

84 Ebd., S. 580, Z. 8.
85 Röm 11,26. Luther nimmt darauf Bezug ebd., S. 580, Z. 1–9.
86 Ebd., S. 616, Z. 23.
87 Ebd., S. 619, Z. 29 f. – Vermutlich verwendete Luther als Erster diesen Begriff.
88 Ebd., S. 619, Z. 30.

Mensch mit »Fleisch und Blut wie alle Abrahamskinder«[89] gewesen sei – ein althergebrachtes Dogma der Christologie –, die heutigen Juden hätten das Blut Christi, seien also Blutsverwandte, Freunde und Brüder des Herrn, die Christen dagegen ihrer Herkunft nach Heiden und Fremdlinge. Um des Juden Jesus willen solle man den Juden Liebe erweisen, »sie freundlich annehmen«[90] und unter Christen wohnen lassen. Luther forderte, sie nicht von Handel und Gewerbe auszuschließen und sie nicht als »Hunde«[91] und Nicht-Menschen zu behandeln. Die Juden sollten normale Berufe ausüben können und nicht in die Absonderung und in den Zinshandel gedrängt werden. Sogar das Verbot jüdisch-christlicher Mischehen wollte Luther aufgehoben wissen.

Der Reformator wandte sich ferner gegen die gewalttätige Behandlung der Juden und die lügenhaften Blutbeschuldigungen. Unter dem Vorwurf, Juden würden christliche Knaben ermorden und ihr Blut für das Brotbacken am Passahfest, dem an den Auszug aus Ägypten erinnernden jüdischen Fest im Umkreis von Ostern, verwenden, wurden nicht nur im späten Mittelalter, sondern noch bis weit hinein in das 19. Jahrhundert Juden angeklagt, verfolgt, vertrieben und ermordet. Eine sicher auch Luther bekannte spektakuläre Blutbeschuldigung – man spricht auch von Ritualmordvorwürfen – wurde 1475 in Trient erhoben, wo kurz vor Ostern die Leiche des zweijährigen Simon aufgefunden worden war. 14 Juden bezahlten den angeblichen Mord, zu dem sie sich, um ihre Folterqualen zu beenden, bekannt hatten, mit dem Leben.

Luther hoffte, das Wohnen unter vorbildlichen Christen und deren freundlicher Umgang mit ihnen werde etliche Juden zur Bekehrung bewegen: »Ich hoffe, wenn man mit den Juden freundlich handelt und aus der Heiligen Schrift sie säuberlich unterweist, es könnten viele von ihnen rechte Christen werden.«[92]

89 D. Martin Luthers Werke. Kritische Gesamtausgabe. Schriften. Bd. 11. Weimar 1900, S. 318, Z. 6 f.

90 Ebd., S. 336, Z. 31.

91 Ebd., S. 315, Z. 3.

92 Ebd., S. 315, Z. 14–16.

Luther sprach von der Bekehrung Einzelner, nicht von der des ganzen Volkes. Bei der Juden zugewandten christlichen Überzeugungsarbeit wollte er schrittweise vorgehen. Zunächst seien sie dazu zu bringen, Jesus als den Messias zu erkennen, und erst später mit der wahren Gottheit Jesu bekannt zu machen.

Wie ist die Diskrepanz zwischen 1523 und 1543 zu erklären? Darüber wurde viel diskutiert. Manche meinen, als Folge von Enttäuschungen sei aus dem judenfreundlichen ein judenfeindlicher Luther geworden. Andere verweisen darauf, dass Judenfeindlichkeit schon beim jungen Luther zu finden ist, man also nicht von einer Wende, sondern von einem judenfreundlichen Intermezzo sprechen müsse. Aber auch dieses verlangt nach einer Erklärung. Man muss den judenfreundlichen Luther des Jahres 1523 im Kontext seiner persönlichen und theologischen Entwicklung betrachten. In den Jahren 1520 bis 1524 finden sich bei Luther viele innovative Ideen, die er später nicht mehr aufgegriffen, geschweige denn vertreten hat, zum Beispiel die Pfarrerwahl durch die Gemeinde oder die Sammlung der wahrhaft Frommen in Hauskreisen. In den frühen Zwanzigerjahren transzendierte Luther an mehreren Punkten sich selbst und ließ das in der Reformation angelegte innovative und emanzipatorische Potential erkennen.

Luthers Judenfeindschaft war tief verwurzelt. Der Reformator hatte 20 Jahre als Bettelmönch gelebt, in einem von Grund auf judenfeindlichen Milieu. Die Bettelmönche waren im späten Mittelalter die Speerspitze des Antijudaismus. Sie polemisierten in ihren Predigten gegen die Juden und forderten deren Vertreibung.

Ein Symbol der spätmittelalterlichen Judenfeindlichkeit war die sogenannte Judensau, die Darstellung eines Schweins, das von Juden liebkost wird, dessen Urin sie trinken und dessen After sie küssen. Das ekelerregende Spottbild war an Luthers Wittenberger Predigtkirche, der Stadtkirche, in der er von 1513 an unzählige Predigten hielt, zu sehen, aber Luther kannte es schon aus Magdeburg und Erfurt. Die Judensau und der Antijudaismus begleiteten Luthers Leben. In Erfurt reitet auf dem Schwein ein Jude, der von einer auf einem Pferd reitenden Frauengestalt, Symbol der Kirche, mit einer Lanze erstochen wird.

Besonders tragisch ist, dass es nicht bei den judenfeindlichen Schriften des Jahres 1543 blieb, sondern dass Luthers letzte Worte, seine letzten Predigten vor seinem Tod, noch einmal gegen die Juden hetzten. Er hielt sie im Februar 1546 in Eisleben in der Andreaskirche, die heute stolz, die bedenklichen Kontexte geflissentlich übersehend, als die Kirche seiner letzten Predigten um Besucher wirbt.

Judenfeindschaft war zu Luthers Zeit verbreitet. So gesehen fällt Luther nicht aus dem Rahmen. Er war kein Judenfeind unter Judenfreunden, sondern er war Judenfeind unter Judenfeinden. Es gab zu Luthers Zeit aber auch andere Haltungen den Juden gegenüber, auch bei anderen Reformatoren, und weitaus angenehmer wäre es, wenn man Luther unter ihnen einreihen könnte.

Ganz anders als Luther trat der Reformator Urbanus Rhegius (1489–1541) gegenüber den Juden auf. In Augsburg, wo er als evangelischer Prediger wirkte, erlernten er und seine Frau bei Antonius Margaritha, einem zum Christentum konvertierten Rabbinersohn, die hebräische Sprache. Im Umfeld des Reichstags 1530 diskutierte er mit dem Prager Rabbiner Isaak Levi über Jesaja 53. An diesem bemerkenswerten christlich-jüdischen Bibelgespräch waren auch Johannes Brenz und Philipp Melanchthon beteiligt.

Um das Jahr 1535, nachdem er als Superintendent in das Herzogtum Braunschweig-Lüneburg gewechselt war, besuchte Rhegius die Synagoge von Hannover und diskutierte mit dem Rabbiner. 1538 stattete er der Synagoge von Braunschweig einen Besuch ab. Erhalten hat sich von Rhegius ein hebräischer Brief, den er mit missionarischer Absicht an die Braunschweiger Juden richtete. Rhegius glaubte an die kommende Bekehrung der Juden und wollte deshalb wie der junge Luther freundlich mit ihnen umgehen. Die Begründung für seine Haltung entnahm er Römer 11 sowie Hosea 3,4 f. und Lukas 21,32.

1539/40 setzte sich Rhegius nachdrücklich für die weitere Duldung der Braunschweiger Juden ein, die ausgewiesen werden sollten. Insbesondere galt sein Bemühen dem gelehrten Rabbiner Samuel, dem er Wohnrecht in der Stadt verschaffte. 1541 starb der judenfreundlich gesinnte Reformator. Zwölf

Die Wittenberger »Judensau« –
ein antijüdisches Spottbild an Luthers Predigtkirche

jüdischen Familien Braunschweigs wurde 1542 noch einmal ein Schutzbrief ausgestellt, der ihnen jedoch anders als früher umfangreiche, religiös motivierte soziale Verhaltensregeln auferlegte. Verboten wurde ihnen, mit Christen gemeinsam zu speisen und an christlichen Feiertagen auf die Straße zu gehen. Die mittelalterliche Kennzeichnungspflicht mit einem gelben Ring wurde erneuert. Gottesdienst zu feiern blieb ihnen erlaubt. 1546 jedoch wurden die Juden aus der evangelischen Stadt vertrieben. Dabei haben die Befürworter der Vertreibung mit Luthers eben erschienenen Judenschriften argumentiert.

Im 16. Jahrhundert war die mittelalterliche Blutbeschuldigung weiter virulent. Auch Luther behauptete 1543, Juden würden christliche Kinder entführen und töten und belegte das mit dem Verweis auf Simon von Trient. Der Nürnberger Reformator Andreas Osiander gehörte zu den Wenigen, die diesen infamen Vorwurf deutlich zurückwiesen.

Osiander war hinsichtlich des Judentums noch aufgeschlossener als Rhegius. Er bemühte sich um die hebräische Sprache, beschäftigte sich mit der Kabbala, der jüdischen Mystik, und mit jüdischen Auslegungen des Alten Testaments und hatte zu diesen jüdischen Traditionen ein durchaus positives Verhältnis. Er empfahl sogar, bei der Bibelauslegung mehr auf die Juden zu hören als auf die griechischen und lateinischen Kirchenväter. Mit Elias Levita (1469–1549), einem der prominentesten jüdischen Gelehrten der Zeit, der 1540/41 in Isny im Allgäu lebte, stand er brieflich in Kontakt und distanzierte sich ihm gegenüber ausdrücklich von Luthers antijüdischen Schriften. Osiander kümmerte sich um die Probleme von Juden in Nürnberg, zum Beispiel wenn Händler mit dem Gesetz in Konflikt kamen oder wenn Juden beabsichtigten, sich taufen zu lassen. Jüdischen Lehrern des Hebräischen hat er zum Aufenthalt in der Stadt verholfen und hat selbst bei einem Juden Unterricht genommen. Selbstverständlich glaubte Osiander an eine endzeitliche Bekehrung der Juden, und vielleicht war gerade dieser Glaube der tiefere Grund für sein judenfreundliches Verhalten.

Osianders Interesse an den Juden und seine Sympathie ihnen gegenüber waren bekannt, und seine Gegner verdächtigten ihn deswegen, jüdischer Abstammung zu sein, wofür es jedoch keinerlei Anhaltspunkte gibt. Der Judenfreund geriet in den Verdacht, selbst Jude zu sein, und wer als Christ jüdischer Herkunft war, hatte mit dem Argwohn zu kämpfen, kein richtiger Christ zu sein.

Im Jahre 1540 erschien eine anonyme Schrift gegen die Blutbeschuldigung. Ihr Autor war Osiander. Sie enthielt ein bereits 1529, anlässlich einer in Pösing im damaligen Ungarn gegen Juden erhobenen Blutbeschuldigung ausgearbeitetes, die Juden in Schutz nehmendes Gutachten. In den Druck gegeben wurde es von Pfalzgraf Ottheinrich, für den Osiander das Privatgutachten erstellt hatte. Im Zusammenhang mit einer Blutbeschuldigung 1540 im bayerischen Titting in der Diözese Eichstätt übergaben die angeklagten Juden dem Bischof von Eichstätt zu ihrer Verteidigung diese Schrift. Als ihr Verfasser wurde schon damals Osiander vermutet, doch erst heute weiß man es sicher.

Osiander führte 20 Punkte gegen die Blutbeschuldigung ins

Feld. Er verwies auf das alttestamentliche Tötungsverbot und auf die grundsätzliche Scheu der Juden vor Blut. Er erinnerte daran, dass generell nichts davon zu hören sei, dass Juden mordeten. Er stellte ferner die Frage, warum Juden Taten begehen sollten, die ihnen das ewige Leben, an das sie glaubten, kosten würden. Osiander wies außerdem darauf hin, dass die Folter kein geeignetes Mittel sei, die Wahrheit zu erfahren, da unter Folterqualen Menschen, die mit ihrer Tötung rechneten, alles sagen würden, was man von ihnen erwarte, nur um ihre Schmerzen zu beenden.

Wie hat sich das jüdische Leben in Deutschland durch die Reformation verändert? Die Reformation hat die antijüdische Grundstimmung im Christentum bekräftigt und seine antijüdische Theologie bestätigt. Auch der vielerorts bereits vor der Reformation vollzogene Ausschluss der Juden aus dem christlichen Gemeinwesen wurde eindeutig bejaht. Doch die Reformation hat nicht nur die spätmittelalterlichen Judenvertreibungen bestätigt, sondern auch zu neuen Vertreibungen geführt aus Städten und Territorien, in denen noch Juden lebten und die sich der Reformation anschlossen. Durch die anerkannte Lehrautorität Luthers wurden die Möglichkeiten zur Begründung antijüdischer Politik um einen Aspekt reicher.

Beispielhaft untersucht wurden diese Zusammenhänge in den östlichen Gebieten des heutigen Niedersachsen. In Goslar wurde seit 1543 von evangelischen Theologen gegen die Juden gepredigt. In Braunschweig gab es in den Vierzigerjahren einen Mordversuch an einem Juden und es kam zu Gewalttätigkeiten zwischen Juden und Christen. Zwischen 1541 und 1544 wurden die Juden im Wolfenbüttelschen Fürstentum aus den Ämtern Steinbrück, Wolfenbüttel und Schöningen ausgewiesen, 1546 aus der Stadt Braunschweig. 1578 sollte die Wiederaufnahme der Juden in das Herzogtum Braunschweig-Wolfenbüttel unter Berufung auf Luther verhindert werden. Martin Chemnitz verfasste als Superintendent ein entsprechendes Gutachten und drohte im Falle der Wiederaufnahme judenkritische Predigten an. In Hannover gab es 1587 als Folge antijüdischer Predigten tätliche Übergriffe auf Juden und ihre Häuser.

Doch es gab auch positive Folgen der Reformation für die Juden. Vor allem ist an die wenn auch indirekte Hinwendung zum Judentum zu erinnern, die mit der im Humanismus begründeten, aber von der Reformation verstärkten Aufwertung der hebräischen Sprache verbunden war. Auch das beginnende historische Verständnis der Bibel und die ausschließliche Auslegung der Bibel nach dem Literalsinn brachten die Christen den Juden näher. Durch die Entsakralisierung des Christentums und die Abwertung menschlicher Traditionen untergrub die Reformation den Ritualmord-Anschuldigungen und den Hostienfrevel-Vorwürfen die Basis. Ferner hat die Reformation Individualisierungs- und Säkularisierungsprozesse angestoßen, die mittel- und langfristig betrachtet religiösen Minderheiten das Überleben einfacher und das Leben leichter gemacht haben. In der gespaltenen Christenheit, die das nicht intendierte Ergebnis der Reformation war, bildeten Juden nicht mehr die einzige religiöse Minderheit. Die beherrschende, einheitliche Macht der Kirche über das Leben war nach der Reformation gebrochen. Zwischen weltlichen und religiösen Belangen wurde nunmehr differenziert. Der gleichzeitig eingetretene Kompetenzzuwachs der Territorialherren auch in religiösen Fragen konnte im Einzelfall die Gewährung von Toleranz begünstigen, zur Pluralisierung der Lebensverhältnisse beitragen und Minderheiten neue Chancen eröffnen. Das Reglementierungsstreben der frühmodernen Territorialstaaten engte wiederum Freiräume ein. Die allgemeine Rechtsstabilisierung half antijüdische Willkürakte zu verhindern. Die wirtschaftliche Entwicklung gab Juden neue Chancen, indem der Handel mit ihnen wieder attraktiv wurde.

Das protestantische Religionsverständnis stand trotz der vehementen antijüdischen Polemik dem jüdischen näher als das katholische. Langfristig sollte es auf dieser protestantischen Basis zu einer Annäherung der beiden Glaubensweisen, der jüdischen und der christlichen, kommen. Dazu konnte auch die Tatsache beitragen, dass die protestantischen Bekenntnisse zufälligerweise keine Verwerfung des jüdischen Volkes oder der jüdischen Religion enthielten. Das Verhältnis von Christen und

Juden war für sie neben den Auseinandersetzungen mit der römischen Kirche und den verschiedenen Richtungen der Reformation kein Thema. Angestoßen von der akuten Bedrohung des christlichen Abendlandes durch die Kriegszüge der Türken wurden in den Bekenntnisschriften die Moslems als Feinde der Christen bezeichnet, nicht die Juden.

Eine Liebesaffäre mit politischen Folgen – Philipp von Hessens Doppelehe

Landgraf Philipp von Hessen war einer der erfolgreichsten Politiker der Reformation. Gleichzeitig war er jedoch mitverantwortlich dafür, dass der Kaiser den Krieg gegen die Protestanten wagen konnte und gewagt hat. Die Gründe für diese andere Rolle des hessischen Landgrafen liegen im Privaten.

Philipp war im Jahr 1523 standesgemäß mit Christine von Sachsen, einer Tochter Georgs des Bärtigen, verheiratet worden und hatte mit ihr mehrere Kinder. Dynastische Erwägungen, nicht Zuneigung und Liebe, spielten bei dieser Ehe, wie bei allen fürstlichen Eheschließungen, die Hauptrolle. Wie alle Fürsten erlaubte sich auch Philipp neben seiner Ehe ein freies Liebesleben mit anderen Frauen. Anders als alle anderen Fürsten bekam Philipp jedoch wegen seines Verhaltens Gewissensbisse. Er war ein wirklich überzeugter Anhänger des evangelischen Glaubens und nahm die reformatorische Lehre ernst, auch was die persönlichen Konsequenzen anbelangte. In seiner Not wagte es Philipp nicht mehr, am Abendmahl teilzunehmen.

Eine besonders große Zuneigung entwickelte Philipp von 1539 an zu der jungen Hofdame Margarete von der Saale (1522–1566). Philipp begehrte die 17-jährige Frau, die 18 Jahre jünger war als er, doch deren Mutter bestand auf einer rechtsgültigen Ehe. Philipp suchte einen Ausweg und bibelkundig, wie er war, kam er auf die Idee einer Doppelehe nach alttestamentlichem Vorbild. Er wandte sich an Bucer, Melanchthon und Luther. Letzterer hatte

1520 selbst schon einmal erklärt, eine Doppelehe sei christlich gesehen eigentlich möglich und im Zweifelsfall besser als eine Scheidung. Die Reformationstheologen rieten ihm zu einer heimlichen Doppelehe und akzeptierten die von Philipp selbst vorgeschlagene biblische Begründung: Die Patriarchen hätten verschiedene Ehefrauen besessen, und Jesus habe die Vielehe nicht ausdrücklich verboten. Philipp war erleichtert und schenkte Luther zum Dank für seinen »Beichtrat« ein Fass Rheinwein. Die Doppelehe sollte, so die Reformatoren, heimlich geschlossen werden, um Unruhe und Nachteile für die Evangelischen zu vermeiden. Doch das ließ sich nicht realisieren.

Am 4. März 1540 heiratete Philipp seine Zweitfrau, und schnell wurde die Sache bekannt. Auf Bigamie stand nach Reichsrecht die Todesstrafe, und der Kaiser strengte einen Prozess gegen den politisch führenden Mann der Reformation an. Der Skandal war offenkundig und unermesslich. Während Luther die Sache leicht nahm, bekam Melanchthon so heftige Gewissensbisse, dass er – just auf der Reise zum Hagenauer Religionsgespräch – schwer erkrankte, dem Tod ins Auge sah und auch selbst zu sterben wünschte. Er fühlte sich mitverantwortlich für die nun eingetretene Gefährdung der Reformation.

Philipp war gezwungen, das Gespräch mit dem Kaiser und einen Kompromiss zu suchen, um den Bigamieprozess abzuwenden. Am 13. Juni 1541 unterwarf er sich dem Kaiser und versprach, gegen ihn keine Bündnisse mehr einzugehen. Der Hauptmann des bislang so erfolgreichen Schmalkaldischen Bundes war kaltgestellt. Der Kaiser konnte den Krieg wagen und wagte ihn 1546.

1546: Luther stirbt, und der Krieg beginnt

Luther starb einen friedlichen Tod im hohen Alter von 62 Jahren. In anderen Zeiten oder an anderen Orten wäre Luther sicher eines gewaltsamen Todes gestorben. Schon 1519 oder 1521 hätte man ihm einen Scheiterhaufen bereiten und ihn als Ketzer lebendig verbrennen können. Einigen Lutheranhängern widerfuhr dieses Schicksal, zum Beispiel dem schon mehrfach erwähnten evangelischen Lehrer Adolf Klarenbach, der 1529 in Köln bei lebendigem Leib verbrannt wurde.

Doch Luther war in Wittenberg geschützt und verhielt sich auf seinen Reisen vorsichtig. So konnten ihm seine erbitterten Feinde nichts anhaben. Dennoch rechnete Luther, schon in den Zwanziger- und in den Dreißigerjahren, mit seinem baldigen Tod durch Krankheit und verfasste deswegen nicht nur einmal ein Testament.

Im Winter 1545/46 machte sich Luther auf den Weg nach Eisleben, wo er einen Streit schlichten wollte unter den Mansfelder Grafen. Er blieb mehrere Wochen in der Stadt und predigte mehrfach in der Eislebener Andreaskirche. Er erkrankte und wurde bettlägerig. An eine Rückreise nach Wittenberg war nicht mehr zu denken. Am 18. Februar 1546, nachts um 2:45 Uhr, starb Luther in Eisleben in Gegenwart einiger Freunde und Kollegen aus dem Ort und der Region. Als Luthers letzte Worte gilt ein persönliches Bekenntnis, das er noch am 16. Februar mit eigener Hand auf einen Zettel geschrieben hatte: »Wir sind Bettler, das ist wahr.«[93] Damit erinnerte Luther noch einmal an den Grundgedanken, der ihn seit seiner reformatorischen Entdeckung durch sein ganzes Leben begleitet hatte: Wir Menschen können Gott nichts bieten, sondern sind ganz und gar auf ihn und seine gnädigen Gaben angewiesen.

Luthers Sterbehaus in Eisleben steht nicht mehr. Zwar gibt es, seit dem 19. Jahrhundert, ein Sterbehausmuseum, doch das Gebäude ist alt, aber nicht authentisch.

Erhalten hat sich jedoch Luthers Totenmaske aus Wachs, die man nach seinem Tod auf der Basis eines Gipsabdruckes von seinem Gesicht und seinen Händen hergestellt hatte, um sein friedliches Sterben zu dokumentieren. Das Wachsgesicht und die Wachshände befinden sich heute in Halle und werden Besu-

93 D. Martin Luthers Werke. Kritische Gesamtausgabe. Tischreden. 1522–1546. Bd. 5. Weimar 1919, S. 318, Z. 3 f.

chern der Marktkirche gezeigt. Früher hatte man die Originale in eine Luther-Puppe integriert und aufgestellt, berühmt-berüchtigt als das »Schreckgespenst von Halle«[94]. Heute vermitteln sie den würdigen Eindruck eines toten, aufgebahrten Luthers.

Luther wurde nicht, wie es sich einige, die ihn in seinen letzten Stunden begleitet hatten, wünschten, in Eisleben bestattet, sondern auf Befehl des Kurfürsten nach Wittenberg überführt und dort in der Schlosskirche, wo vor ihm die Kurfürsten Friedrich der Weise und Johann der Beständige ihre letzte Ruhe gefunden hatten, am 22. Februar 1546 beigesetzt. Die Leichenrede hielt Melanchthon. Er stellte Luther in eine Reihe großer Gotteszeugen aus der Kirchengeschichte, die mit Adam begann und über die Propheten zu den Aposteln und schließlich in die neuere Zeit führte. Bezeichnend ist, wen Melanchthon aus dem Mittelalter auswählte: Prosper von Aquitanien, Maximus Confessor, Hugo von St. Viktor, Bernhard von Clairvaux und Johannes Tauler. Und dann sprach Melanchthon noch herausgehoben von den Großen der Kirchengeschichte und nannte insgesamt fünf: Jesaja, Johannes den Täufer, Paulus, Augustin und Luther.

Melanchthon berichtete in einem anderen Zusammenhang im gleichen Jahr auch, was er durch Gespräche mit Luthers Mutter sowie mit dessen Bruder über die Umstände der Geburt in Erfahrung gebracht hatte, und führte aus: »Martin Luthers Eltern wohnten zuerst in der Stadt Eisleben, wo Martin Luther geboren wurde. Später zogen sie in die Stadt Mansfeld [...]. Als ich seine Mutter Margarita, die Ehefrau von Johannes Luther, mehrmals nach der Zeit fragte, zu der ihr Sohn geboren sei, antwortete sie, sie erinnere sich an Tag und Stunde genau, habe aber Zweifel am Geburtsjahr. Sie versicherte aber, er sei am 10. November, nachts nach der elften Stunde geboren und das Kind habe den Namen Martin erhalten, denn der nächste Tag, an dem das Kind durch die Taufe der Kirche eingegliedert wurde, war dem heiligen Martin geweiht. Aber sein Bruder Jakob, ein anständiger und unbescholtener Mann, behauptete,

94 Lutherinszenierung und Reformationserinnerung/Stefan Laube u. Karl-Heinz Fix (Hg.). Leipzig 2002, S. 343.

In Torgaus Marienkirche wurde Katharina von Bora bestattet

die Meinung der Familie über das Alter seines Bruders sei die gewesen, dass er im Jahre 1483 seit Christi Geburt geboren sei.«[95] Diese Ausführungen Melanchthons wurden zur Grundlage späterer Lutherbiografien.

In seiner Trauerrede lobte Melanchthon Luther als ein Werkzeug Gottes, das Gott geschickt hatte, um das Licht des Evangeliums zu erneuern und die Kirche zu sammeln. Er zählte konkrete Dinge auf, welche die Kirche Luther verdanke: die Erneuerung der Bußlehre, die paulinische Rechtfertigungslehre, die Unterscheidung zwischen Gesetz und Evangelium, die Differenzierung zwischen »notwendigen Werken«[96] und menschlichen Zeremonien und Geboten, die Bibelübersetzung und die Bibelauslegung. Melanchthon betonte auch, dass Luther die

95 Melanchthon deutsch (wie Anm. 13), S. 170 f.
96 Ebd., S. 160.

Lehre vom Gebet erneuert habe, und stellte Luther als Vorbild des Betens heraus, indem er Details aus Luthers täglicher, an den Psalmen orientierter Gebetspraxis berichtete.

Melanchthon scheute sich nicht, auch wunde Punkte anzusprechen. Er erinnerte daran, dass selbst Gutwillige – dabei dachte er wohl an Humanisten wie Erasmus – die Frage aufgeworfen hätten, ob Luther nicht zu grob gewesen sei. Melanchthon enthielt sich – anders als in seinen privaten Briefen, in denen er frei davon berichtete, wie auch er unter Luther gelitten habe – eines persönlichen, öffentlichen Urteils, warb aber um Verständnis: Die Werkzeuge Gottes seien verschieden und alle Menschen hätten Fehler.

Abschließend charakterisierte er die Situation der Evangelischen folgendermaßen: »Uns geht es nun wie den Waisen, die ihres hervorragenden und treuen Vaters beraubt worden sind.«[97] Vorausschauend fügte er hinzu: »Der Tod großer Männer zeigt den Nachkommen oft Strafe an.«[98] So sollte es kommen. Der Kaiser plante bereits, ohne dass es Melanchthon ahnte, den großen Krieg gegen die Reformation.

Luthers Ehefrau, Katharina von Bora, überlebte ihren Mann um sechs Jahre. Erst 1552 starb sie nach kurzer Krankheit infolge eines Unfalls in Torgau. Sie wurde nicht nach Wittenberg überführt und nicht an der Seite ihres Mannes bestattet, sondern in Torgau in der Marienkirche, wo sich ihr Grab noch heute an einem unbekannten Ort unter dem Kirchenboden befindet und wo auch in ihrem Sterbehaus eine kleine Ausstellung an Leben und Werk der »Lutherin« erinnert.

Wenige Monate nach Luthers Tod brach in Deutschland der Religionskrieg aus, mit dem schon seit den Zwanzigerjahren alle gerechnet hatten. Der Kaiser griff gemeinsam mit katholischen Fürsten die protestantischen Fürsten an, um Deutschland wieder zu einem einheitlich katholischen Land zu machen. Der Krieg begann im Juli 1546 und wird, weil er gegen den Schmalkaldischen Bund gerichtet war, als Schmalkaldischer Krieg bezeichnet.

97 Ebd., S. 164.
98 Ebd., S. 167.

Nicht Luthers Tod bildete den Anlass für den Krieg, sondern das Faktum, dass der Kaiser seine Konflikte mit Frankreich und dem Papst und den Türken vorübergehend beigelegt und somit endlich Zeit und Gelegenheit hatte, in Deutschland mit Gewalt gegen die Reformation vorzugehen. Die Religionsgespräche waren gescheitert und die Protestanten hatten sich dem Konzil verweigert – aus Sicht des Kaisers blieb nun nur noch Gewalt.

Der Schmalkaldische Bund war geschwächt, weil es dem Kaiser, wie bereits geschildert, gelungen war, den kriegsmutigen hessischen Landgrafen Philipp kaltzustellen.

Neben katholischen Fürsten, die den Kaiser natürlich direkt oder indirekt unterstützten, wie der Erzherzog von Österreich und der Herzog von Bayern, und dem Papst, der allein 12 500 Soldaten zugesagt hatte, konnte der Kaiser aber noch einen ganz besonderen Bündnispartner gewinnen: den sächsischen Herzog Moritz (1521–1553), einen Evangelischen.

Wie konnte ein Evangelischer einen Krieg gegen die Evangelischen unterstützen? Das Herzogtum Sachsen, regiert vom Geschlecht der Albertiner, war 1539 dem von den Ernestinern regierten Kurfürstentum Sachsen gefolgt und hatte sich unter Heinrich dem Frommen (1473–1541) für die Reformation entschieden. 1541 kam Moritz an die Macht und verfolgte bald schon eigenwillige politische Ziele. Er wollte sein Herrschaftsgebiet vergrößern und er wollte Kurfürst werden. Deshalb bot er sich, obwohl evangelisch, dem Kaiser als Bündnispartner im geplanten Krieg gegen die Evangelischen an. Seine evangelischen Mitfürsten reagierten mit Entsetzen und bezeichneten Moritz von Sachsen, der in Meißen, noch nicht in Dresden, residierte, fortan als Judas von Meißen, also als neuen Jesus-Verräter. Judas war der Jünger, der Jesus verraten und an die Römer ausgeliefert hatte, also für seinen Tod verantwortlich war. Moritz wurde nun zum Verräter der Reformation und damit, aus evangelischer Sicht, zum Verräter Jesu selbst. Übrigens war Moritz nicht der einzige evangelische Fürst, der mit dem katholischen Kaiser gemeinsame Sache machte gegen die Protestanten. Die anderen waren aber weniger prominent. Der Sachverhalt zeigt, wie stark die religiösen Auseinandersetzungen der Reformationszeit durchwoben waren von politischen und anderen, auch finanziellen Interessen.

Am 5. Juni 1546 wurde in Regensburg ein Reichstag unter Beisein des Kaisers eröffnet. Am 16. Juni erklärte Karl V. dort angesichts der nicht mehr zu übersehenden Rüstungsanstrengungen, er werde jetzt gegen ungehorsame Fürsten militärisch vorgehen. Am 20. Juli wurde die Reichsacht über Sachsen und Hessen verhängt. Der erste große Kriegsschauplatz war Oberdeutschland. Während der Kurfürst von Sachsen, Johann Friedrich (1503–1554), mit dem Beinamen der Großmütige, ein Sohn des 1532 verstorbenen Johann, an der Donau mit dem Kaiser kämpfte, fiel Herzog Moritz im November in das ungeschützte Nachbarland ein. Zu Jahresende 1546 war der Kaiser Herr über Oberdeutschland und konnte sich nach Norden wenden.

In Wittenberg gab es bereits im Oktober 1546 keinen ordentlichen Lehrbetrieb mehr. Am 6. November wurde die Universität geschlossen. Die Studenten wurden aufgefordert, die Stadt zu verlassen. Als Herzog Moritz von Zwickau kommend nach Wittenberg zog, kam es zur allgemeinen Flucht. Melanchthon ging mit seiner Familie in das neutrale Anhalt, später nach Magdeburg. Nur Professor Paul Eber, Rektor Caspar Cruciger und Stadtpfarrer Johannes Bugenhagen flohen nicht.

Im Zusammenhang der Kriegsvorbereitungen wurde die Universitätsstadt zur Festung ausgebaut. Die Türme der Stadtkirche wurden gekappt, um auf Plattformen Geschütze aufzustellen. Bis heute zeugen die 1556 neu aufgesetzten Turmhauben von diesem Umbau der Kirchen- zu Kanonentürmen.

Niederlage! – Die Reformation vor dem Ende

Schon im April 1547 war der Krieg im Grunde entschieden. Der Kaiser und die katholischen Fürsten hatten gesiegt. Philipp von Hessen und Johann Friedrich von Sachsen, die beiden großen politischen Führer der Reformation, kamen in Gefangenschaft.

Die entscheidende militärische Schlacht fand am 24. April 1547 auf der Lochauer Heide bei Mühlberg an der Elbe statt. Kurfürst Johann Friedrich wurde geschlagen und gefangengenommen. Die Todesstrafe, die ihm eigentlich drohte, ließ der Kaiser aber nicht vollstrecken.

Am 19. Mai 1547 wurde die Wittenberger Kapitulation unterzeichnet. Am 4. Juni 1547 wurde die Stadt Wittenberg und die sächsische Kurwürde Moritz zugeteilt. Von nun an war, wenn vom »sächsischen Kurfürsten« geredet wurde, das albertinische Sachsen mit seinen Residenzstädten Meißen und Leipzig sowie später Dresden gemeint und nicht das ernestinische Stammland der Reformation.

Johann Friedrich der Großmütige war eine tragische Gestalt. Er war von phlegmatischer Natur und ein Liebhaber des Trinkens und des Jagens. Wegen seines Widerstandes gegen den Kaiser zum Tod verurteilt, verzichtete er auf zentrale Teile seines Territoriums. Als Gefangener des Kaisers verbrachte er fünf harte Jahre. Schon zuvor krank gewesen und so dickleibig, dass er sich tragen lassen musste, starb er im Jahre 1554 in Weimar, wohin er sich nach seiner Freilassung zurückgezogen hatte.

Am 23. Mai 1547 betrat der siegreiche Kaiser Wittenberg, die Stadt, in der die Reformation ihren Anfang und viele seiner Probleme ihren Ausgang genommen hatten. Karl stand auf dem Höhepunkt seiner Macht und ahnte nicht seinen baldigen jähen Fall. Er ging in die Schlosskirche und stand am Grab Luthers, den er seit 1521 nicht noch einmal gesehen hatte. Er ließ den »Ketzer« nicht, wie man es andernorts zu tun pflegte, ausgraben und posthum verbrennen, sondern bewies Größe, indem er entsprechende Vorschläge seiner Berater zurückwies. Mündlich überliefert wurde sein Ausspruch: »Ich kämpfe mit Lebenden, nicht mit Toten.«[99] Ob er das gesagt hat oder nicht, lässt sich nicht beweisen, aber es entsprach auf jeden Fall seiner Einstellung und seinem Verhalten. Einzig und allein Karl V., dem großen Widersacher Luthers, ist es zu verdanken, dass Luthers

99 Johannes Wolf: Lectionum memorabilium et reconditarum. Bd. 2: Centenarius decimussextus. Lauingen 1600, S. 666.

Grab noch existiert und besucht werden kann. Bei Zwingli und Calvin ist das nicht möglich.

Am 19. Juni 1547 ergab sich Philipp von Hessen und wurde vom Kaiser ebenfalls gefangengenommen. Damit brach der Kaiser ein Versprechen, das er Moritz von Meißen, dem Schwiegersohn Philipps, gegeben hatte. Fünf Jahre verbrachte Philipp in Mecheln in den Niederlanden in Gefangenschaft. Als gebrochener Mann kehrte er 1552 heim. Seinen früheren Einfluss konnte er nicht wiedergewinnen und hat es auch gar nicht versucht. Sein Land teilte er unter seine vier Söhne aus der Ehe mit Christine auf. Margaretes Söhne wurden mit Ämtern abgefunden. Hessen hatte in der deutschen Politik dauerhaft an Gewicht verloren. Philipp starb am 31. März 1567 in Kassel und wurde in der dortigen Martinskirche begraben.

1548 tagte, wieder einmal in Augsburg, ein Reichstag und beschloss nach langen Verhandlungen ein Religionsgesetz, das den Evangelischen die Rückkehr zur alten Lehre und zur alten Praxis der Kirche befahl und ihnen nur zwei Zugeständnisse machte, den »Laienkelch« und die »Priesterehe«: Beim Abendmahl durfte der Wein weiterhin ausgeteilt werden und die von Priestern bereits geschlossenen Ehen blieben gültig. Da das Gesetz nur interimistisch gelten sollte, bis zu einer erhofften definitiven Regelung der Religionsfrage durch das Konzil, wurde es als »Interim« bezeichnet, und da es in Augsburg verabschiedet worden war, als »Augsburger Interim«.

Die meisten evangelischen Gebiete fügten sich unter dem Druck des Kaisers, der mit seinen spanischen Truppen in Süddeutschland präsent war. Zu den wenigen Widerstandsnestern, die es gab, gehörte die Stadt Magdeburg, die deswegen militärisch belagert wurde. Nicht wenige Reformatoren, darunter der Nürnberger Osiander, flohen. Osiander ging weit in den Osten, nach Königsberg. Einige – ein prominenter Fall war Martin Bucer aus Straßburg – zog es nach England. Andere, unter ihnen Johannes Brenz, tauchten unter und versteckten sich in Deutschland.

Die Reformation schien, 30 Jahre nach ihrem Beginn, am Ende. Alles, was erreicht und aufgebaut worden war, schien zunichte zu sein. Nur in Sachsen, beim Judas von Meißen, ver-

Das Wappen am Torgauer Schloss erinnert
an die Macht der sächsischen Kurfürsten

handelte Melanchthon um Kompromisse, welche die Härten des Augsburger Interims umgehen und einem gemäßigten »Leipziger Interim« Raum geben sollten.

Gefährdet war auch die Universität Wittenberg. Im Juli 1547, nachdem die Kriegshandlungen im Wesentlichen geendigt hatten, war Melanchthon nach Wittenberg zurückgekehrt und hatte sich damit unter die Herrschaft des neuen Regenten begeben. Die Universität hatte den Krieg überstanden. Allerdings hatte sie ihren Besitzer gewechselt, und der neue Eigentümer brauchte sie eigentlich nicht, weil ihm bereits die Universität Leipzig gehörte. Eine Schließung der Universität Wittenberg war denkbar, ja wahrscheinlich, da durch territoriale Umstrukturierungen als Folge des Krieges der Universität auch ihre Geldeinnahmequellen verlorengegangen waren. Wichtige Finanzquellen lagen bei Allstedt und im Mansfeldischen, also nunmehr im Ausland.

Melanchthon aber wollte Wittenberg, das alte Zentrum der Reformation, als festen Hort evangelischer Lehre erhalten. Er war bereit, auch unter dem Verräter Moritz seinen Dienst als Universitätsprofessor zu tun.

Die entscheidenden Schritte erfolgten im Juli 1547 auf einem Landtag zu Leipzig. In einer Denkschrift verlangten Melanchthon und seine Kollegen die finanzielle Sicherung sowohl Leipzigs als auch Wittenbergs. Wittenberg sei unentbehrlich für die geistliche Aufsicht im Kurkreis. Verwiesen wurde auch auf die dort stattfindenden Ordinationen für Kurbrandenburg, Schlesien, Böhmen und Ungarn. Ferner erinnerten sie an die mit Wittenberg verbundene Bibelübersetzung und an die Gräber der Kurfürsten in der Stadt. Der neue Kurfürst versprach darauf, Wittenberg zu erhalten. Die Verhandlungen um die finanziellen Dinge zogen sich aber noch bis 1548 hin.

Melanchthons Einsatz ist es zu verdanken, dass Moritz die Universität Wittenberg fortgeführt hat. Erst 1817 wurde sie von Preußen geschlossen. Melanchthons Engagement hat sich gelohnt. Die Studentenzahlen stiegen stetig. Während es zwischen 1533 und 1537, zur Zeit Luthers, 1199 Immatrikulationen gab, waren es 1548–1552 mehr als doppelt so viele, nämlich 3041. Und zwischen 1568 und 1572 immatrikulierten sich sogar 3540 Studenten in der Stadt der Reformation.

Noch wichtiger war die Tatsache, dass in Wittenberg während der ganzen Interimszeit evangelisch gelehrt wurde. Auch dies war Melanchthon zu verdanken. Die beiden neu-kursächsischen Universitäten Wittenberg und Leipzig waren Universitäten im Geist Melanchthons. In Jena dagegen etablierte sich ein Luthertum, das lutherischer als Luther selbst sein wollte. Neue Probleme bahnten sich an.

Im Jahre 1551 nahm das Konzil von Trient seine Sitzungen wieder auf. Der Kaiser drängte, ja verpflichtete die Evangelischen nun, nach ihrer militärischen Niederlage, das Konzil zu beschicken und sich an den Verhandlungen zu beteiligen. Württemberg und das neue Kursachsen arbeiteten für diesen Zweck neue Bekenntnisschriften aus, die man den katholischen Theologen und Bischöfen in Trient vorlegen wollte. Der württembergische Reformator Johannes Brenz reiste nach Trient, und auch Melanchthon machte sich auf den Weg, blieb aber in Nürnberg stecken, weil es in Bayern neue Truppenbewegungen gab.

Und wieder Krieg – Die Reformation ist gerettet!

Ausgerechnet der Hauptschuldige an der Misere riss das Ruder noch einmal herum: Moritz von Sachsen. Er war verärgert über den Kaiser, der ihm nicht alle seine Versprechungen erfüllt hatte. Moritz nahm Verbindung auf mit dem katholischen Frankreich, dem Erzfeind des Kaisers, und schmiedete ein geheimes Militärbündnis gegen ihn. Erneut wurde er zum Verräter. Im Mai 1552 war es soweit: Moritz fiel dem Kaiser in den Rücken und griff an. Dem Kaiser, der sich gerade in Innsbruck aufhielt, um dem Konzil nahe zu sein, gelang es gerade noch, über die Alpen zu fliehen und sich in Villach in Sicherheit zu bringen. Moritz, der zweifache Verräter, stand als doppelter Sieger da.

Im Juni 1552 begannen die Kriegsparteien in Passau miteinander zu verhandeln. Die Versammlung glich wegen der Teilnahme zahlreicher neutraler Kurfürsten und Fürsten einem kleinen Reichstag. Der Kaiser erschien nicht. Für ihn verhandelte sein Bruder und Stellvertreter Ferdinand, der seit 1531 den Königstitel trug und Anwärter für die Nachfolge im Kaiseramt war. Das Augsburger Interim wurde zurückgenommen und erwies sich nun als Interim in einem ganz anderen als dem intendierten Sinn. Nicht durch eine Konzilsentscheidung wurde es abgelöst, sondern neue Machtverhältnisse im Reich machten es vier Jahre nach seinem Inkrafttreten obsolet. Die Reformation war gerettet. Ein neuer Reichstag wurde angekündigt.

Moritz von Meißen, der zweifache Wendehals und zweifache Verräter, starb ein Jahr später in einer Schlacht mit Markgraf Albrecht Alcibiades von Brandenburg im Alter von nur 32 Jahren. Seine Gegner konnten in diesem Schicksal nur eines erblicken: die gerechte göttliche Strafe.

1555: Der Augsburger Religionsfriede

Von Februar 1555 an tagte der angekündigte Reichstag, wieder einmal in Augsburg. Wie schon in Passau ließ sich der Kaiser auch in Augsburg von seinem Bruder, König Ferdinand, vertreten. Nach langen Verhandlungen wurde auf Initiative des neuen Kursachsens, wo als Nachfolger von Moritz sein Bruder August (1526–1586) regierte, im September 1555 ein Religionsfriede beschlossen, der folgende Bestimmungen umfasste:

Protestanten und Katholiken sollten sich ab sofort nicht mehr wegen Glaubensfragen bekriegen. Sowohl das katholische als auch das evangelische Christentum sollten in Deutschland fortan akzeptiert sein, das evangelische Christentum jedoch nur in der Form, die dem 1530 geschaffenen *Augsburger Bekenntnis* entsprach. Zwinglianismus, Calvinismus und Täufertum waren weiterhin verboten.

Jeder Landesherr, jede Obrigkeit, auch die Obrigkeiten der selbstständigen Städte, bekamen ausdrücklich das Recht zugesprochen, sich in Fragen der Religion frei zu entscheiden (»Reformationsrecht«). Die Untertanen mussten aber folgen. Die Obrigkeit entschied also auch über die Religionszugehörigkeit ihrer jeweiligen Untertanen. Wem das nicht gefiel, wurde das Recht zugebilligt, auszuwandern. Für die damalige Zeit war Letzteres eine großzügige Regelung. Das Recht, aus religiösen Gründen unter Mitnahme von Hab und Gut auszuwandern, war mithin das erste Grundrecht in der deutschen Verfassungsgeschichte.

Vom Reformationsrecht ausgenommen wurden die sogenannten geistlichen Territorien, also jene Gebiete Deutschlands, in denen Bischöfe oder Äbte die politische Herrschaft innehatten. Sie mussten immer katholisch bleiben. Ein Bischof, der evangelisch wurde, verlor sein Herrschaftsgebiet. Auf diese Weise war der katholischen Kirche, bis 1803, eine feste territoriale Basis in Deutschland gesichert.

Für die Reichsstädte hat der Augsburger Religionsfriede gemischtkonfessionelle Verhältnisse akzeptiert und damit an einem weiteren Punkt neben dem Auswanderungsrecht den Weg der Toleranz beschritten. In vielen Reichsstädten, zum Beispiel in Augsburg, gab es sowohl Evangelische als auch Katholiken, und das sollte so bleiben. Der Fachbegriff für diese Gleichstellung lautet Parität (lateinisch par = gleich). In kleineren Reichsstädten führte das dazu, dass eventuell auch die Hauptkirche von beiden Konfessionen gemeinsam benutzt werden musste, also die unterschiedlichen Gottesdienste hintereinander im selben Gebäude gefeiert wurden. Der Fachbegriff für diese gemeinsame Nutzung lautet Simultaneum (lateinisch simul = zugleich). Konfliktfrei verlief dieses eingeräumte oder besser aufgezwungene Miteinander nicht, da die beiden Konfessionen ja nicht aufhörten, gegeneinander zu agitieren. Ausgesprochen bikonfessionell waren neben Augsburg die Reichsstädte Dinkelsbühl, Kaufbeuren und Ravensburg, und eine Simultankirche gab es beispielsweise in Biberach. Bikonfessionell waren auch die beiden Bischofsstädte Erfurt und, wie schon erläutert, Osnabrück.

Resigniert hatte Kaiser Karl. Er dankte noch während des Reichstags ab und zog sich in eine einsame Gegend Spaniens, die Extremadura, zurück, wo er sein Leben beschloss. Das Leben von Karl V. endete so gesehen tragisch. Er war der mächtigste Kaiser der europäischen Neuzeit, aber er scheiterte – an Luther. Am 21. September 1558 starb er, 58 Jahre alt, in Yuste.

Unzufrieden war auch der Papst. Es amtierte Paul IV. (1476–1559). Er wollte die Augsburger Beschlüsse nicht akzeptieren und hat sie nicht akzeptiert. Das Verhältnis des Papstes zum Kaiser und zum Reich war dauerhaft gestört, da Kaiser und Reich mit der Anerkennung des *Augsburger Bekenntnisses* einer, wie es Rom weiterhin sah, Ketzerbewegung Raum gegeben hatten. Nie wieder gab es deshalb eine förmliche Kaiserkrönung. Die Nachfolger Karls V. nannten sich zwar Kaiser, aber vom Papst gekrönt wie ihre Vorgänger und zuletzt Karl V. waren sie nicht.

Die Beschlüsse von Augsburg 1555 waren nicht auf Dauer angelegt. Sie sollten, erneut, nur interimistisch gelten bis zu einer noch immer erhofften einvernehmlichen Klärung der theologischen Fragen durch ein Konzil. Das Konzil in Trient tagte dann zwar auch wieder, 1562/63, widmete sich nun aber ausschließlich der inneren Reform der katholischen Kirche, nicht mehr der Frage der Kircheneinheit. Auch nahmen keine protestantischen Vertreter mehr teil. 1564 setzte der Papst, Pius IV. (1499–1565), die seit 1545 gefassten Konzilsbeschlüsse formell in Kraft und zementierte damit seinerseits abschließend die konfessionelle Spaltung Deutschlands und Europas.

Im Jahr des Religionsfriedens 1555 waren evangelisch die Kurfürstentümer Brandenburg, Sachsen, Pfalz (mit Oberpfalz und Pfalz-Neuburg), die Landgrafschaft Hessen, die Herzogtümer Braunschweig-Calenberg, Braunschweig-Lüneburg, Holstein, Lauenburg, Mecklenburg, Pommern, Sachsen, Sagan, Schleswig und Württemberg, die Fürstentümer Anhalt, Ansbach, Baden-Durlach, Bayreuth und Liegnitz, die Grafschaften Bentheim, Henneberg, Hoya, Lippe, Nassau, Oldenburg, Ostfriesland, Tecklenburg und Waldeck. Unter den selbstständigen Städten waren offiziell, unbeschadet kleinerer oder größerer katholischer Bevölkerungsanteile, evangelisch: Bopfingen, Bremen, Donauwörth, Esslingen, Frankfurt am Main, Goslar, Hagenau, Hamburg, Heilbronn, Isny, Kempten, Lindau, Lübeck, Magdeburg, Memmingen, Mühlhausen, Nordhausen, Nördlingen, Nürnberg, Regensburg, Reutlingen, Rothenburg ob der Tauber, Schwäbisch Hall, Schweinfurt, Speyer, Straßburg, Ulm, Weißenburg und Worms.

Mehr als zur Hälfte, sowohl nach der Fläche als auch nach der Bevölkerungszahl, war Deutschland nun evangelisch. Die Reformation hatte einen großen Erfolg errungen, und das *Augsburger Bekenntnis* erwies sich als integrierende Kraft. Die Lutherischen bezeichneten sich mit Bezug auf dieses als »Augsburger Religionsverwandte«, das heißt Angehörige der Augsburger Konfession. Im Reichstag gab es evangelische Mehrheiten. Die Chance, einen Evangelischen zum Kaiser zu wählen, bestand jedoch nicht. Unter den Kurfürsten, die ihn zu wählen hatten, waren die Erzbischöfe von Mainz, Köln und Trier, und die waren katholisch und mussten, gemäß den Bestimmungen des Religionsfriedens, katholisch bleiben. Die Kaiser waren also weiter katholisch, kamen weiter aus dem streng katholischen Haus Habsburg. Das sollte sich erst im 19. Jahrhundert grundsätzlich ändern.

5. Die europäische Dimension

Wittenberg und Deutschland nach Luther

Das Jahr 1555, ein Kerndatum der deutschen Geschichte, markiert das Ende der Reformationsperiode. Luther hat dieses Ende nicht mehr miterlebt. Die dauerhafte religiöse Spaltung Deutschlands war nie sein Ziel gewesen. Nun war sie auf unbestimmte Zeit festgeschrieben, und sie prägt in gemilderter Form die kirchliche, gesellschaftliche und politische Wirklichkeit Deutschlands bis heute.

Unter den Evangelischen in Deutschland war und blieb Luther die große Autorität in Fragen des Glaubens und der Theologie. Man sammelte und sichtete alles, was er hinterlassen hatte, und druckte seine Schriften in großen Werksausgaben nach. Gleichzeitig begann man die Orte zu besuchen und zu verehren, an denen Luther gelebt und gewirkt hatte: sein Geburtshaus in Eisleben, das Haus seiner Kindheit in Mansfeld, seine Kammer auf der Wartburg, seine Klosterzelle in Erfurt, seine Wohnstube in Wittenberg, sein Sterbehaus in Eisleben und nicht zuletzt seine Grabstätte in Wittenberg.

Untereinander bekamen die Lutheranhänger jedoch bald schon Streit. Wittenberg und Jena mit ihren beiden Universitäten stritten um den Anspruch, das wahre Erbe Luthers zu repräsentieren. Wittenberg war die Stammuniversität der Reformation. Die Stadt an der Elbe sah sich als neues Rom, als heilige Stadt, als den bei weitem heiligsten Ort der Christenheit im letzten Jahrtausend, das heißt seit dem Ausgang der Antike. Wittenberg lag aber als Folge des Schmalkaldischen Krieges nicht mehr im Stammland der Reformation, dem ernestinischen Sachsen. Zum Stammland der Reformation gehörte dagegen die neu gegründete Universität Jena. Sie wurde zur großen Konkurrentin Wittenbergs.

Noch zu Lebzeiten Luthers hatte Wittenberg damit angefangen, die Werke Luthers zu sammeln und in einer Gesamtausgabe neu zu drucken. Die Universität Jena begann 1555 ihrerseits damit, eine eigene, mit Wittenberg konkurrierende Luther-Werkeausgabe zu veranstalten. Jena warf Wittenberg vor, Luther zu verfälschen, und erhob den Anspruch, dass ihr Nachdruck der Luther-Schriften besser, authentischer sei.

Die Konkurrenz, ja Feindschaft zwischen Wittenberg und Jena hatte auch Folgen für das Luthergedenken. Wittenberg ließ 1548/49 in einer Erfurter Werkstatt eine Bronzeplatte mit einem Bild Luthers anfertigen, die in der Wittenberger Schlosskirche aufgestellt werden sollte. Doch dann kam der Schmalkaldische Krieg, und dann wurde Wittenberg dem albertinischen Sachsen zugeschlagen, und dann kamen die theologischen Kontroversen auf. In der Folge wurde die Grabplatte nicht nach Wittenberg gefahren und nicht ihrem Besteller übergeben, sondern landete in Jena, wo sie seit 1571 in der Stadtkirche steht, bis heute. Wittenberg erhielt nur einen Abguss, und auch erst Ende des 19. Jahrhunderts.

Etwas Ähnliches geschah 250 Jahre später, aber nun zugunsten Wittenbergs. In Eisleben gab es im Zusammenhang mit dem 1817 anstehenden Reformationsjubiläum erstmals konkrete Pläne, ein Standbild Luthers aufzustellen. Jahrelang sparten Bürger Eislebens und Mansfelds für diesen Zweck und beauftragten schließlich Johann Gottfried Schadow, einen der bedeutendsten Künstler der Zeit, Luther in Bronze zu gießen. Doch dann ordnete kein Geringerer als der preußische König, Friedrich Wilhelm III. (1770–1840), an, das Denkmal müsse nach Wittenberg. Dort wurde es tatsächlich 1821 enthüllt. In Eisleben dagegen wurde Luther erst 1883 aufgestellt.

Es standen jedoch auch handfeste theologische Fragen im Raum. In Jena begann 1556 der sogenannte synergistische Streit, ein Streit um die Frage, ob der menschliche Wille oder die menschlichen Kräfte mitwirkten bei der Erlangung des Heils, ob der Mensch zum Beispiel dem göttlichen Gnadenangebot zustimmen müsse oder es ablehnen könne. Es ging letztlich um die von Luther schon 1518 in Heidelberg und erneut 1524/25 in seinem öffentlichen Streit mit Erasmus von Rotterdam auf-

Der Wittenberger Marktplatz mit Lutherdenkmal, Rathaus und Stadtkirche

geworfene Frage nach der Willensfreiheit des Menschen. Ein lutherischer Theologe in Leipzig, Johann Pfeffinger (1493–1573), und ein lutherischer Theologe in Jena, Victorin Strigel (1524–1569), vertraten die mit Melanchthon und der nachlutherischen Wittenberger Theologie übereinstimmende, aber von Luthers Auffassung abweichende Ansicht, der menschliche Wille müsse mitwirken. Prägnant formulierten sie: »Der Mensch ist kein Steinblock und kein Amboss!«[100] Der Mensch ist also nicht völlig passiv, ist keine Marionette in der Hand Gottes. Dagegen bestritt ein anderer lutherischer Theologe in Jena, Matthias Flacius (1520–1575), jede Mitwirkung des Menschen bei der Erlangung des Heils und sah den Menschen ganz und gar passiv, wie einen Holzbock. Der 1556 ausgebrochene Streit währte Jahre. Flacius setzte sich durch, und Strigel musste 1559 des-

100 Johann Pfeffinger: De libertate voluntatis humanae, quaestiones quinque. Leipzig 1555, Bl. A5iiv.

wegen sogar ins Gefängnis. Abweichende theologische Überzeugungen wurden unter Luthers Epigonen mit Haft bestraft.

Noch schlimmer wurde es, als von den Siebzigerjahren an in Kursachsen einige Lutheraner andere Glaubensgenossen beschuldigten, »Kryptocalvinisten«, heimliche Anhänger Calvins zu sein und ihr Land dem Calvinismus zuführen zu wollen. Es ging dabei sowohl um politische als auch um theologische Fragen. Politisch suchten die Männer, die als Kryptocalvinisten beschimpft wurden, eine Annäherung an Frankreich. Theologisch ging es unter anderem um die Taufe, konkret um die Frage, ob bei der Taufe eine ausdrückliche Absage an den Teufel, die Macht des Bösen, zu erfolgen habe, wie es im Katholizismus und im Luthertum üblich war. Die Calvinisten verzichteten darauf, weil sie nicht glaubten, dass ein Ungetaufter automatisch und zwangsläufig unter der Macht des Teufels stehe. Die als Kryptocalvinisten Beschimpften wollten die Absage an den Teufel, den sogenannten Exorzismus bei der Taufe, auch in Kursachsen abschaffen. Der Streit währte Jahrzehnte und gipfelte 1601 in der Hinrichtung des höchsten Politikers des Landes, des Kanzlers Nikolaus Crell (1550–1601). In Dresden erinnert heute ein Gedenkstein an den Mann, der seine calvinistischen Neigungen mit dem Leben bezahlte.

Die Gewalt im Namen der Reformation gehört zu den dunklen Aspekten der Reformationszeit. Leider verfolgten Evangelische vielfach Andersdenkende mit Gewalt und schreckten dabei sogar vor Mord und Totschlag nicht zurück, obwohl das *Augsburger Bekenntnis* 1530 den auch heute noch gerne zitierten programmatischen Leitsatz formuliert hatte: »ohne menschliche Gewalt, allein durch Gottes Wort« (lateinisch kurz und einprägsam: »sine vi, sed verbo«).[101] Sowohl Katholiken als auch Protestanten verfolgten außerdem im 16. Jahrhundert allerorts die angeblichen Hexen. Frauen, denen man vorwarf, einen Pakt mit dem Teufel geschlossen zu haben, um ihren Mitmenschen Schaden zuzufügen, wurden der Hexerei angeklagt und hingerichtet, nicht nur

101 Die Bekenntnisschriften der Evangelisch-Lutherischen Kirche (wie Anm. 73), S. 195, Z. 8–10 (dt), Z. 15 (lat.).

hundertfach, sondern tausendfach. Insgesamt wurden in Europa mehrere zehntausend, nach manchen Schätzungen 50 000 Frauen grausam getötet. Die letzten Hexenprozesse fanden im späten 18. Jahrhundert statt. Als biblische Begründung diente Exodus 22,17, wo für Zauberei die Todesstrafe angeordnet ist. Einige Theologen kritisierten den Hexenwahn schon im frühen 16. Jahrhundert, aber ihre Stimmen verhallten ungehört. Auch Luther hielt die Hinrichtung von Hexen für legitim.

Von 1549 bis 1566 wurde innerhalb des Luthertums heftig um die Zentrallehre der Reformation, die Rechtfertigungslehre, gestritten. Andreas Osiander, der prominente Reformator Nürnbergs, hatte ihn ausgelöst, und deshalb ist der Streit nach ihm benannt worden und als Osiandrischer Streit in die Geschichte eingegangen. Bis 1548 wirkte Osiander in Nürnberg. Dann verließ er die Stadt wegen des Interims und ging nach Königsberg in Preußen. Dort begann er eine neue Sicht der Rechtfertigung zu lehren und gegen Melanchthon und sein forensisches Verständnis derselben zu polemisieren.

Osiander vertrat eine Position, die der des Mittelalters und somit der katholischen näher stand und auch ein Anliegen des späteren Pietismus vorwegnahm. Er glaubte, damit besser als Melanchthon den Ansichten Luthers zu entsprechen. Osiander war eine bloße Gerechtsprechung, wie sie Melanchthon lehrte, zu wenig. Er meinte, durch die Rechtfertigung erfolge eine tatsächliche Veränderung des Menschen, er werde gerecht gemacht und erneuert. Osiander lehrte ein »effektives« Verständnis der Rechtfertigung. Die Gerechtmachung erklärte Osiander aber nicht wie das Mittelalter und die Katholiken dadurch, dass dem Menschen Glaube und Liebe eingegossen werden, sondern er behauptete, dass die göttliche Natur Christi im Glaubenden Wohnung nehme. Rechtfertigung war für Osiander die reale Einwohnung der substanziellen Gerechtigkeit Christi in den Glaubenden.

Dagegen opponierten andere preußische Theologen, Königsberger Melanchthonschüler. Der Streit war mit Osianders Tod 1552 nicht zu Ende. Osiander fand nur wenig Zustimmung. Johannes Brenz suchte zu vermitteln.

Die innerlutherischen Streitereien, die noch viele andere

Themen und Anlässe hatten als die geschilderten, nahmen in der zweiten Hälfte des 16. Jahrhunderts solche Ausmaße an, dass das Luthertum zu zerbrechen drohte. Einige evangelische Politiker und einige Theologen setzten deshalb alles daran, die Streithähne zu besänftigen und die Wogen zu glätten. 1577 entstand auf diesem Hintergrund mit der sogenannten *Konkordienformel* die abschließende lutherische Bekenntnisschrift. Alle bis dahin aufgebrochenen Streitfragen wurden hier diskutiert und durch differenzierte Erörterungen und Kompromissformeln beigelegt, oder wie zum Beispiel Osianders Position »verworfen und verdammt«.[102] Anschließend hatten alle evangelischen Theologen und evangelischen Regenten zu unterschreiben und unterschrieben. Im Laufe der Jahre kam die Konkordienformel auf über 8000 Unterschriften. Wer in lutherischen Landen Pfarrer, Lehrer oder Beamter werden wollte, hatte seinen Namen unter die Konkordienformel, aber auch unter das *Augsburger Bekenntnis* und weitere bekenntnisähnliche Texte der Wittenberger Reformation, wie Luthers Katechismen, zu setzen. Nur wenige evangelische Länder und Städte, zum Beispiel Holstein, Anhalt, Hessen-Kassel und Bremen, verzichteten darauf.

Die Reformation in Frankreich

In allen Ländern Europas wurden Luthers Schriften verbreitet und gelesen und in allen Ländern Europas fassten reformatorische Ideen Fuß, entwickelten sich dann jedoch in höchst unterschiedlicher Weise.

Frankreich war, anders als Deutschland, im 16. Jahrhundert schon ein richtiger Nationalstaat mit einem klaren Zentrum, Paris, und einem starken König, Franz I. Politisch sympathisierte er mit der Reformation in Deutschland, weil er so seinem

102 Die Bekenntnisschriften der Evangelisch-Lutherischen Kirche (wie Anm. 73), S. 1412, Z. 28 (dt.), S. 1413, Z. 28 (lat.).

Hauptgegner, dem Kaiser, der zugleich König von Spanien war, schaden konnte. Doch im eigenen Land wollte Franz I. von den Evangelischen nichts wissen, ja er verfolgte sie. Luthers Schriften waren schon seit 1521 offiziell verboten. Vor allem die theologische Fakultät von Paris wachte streng über die Reinheit der katholischen Lehre.

Franz I. regierte von 1515 bis 1547. Die Kirche war in der Hand des Staates. Es gab aber Humanisten und Reformkräfte. Zwingli und Melanchthon setzten große Hoffnungen auf Frankreich, doch es gelang dem Luthertum nicht, wirklich Einfluss zu gewinnen. Nach zarten Anfängen in den Zwanzigerjahren, als sich Reformer um den Bischof von Meaux gruppiert hatten und Luther-Schriften in französischer Sprache erschienen, bereitete 1534 die »Plakataffäre« dem französischen Luthertum vorerst das Ende. In bissigen Flugblättern, die in Paris verteilt und ausgehängt, plakatiert wurden, war die katholische Messe als gotteslästerlich verurteilt worden. Es kam zu heftigen Verfolgungen. Zwischen 1540 und 1560 wurden etwa 600 Reformationsanhänger hingerichtet.

Auf Franz I. folgte Heinrich II. (1519–1559) und regierte von 1547 bis 1559. Unter ihm erstarkten die französischen Protestanten und gerieten unter den Einfluss Genfs. Sie schufen sich 1559 ein eigenes, 40 Artikel zählendes Bekenntnis, das von 1571 an *Confessio Gallicana* genannt wurde. Es gründete auf einem Entwurf Calvins. In Paris tagte 1559 erstmals eine Nationalsynode französischer Protestanten mit 72 Abgeordneten aus zwölf Kirchen. Da einflussreiche, um die Macht in Frankreich konkurrierende Adlige dem neuen Glauben anhingen, wurde der französische Protestantismus zu einer politischen Partei. Um 1562 gehörte etwa zehn Prozent der Bevölkerung evangelischen Kirchen an.

Die französischen Protestanten wurden als Hugenotten bezeichnet. Der Hintergrund dieser Fremdbezeichnung ist nicht wirklich klar. Möglicherweise handelte es sich um eine Verballhornung von »Eidgenossen«. Die französischen Katholiken sahen in den Protestanten einen vom Schweizer Nachbarland geprägten Fremdkörper. In der Tat spielten Genf und vor allem

König Franz I. widersetzte sich der Reformation im eigenen Land, unterstützte aber die deutschen Protestanten

die Genfer Akademie eine wichtige Rolle bei der Formierung des französischen Protestantismus.

Nach dem Tod Heinrichs II. regierte die aus Florenz stammende Katharina von Medici (1519–1589), die den Protestanten zunächst Duldung gewährte. 1561 fand in Poissy ein großes evangelisch-katholisches Religionsgespräch statt, an dem der Nachfolger Calvins in Genf, Theodor Beza, teilnahm. Ergebnislos wurde unter anderem über das Abendmahl diskutiert. Ein Jahr später kam es zu einer ersten kriegerischen Auseinandersetzung zwischen Protestanten und Katholiken. Sieben weitere Kriege sollten folgen. Einschneidend war 1572 die sogenannte Bartholomäusnacht, ein Blutbad unter den Protestanten in Paris mit 5000–10 000 Toten, an dem Katharina Mitschuld trug, das aber nicht nur religiöse, sondern auch politische Ursachen hatte. Manche schätzen die Gesamtzahl der Opfer auf 30 000.

1598 kam die Wende durch das *Edikt von Nantes* unter Heinrich IV. (1553–1610), einem ehemaligen Protestanten, der zum Katholizismus konvertiert war, um König zu werden. Berühmt ist sein angeblicher Ausspruch: »Paris ist eine Messe wert.«[103] Das heißt: Um König von Frankreich sein zu können, bin ich bereit, Katholik zu werden. Das Edikt gewährte den Evangelischen Gewissensfreiheit und bürgerliche Gleichberechtigung und ermöglichte ihnen, ihre Gottesdienste zu halten.

Beinahe 100 Jahre lang gewährte das *Edikt von Nantes* den Hugenotten Schutz und ermöglichte ihnen, sich als Minderheit in einem weiter katholisch dominierten Land zu entfalten. Im Jahre 1685 jedoch wurde das Edikt widerrufen. In der Folge verließen 200 000 französische Protestanten ihre Heimat und siedelten sich unter anderem in Deutschland an und verstärkten dort den calvinistischen Flügel unter den Reformationskirchen. Gleichzeitig flohen auch viele Waldenser aus dem französisch beherrschten Herzogtum Savoyen und zogen ebenfalls nach Deutschland. Die Waldenserbewegung war als Armuts- und Predigtbewegung im Mittelalter entstanden und hatte sich im 16. Jahrhundert der Reformation angeschlossen. Hugenotten und Waldenser gründeten in Deutschland häufig eigene Siedlungen, die durch ihre Namen noch heute an die dort angesiedelten Flüchtlinge erinnern, so das ehemalige Waldenserdorf Gewissenruh an der Weser und das ehemalige Hugenottendorf Bad Karlshafen, ebenfalls an der Weser.

In Frankreich erzeugte das Bündnis des absolutistischen Staates mit einer intoleranten Kirche einen lebhaften Antiklerikalismus, der sich zunächst verbal in den Schriften der Aufklärer des 18. Jahrhunderts, allen voran Voltaires, entlud und 1789 in der Französischen Revolution, die eine radikale Trennung von Staat und Kirche und eine entschieden säkulare Politik zur Folge hatte, die für Frankreich bis heute charakteristisch ist. Der autoritäre Katholizismus mündete in eine kirchenfeindliche Revolution, welche die Kirche in Frankreich dauerhaft marginalisierte – ein Verhängnis auch und gerade für die katholische Kirche. Verglichen damit war die Reformation in Deutschland für das Christentum in Deutschland, auch für das katholische Christentum, ein Segen. Trotz oder gerade wegen

103 Jean-Pierre Babelon: Henri IV. Paris 1982, S. 7.

der Kirchenspaltung blieb Deutschland ein vergleichsweise stark christlich geprägtes Land, in dem die Kirchen ein hohes Ansehen genießen und in der Öffentlichkeit eine starke Stellung einnehmen und gleichzeitig von einem vergleichsweise starken religiösen Leben erfüllt sind.

Gegenreformation und katholische Reform

Die römische Kirche reagierte auf die Reformation zunächst und vor allem mit Maßnahmen gegen die Reformation. Dazu gehörten die Bekämpfung der reformatorischen Lehren durch Schriften, die Verketzerung Luthers und Zwinglis und Hinrichtungen einzelner Anhänger der Reformation. Mit Worten und Taten, mit dem Mittel der Predigt und mit Gewalt wurde versucht, die Reformation dort, wo sie Fuß gefasst hatte, wieder zurückzudrängen, zu unterdrücken und auszutilgen. Diese von der evangelischen Kirchengeschichtsschreibung als Gegenreformation bezeichneten Maßnahmen begannen unmittelbar nach dem Auftreten Luthers. In einigen Regionen, zum Beispiel in den Bistümern Basel und Münster und im Königreich Polen, hatte die römische Kirche damit Erfolg, in anderen jedoch nicht. Eine Gegenreformation, in diesem Sinn, gab es bis in das 17., mancherorts sogar in das 18. Jahrhundert. Im Bistum Salzburg wurden noch 1731/32 rund 20000 Lutheraner zur Auswanderung gezwungen.

Doch auch mit eigenen Reformanstrengungen reagierte die römische Kirche auf die Reformation. Nicht Reformation, aber Reform, lautete hier die Devise. Mittel- und langfristig sollte dieser Weg der erfolgreichere sein. In der neueren katholischen Kirchengeschichtsschreibung hat sich hierfür der Begriff katholische Reform (oder katholische Erneuerung) eingebürgert und fand breite Resonanz.

Die katholische Reform knüpfte an spätmittelalterliche Reformbestrebungen an und gipfelte 1545–1563 in den Verhand-

Ignatius von Loyola gründete den Orden der Jesuiten

lungen und Beschlüssen des Konzils von Trient, das in seiner letzten Phase in zahlreichen Punkten auf die reformatorische Kritik mit konsequenten Erneuerungsmaßnahmen reagierte.

Das Konzil von Trient (lateinisch: *Tridentinum*) tagte in drei Phasen unter drei verschiedenen Päpsten. 1545–1546 wurden unter Paul III. (1468–1549), wie schon dargelegt, dogmatische Fragen entschieden und eine Abgrenzung von der Reformation vollzogen. 1550–1552 unter Julius III. (1487–1555) wurde die Sakramentenlehre behandelt. Anders als die Reformatoren bestätigte das Konzil, dass es sieben, nicht nur zwei Sakramente gebe. Anders als die Reformatoren hielt das Konzil beim Abendmahl auch an der Lehre von der Transsubstantiation fest, der Vorstellung, dass der Wein in das Blut und das Brot in den Leib Christi förmlich verwandelt würden. Zwei Phasen des Konzils standen also im Dienste der Gegenreformation. In der dritten Phase 1562–1563 unter Pius IV. war allerdings die Kirchenreform das Hauptthema. Der Bildungsstand der Priester wurde gehoben und den Bischöfen wurden ihre Amtspflichten eingeschärft. Ablass sollte es fortan nicht mehr für Geld geben. Die Konzilsbeschlüsse waren seit 1564 in Kraft.

In Gegenreformation und katholischer Reform spielte ein neu

gegründeter Orden eine große Rolle, der Orden der Jesuiten, der eigentlich »Gesellschaft Jesu« (lateinisch: *Societas Jesu*, kurz: SJ) hieß. Gegründet hatte ihn, schon 1534 und ohne Bezug auf das Reformationsgeschehen, der baskische Adlige Ignatius, der 1491 auf Schloss Loyola bei Azpeitia geboren worden war. Ignatius von Loyola war Soldat und Offizier, bis er nach einer Verwundung 1521 eine religiöse Lebenswende vollzog. Er las mystische Literatur, pilgerte ins Heilige Land, studierte Theologie in Paris und scharte gleichgesinnte Freunde um sich. Die Ordensgründung vollzog sich von 1534 (Gelübde) bis 1540 (päpstliche Anerkennung). Die Jesuiten individualisierten und intensivierten – wie die Reformatoren – die christliche Frömmigkeit und sie förderten – wie die Reformatoren – nachhaltig die Bildung. Sie waren aber dem Papst treu ergeben. Durch gute und – im doppelten Sinn – überzeugende Bildungsarbeit gelang es ihnen, ein schon stark evangelisch geprägtes Land wie Polen im Lauf des 17. Jahrhunderts zu rekatholisieren. Die Jesuiten waren die erfolgreichste Waffe der katholischen Kirche im Kampf gegen die Reformation, und sie waren deshalb in protestantischen Kreisen bis ins 20. Jahrhundert hinein der am allermeisten verhasste katholische Orden. Heute zählt er in Deutschland nur noch 380 Mitglieder, aber der seit 2013 regierende Papst, Franziskus I. (* 1936), ist Jesuit, der erste Jesuit überhaupt auf dem Papstthron.

Als Folge der katholischen Reform entstand eine in wesentlichen Bereichen erneuerte römisch-katholische Kirche, die sich deutlich vom spätmittelalterlichen Kirchenwesen unterschied, an dem sich die Reformation entzündet hatte. Die Reformation war so gesehen doppelt erfolgreich: Sie hat eigene, evangelische Kirchen hervorgebracht, aber sie hat auch indirekt zur Erneuerung der Kirche beigetragen, von der sie sich losgelöst hatte. Die erneuerte römisch-katholische Kirche hat sich gleichwohl in wesentlichen Fragen so deutlich von evangelischen Positionen unterschieden, dass an eine kirchliche Wiedervereinigung nicht zu denken war. Insbesondere hielt die römische Kirche ja an ihrem Ketzerurteil über Luther fest – und hat es bis heute nicht revidiert.

Als Folge des Trienter Konzils wurden »katholisch« und »Katholizismus« zu Konfessionsbezeichnungen. Ursprünglich und eigentlich beanspruchten alle Kirchen, auch die evangelischen, ganz in Übereinstimmung mit dem Wortlaut des Apostolischen Glaubensbekenntnisses »katholisch« zu sein: »Ich glaube an den Heiligen Geist, die heilige katholische Kirche [...]«. Das aus dem Griechischen kommende Wort hat die Bedeutung allgemein, universal. Auch die evangelischen Kirchen erhoben bis in das 19. Jahrhundert hinein den Anspruch, katholisch, ja wahrhaft katholisch zu sein. Differenzierend spricht man deshalb mit Blick auf die katholische Kirche von der »römisch-katholischen« Kirche. Das Glaubensbekenntnis hatte allerdings schon Luther, um Missverständnisse zu vermeiden, umformuliert: »Ich glaube an den Heiligen Geist, eine heilige christliche Kirche.«[104]

Die Reformation in England

Wie Frankreich wurde auch England von einem starken König, Heinrich VIII. (1491–1547), regiert, der sich dem Keimen der Reformation zunächst entschieden widersetzte. Mehrere englische Reformationsanhänger starben in den Zwanzigerjahren des 16. Jahrhunderts als Märtyrer für ihren Glauben. Doch in den Dreißigerjahren wendete sich das Blatt, weil sich Heinrich VIII. aus persönlichen Gründen mit dem Papst überwarf.

Jener war seit 1509 mit Katharina von Aragón (1485–1536) verheiratet und wollte sich scheiden lassen, weil er nach einer anderen, jüngeren Frau, Anne Boleyn (1501 oder 1507–1536), sowie nach einem männlichen Thronfolger begehrte, den sie ihm gebären sollte. Er ersuchte den Papst um die Annullierung seiner Ehe, doch dieser weigerte sich. Darauf sagte sich Heinrich 1531 vom Papst los und ließ sich 1534 vom englischen Parlament selbst zum Haupt der Kirche von England erheben: »Unser höchster Herr und König, seine Erben und Nachfolger, die Könige dieses Reiches werden als das alleinige Oberhaupt der Kirche von England, genannt Anglikanische Kirche, betrachtet, gelten und ange-

104 Ebd., S. 1058, Z. 11 f.

König Heinrich VIII. öffnete der Reformation in England die Tür

sehen.« (Suprematsakte, 3. November 1534)[105] In Canterbury fand er einen Erzbischof, Thomas Cranmer, der ihm die Ehe annullierte. 1533 heirateten Heinrich und Anne, doch das neue Glück währte nicht lange. Bereits 1536 ließ er seine Frau enthaupten. Der Vorwurf lautete: Ehebruch und Hochverrat. Vier weitere Ehen, die nach einem ähnlichen Muster verliefen, folgten.

Thomas Cranmer, geboren 1489, war der entscheidende Protagonist der englischen Reformation. Er hatte Theologie studiert und war zum Priester geweiht worden. Reformatorische Neigungen hatte er zunächst nicht. Da er die Ehescheidung des Königs befürwortete, gewann er dessen Wohlwollen und wurde 1532 zum Erzbischof von Canterbury befördert.

Nun sympathisierte Cranmer mit der Reformation, und Heinrich VIII. widersetzte sich nicht mehr der Verbreitung

105 Kirchen- und Theologiegeschichte in Quellen. Bd. 3: Die Kirche im Zeitalter der Reformation/Heiko A. Oberman (Hg.). Neukirchen-Vluyn ^{4}1994, S. 260.

evangelischer Ideen und Programme. Ja, er fand sogar ausgesprochenes Gefallen an einigen Forderungen der Reformation, vor allem an der Idee, die Klöster aufzulösen, denn deren Besitz konnte er sich dadurch aneignen. Zwischen 1535 und 1540 wurden in England sämtliche Klöster aufgelöst.

Die große Zeit Cranmers kam aber erst nach dem Tod Heinrichs 1547 unter König Edward VI. (1537–1553). Nun gestaltete Cranmer die Liturgie um, schuf ein Bekenntnis und reformierte das kirchliche Recht, nahm auch Kontakt auf zu Reformatoren in Deutschland, zum Beispiel zu Osiander. Als aber 1553 Maria I. Tudor (1516–1558), die Tochter Heinrichs VIII. aus erster Ehe, auf den Königsthron kam und die Kirchenreformation wieder rückgängig machen wollte, wurde Cranmer der Häresie angeklagt und 1556 in Oxford lebendig verbrannt. Der Reformator Englands zählt also zu den Märtyrern der Reformationszeit. Zum Märtyrer posthum wurde Martin Bucer, der gerade erst 1549 in England Zuflucht gesucht hatte, 1551 aber in Cambridge verstorben und dort im Chor der Hauptkirche der Stadt, St. Mary the Great, begraben worden war. Maria ließ die sterblichen Überreste 1557 wieder ausgraben und zusammen mit Schriften Bucers verbrennen.

Während des Religionskrieges in Deutschland 1546/47 und während der Interimszeit 1548–1552 zog es Evangelische aus Deutschland nach England. Umgekehrt suchten 1553–1558, als der evangelische Glaube in England unter Maria I. vorübergehend wieder verfolgt wurde, viele evangelische Engländer Zuflucht auf dem Kontinent, vor allem in Zürich und in Genf. Die Reformation in England geriet in der Folge zunehmend unter calvinistische Einflüsse, und es entwickelte sich in England unter Elisabeth I. (1533–1603), die von 1558 bis 1603 regierte, schließlich eine Reformationskirche ganz besonderer Art. Die englische Kirche war eine strenge Staatskirche mit dem König bzw. der Königin an ihrer Spitze. Theologisch war sie calvinistisch ausgerichtet. In ihrem äußeren Auftreten – in ihren Amtsstrukturen und in ihrer Liturgie – wahrte sie aber die alten, die mittelalterlich-katholischen Formen. Durch Kolonisation und Mission verbreitete sich die Kirche von England über die ganze

Welt, und man bezeichnet diese besondere Form evangelischen Christentums als Anglikanismus. Weltweit zählen anglikanische Kirchen heute 70 Millionen Mitglieder. In Deutschland gibt es anglikanische Gemeinden nur in wenigen großen Städten.

In England entwickelte sich allerdings auch eine Opposition gegen diese, wenn man so will, unvollendete Reformation, gegen diese Mischkirche aus Altem und Neuen. Die Oppositionellen wollten eine »reine« (englisch: *pure*), streng calvinistische evangelische Kirche, und sie wurden deshalb als Puritaner bezeichnet. So entstanden auf dem Boden des Anglikanismus neue evangelische Kirchen, die sich vor allem in Nordamerika etablierten, Presbyterianer und Kongregationalisten. Auch der heute weltweit, auch in Deutschland starke Baptismus – eine moderne Täuferkirche – und der Methodismus wurzeln im Anglikanismus.

Die Reformation in Polen

Wieder anders waren die Verhältnisse in Polen. Verbunden mit Litauen war es ein Königreich von beträchtlicher Größe. Der polnische König war innenpolitisch aber vergleichsweise schwach, da in seinem Land der Adel viel zu sagen hatte.

In Polen fassten, regional unterschiedlich, lutherische wie calvinistische Ideen Fuß, und sogar Anhänger des in Genf hingerichteten Michael Servet – »Antitrinitarier« – fanden hier Zuflucht und konnten eine eigene Kirche aufbauen. Außerdem gab es natürlich auch weiterhin Anhänger der alten Kirche. Polen war multikonfessionell und entwickelte sich im 16. Jahrhundert zu einer Insel der Toleranz. Der evangelische Glaube in seinen unterschiedlichen Gestalten war stark. Von 1548 bis 1572 regierte König Sigismund II. August (1520–1572). Er war selbst der Reformation zugeneigt und hatte sogar vor seiner Regierungsübernahme zwei evangelische Hofprediger. Als König hielt er sich jedoch zur katholischen Kirche, tolerierte die Protestanten aber weiter und machte ihnen 1568/69 sogar das Angebot, sie offiziell anzuhören, sobald sie einen gemeinsamen Standpunkt hätten.

Vertreter der drei großen evangelischen Kirchen versammelten sich 1570 in Sandomir (polnisch: Sandomierz) und beschlossen eine Konsensformel (*Consensus Sendomirensis*), ein Kanzel- und Abendmahlsgemeinschaft ermöglichendes Unionsbekenntnis, wie es der Protestantismus erst im 19. Jahrhundert wieder erleben sollte. Im Kernstück ging es um die Überbrückung der Lehrunterschiede in der Abendmahlsfrage, wobei die geglaubte Realpräsenz Christi bei der Feier entgegen allgemeiner lutherischer Auffassung an den Glauben gebunden wurde. 1573 wurde in Polen staatlicherseits allen Konfessionen Toleranz gewährt.

Allmählich erstarkte jedoch der Katholizismus wieder, weil es der katholischen Kirche durch eine äußerst erfolgreiche Bildungsarbeit, getragen vor allem von den Jesuiten, gelang, mehr und mehr Adlige wieder auf ihre Seite zu bringen. Im Laufe des 17. Jahrhunderts wurde Polen deshalb zu einem streng katholischen Land, in dem sich nur noch eine kleine evangelische Minderheit halten konnte. Heute gibt es in Polen nur noch rund 85 000 Lutheraner und insgesamt etwa 105 000 evangelische Christen.

Polen schenkte Deutschland jedoch, was wenig bekannt ist, einen Reformator von europäischem Rang: Johannes (oder Jan) Łaski (oder a Lasco). Geboren wurde er 1499 in Łask (deutsch: Lask) im heutigen Südwesten Polens, auf halber Strecke zwischen Breslau und Warschau gelegen, als Sohn einer Adelsfamilie. Er erwarb sich in Wien, Bologna und Padua eine gediegene Bildung, hielt sich 1525 in Basel bei Erasmus auf und war auf dem besten Weg, eine kirchliche Karriere in Polen zu machen. 1521 hatte er die Priesterweihe empfangen. und von 1531 an verwaltete er das Erzbistum Gnesen. Vom Jahre 1537 an näherte er sich aber zunehmend protestantischen Positionen an, reiste 1539 nach Frankfurt am Main und 1540 in die Niederlande, wo er sein Zölibatsgelübde brach und die Ehe schloss. Von 1542 an wirkte er in Ostfriesland in Kirchen-leitender Funktion, als Superintendent, und organisierte die ostfriesische Reformationskirche nach dem Vorbild Calvins. In der Interimszeit floh er nach London und betreute dort 1550–1553 die protestantischen Flüchtlinge vom Kontinent. 1553 kam er nach Ostfriesland zurück und wirkte wieder in Emden im Dienste der Gräfin Anna für den Aufbau einer calvinistisch geprägten Reformationskirche. Bis heute ist Nordwestdeutschland kirchlich sehr stark von der reformierten Tradition geprägt.

1556 kehrte Łaski in seine Heimat zurück, wo er 1544 von der katholischen Kirche zum Ketzer erklärt worden war, und bemühte sich um den Erfolg und die Einheit der Reformation in Polen. Möglicherweise wäre ihm noch eine große Zukunft beschieden gewesen, wenn er nicht schon Anfang 1560, drei Jahre nach seiner Rückkehr, verstorben wäre. In Pińczów wurde er bestattet. In Emden erinnert heute die berühmte »Johannes a Lasco Bibliothek« an den prominenten Europäer polnischer Herkunft. Keine Freunde hatte der Pole unter den in seiner Heimat ebenfalls stark präsenten Täufern. Sie behaupteten, die Lippen des Toten seien zusammengewachsen als Zeichen dafür, dass er vor dem Thron Gottes verstummen werde. Angeblich haben darauf Calvinisten das Grab noch einmal geöffnet, um die Täufer des Gegenteils zu überzeugen. 1586 ließ der katholische Bischof Krakaus das Grab Łaskis zerstören.

Ausblick: Vom Religionsfrieden 1555 zum Religionskrieg 1618

Die Augsburger Beschlüsse des Jahres 1555 hatten Bestand und brachten Deutschland, was kaum einer der Beteiligten erwartet hätte, einen lange währenden Frieden. 1618 jedoch entzündete sich an Konflikten zwischen Protestanten und Katholiken in Böhmen ein Krieg, der halb Europa erfassen und 30 Jahre dauern sollte.

Als Folge der reichsrechtlichen Akzeptanz machte die Reformation in der zweiten Hälfte des 16. Jahrhunderts zunächst noch weitere Fortschritte: 1567 wurde das Bistum Verden evangelisch, 1568 das Herzogtum Braunschweig-Wolfenbüttel, 1583 das Bistum Minden. In den beiden Bistümern konvertierten aber nicht wirklich die Bischöfe, sondern sie standen unter dem Einfluss des evangelischen Herrscherhauses Braunschweig-Lüneburg. 1580 konvertierte der Kölner Erzbischof, aber gemäß den Augsburger Bestimmungen ohne Konsequenzen für die Konfessionszugehörigkeit seines Fürstbistums. Allmählich gewann dann aber, angeführt unter anderem vom Herzogtum Bayern, der Katholizismus wieder an Boden, und das Blatt begann sich erneut zu wenden. Um 1600 gab es im Reichstag und in den Organen des Reichs wieder katholische Mehrheiten.

Die wichtigste neue Entwicklung der Nachreformationszeit war der Übergang verschiedener größerer und kleinerer Herrschaften und Fürstentümer vom Luthertum zum Calvinismus. Obwohl durch den Religionsfrieden von 1555 reichsrechtlich nicht abgesichert, wagte es zunächst die Kurpfalz, die erst seit 1546 evangelisch war, sich von Luther und dem Luthertum abzuwenden und sich der Reformation Calvins anzuschließen. Der entscheidende Schritt erfolgte 1563, als mit dem *Heidelberger Katechismus* ein am Calvinismus orientiertes Bekenntnis geschaffen wurde. Im Frage-Antwort-Stil werden hier auf eindringliche Weise alle Themen des christlichen Glaubens und Lebens behandelt. Das auch heute noch gelesene und verwendete Glaubenslehrbuch beginnt mit der Frage: »Was ist dein einziger Trost im Leben und im Sterben?«[106] Die vorgegebene Antwort lautet: »Daß ich mit Leib und Seel, beide im Leben und im Sterben, nicht mein, sondern meines getreuen Heilands Jesu Christi eigen bin, der mit seinem teuren Blut für alle meine Sünden vollkömmlich bezahlet und mich aus aller Gewalt des Teufels erlöset hat und also bewahret, daß ohne den Willen meines Vaters im Himmel kein Haar von meinem Haupt kann fallen, ja auch mir alles zu meiner Seligkeit dienen muß.«[107] Generationen um Generationen lernten diese Texte auswendig.

Weniger spektakulär war die Calvinisierung mehrerer Grafschaften im Nordwesten Deutschlands wie Bentheim und Leer.

106 Der Heidelberger Katechismus/Otto Weber (Hg.). Hamburg 1963, S. 15.
107 Ebd.

An Luthers »Geburtshaus« erinnert ein Denkmal
aus dem 17. Jahrhundert an den Reformator und seine Botschaft

Einem Paukenschlag glich jedoch der Wechsel des brandenburgischen Herrscherhauses 1613. Neben der Kurpfalz war nun ein zweites Kurfürstentum calvinistisch. Anders als die Herrscher der Kurpfalz, Bentheims und Leers zwangen die Brandenburger ihre Untertanen aber nicht, ihnen zu folgen. Die Bevölkerung Brandenburgs durfte lutherisch bleiben, nur am Hof der Kurfürsten in Berlin wurden reformierte Gottesdienste gehalten.

Langfristig hatte der Konfessionswechsel Brandenburgs für Deutschland jedoch allergrößte Konsequenzen, denn Brandenburg hatte schon 1612 Preußen erworben und stieg als Brandenburg-Preußen, später nur noch Preußen genannt, zur dominierenden politischen Macht Deutschlands auf, die auch weite Gebiete Nord- und Westdeutschlands, darunter das heutige Niedersachsen und das heutige Westfalen, beherrschte. Zunächst erlaubte es das reformierte Herrscherhaus vom ausgehenden 17. Jahrhundert an calvinistischen Flüchtlingen aus Frankreich, in Brandenburg zu siedeln und selbstverständlich auch reformierte Gottesdienste zu halten. Im 19. Jahrhundert setzte sich

Brandenburg-Preußen in Deutschland zunächst dafür ein, dass der Gegensatz zwischen Lutheranern und Calvinisten überwunden und einheitliche evangelische Kirchen, sogenannte Unionskirchen oder unierte Kirchen, gegründet wurden. Später engagierte sich Preußen für die politische Einheit Deutschlands und die Schaffung eines Nationalstaats. Von 1871 an hatte Deutschland wieder einen Kaiser, aber anders als in der Reformationszeit und in den Jahrhunderten danach einen evangelischen Kaiser. Das war ein später, letzter Triumph der Reformation. Mit großem Stolz und großer Zuversicht erlebten die deutschen Protestanten die Jahrhundertwende 1900, und ebenso stolz und siegessicher zogen sie 1914 in den Krieg gegen das katholische Frankreich.

Deutschland hatte als Folge der Reformation 1546/47 und 1552 kurze Religionskriege. Der große und eigentliche Religionskrieg, der die Reformation und ihre Errungenschaften noch einmal, ein letztes Mal infrage stellte, begann jedoch 1618 und dauerte 30 Jahre. Der Dreißigjährige Krieg brach 1618 in Böhmen aus, dem heutigen Tschechien, und wurzelte in Konflikten zwischen Protestanten und Katholiken in Böhmen, wo der katholische König die Gegenreformation vorantrieb. Rasch griffen die Auseinandersetzungen auf ganz Deutschland über, denn der König Böhmens regierte seit 1619 als deutscher Kaiser, es war der Habsburger Ferdinand II. (1578–1637). Schnell gewann er die Oberhand. Ein knappes Jahrhundert nach dem Schmalkaldischen Krieg war der Protestantismus erneut aufs höchste gefährdet. 1630 griff jedoch das lutherische Schweden ein und kam den Protestanten zu Hilfe. Der schwedische König Gustav II. Adolf (1594–1632), von den deutschen Protestanten als neuer Josua gefeiert, kämpfte auf deutschem Boden und fiel 1632 bei Lützen. Als 1635 aber auch noch Frankreich zu den Waffen griff, war aus dem Religionskrieg endgültig ein Machtkampf europäischer Großmächte geworden. Von 1644 an wurde jedoch in den Städten Münster und Osnabrück über den Frieden verhandelt, und 1648 kam er zustande. Er ist, weil die beiden Städte in Westfalen lagen, als der Westfälische Friede in die Geschichte eingegangen. Der Augsburger Religionsfriede von

1555 wurde bekräftigt, aber auf die Calvinisten ausgeweitet. Außerdem wurde beschlossen, konfessionelle Minderheiten nicht mehr zur Auswanderung zu zwingen, sondern sie zu tolerieren. Hundert Jahre nach der Reformation wurde somit die Reformation noch einmal bestätigt, aber gleichzeitig wurde der Toleranz mehr Raum gegeben. Man könnte deswegen sagen, und es wurde schon gesagt: Die Neuzeit, eine wirklich neue Zeit, begann noch nicht mit der Reformation, sondern erst mit dem Frieden von Münster und Osnabrück, weil jetzt erst die Intoleranz überwunden und der Religionsfreiheit und einem friedlichen Miteinander der Menschen der Weg bereitet wurde.

Fazit: 500 Jahre Reformation – Bilanz und Perspektiven

Luther wollte keine neue Kirche schaffen und er wollte die Kirche nicht spalten, sondern er wollte die Kirche wieder zurück-formen (»re-formieren«) in die Form, die sie am Anfang und in den ersten Zeiten gehabt hatte. Das Urchristentum und die Alte Kirche, die Kirche der ersten Jahrhunderte, waren ihm Vorbild. Gleichwohl entstand als Folge der Reformation eine neue Kirche, und nicht nur *eine* neue Kirche, sondern gleich mehrere neue Kirchen, und es kam in Europa zu einer Kirchenspaltung, die bis heute andauert. Als Folge der Reformation ist die Christenheit Deutschlands und Europas geteilt. Es gibt kein Land und es gibt – in Deutschland – kaum einen Ort, an dem es nicht (mindestens) zwei christliche Gemeinden gibt. Die Kirchenspaltung und damit die Reformation tangiert so gesehen jeden, der in Deutschland lebt.

Die Reformation ist der wichtigste Einschnitt in der 2000-jährigen Geschichte des Christentums seit der Konstantinischen Wende. Unter Kaiser Konstantin dem Großen endete im 4. Jahrhundert die Verfolgung der christlichen Religion und es begann die enge Kooperation von Staat und Kirche. Die Reformation schuf eine neue, moderne Form des Christentums, das zu der von Wissenschaft, Technik und Toleranz geprägten neuen Zeit besser passte. Deutschland war der Ausgangspunkt und das Zentrum der Reformation. Ein Einzelner, Martin Luther, gab den Anstoß.

Die Gründe und Ursachen der Reformation waren vielfältig. Die Reformation hatte ihre eigentlichen Wurzeln nicht in kirchlichen Missständen, sondern in einer theologischen Erkenntnis von existentiellem Rang. Luther erkannte, dass Gott keine Werke, sondern Glaube erwarte und dass der Mensch sich die gewünschte, seinem Leben Sinn und Zukunft gebende Verbindung mit Gott nicht erkaufen, sondern nur schenken lassen könne. Die Resonanz der Reformation lag freilich auch in den kirchlichen Missständen begründet, die auf der Basis der theologischen Erkenntnis in einem neuen Licht erschienen und sich nun in ihren Wurzeln anpacken und therapieren ließen.

Ohne Luther hätte es keine Reformation gegeben oder zumindest nicht die Reformation, die wir kennen. Gleichwohl sorgte auch eine ganze Reihe von Rahmenbedingungen dafür, dass die Reformation Erfolg hatte. Sie wurden und werden in der Literatur gerne in plakativen »Ohne …«-Formulierungen zusammengefasst: Ohne Humanismus keine Reformation, ohne Buchdruck keine Reformation, ohne Türken keine Reformation, ohne Kaiserwahl keine Reformation, ohne Frauen keine Reformation!

Schon 1517 war klar, dass es nicht um Bagatellen, sondern um grundsätzliche Fragen ging. Ausgehend von Luthers theologischer Erkenntnis standen zentrale kirchliche Fragen zur Diskussion und zur Disposition, die tagtägliche Frömmigkeitspraxis ebenso wie der sonntägliche Gottesdienst und vor allem die institutionelle Struktur der Kirche. Als Rom Luther 1520/21 formell exkommunizierte, war die Kirchenspaltung vollendet. 20 Jahre später setzte der Papst noch eins drauf, indem er den in Regensburg gefundenen Kompromiss in theologischen Fragen scheitern ließ. Nicht Luther hat damals, beim einzigen und letzten realistischen Einigungsversuch, Nein gesagt, sondern der Papst. Rom hat also die Kirche gespalten, nicht Luther.

Die Kirchenspaltung brachte vielen Menschen viel Unglück,

Martin Luther mit der Bibel
(Wormser Lutherdenkmal)

beinahe bis in die jüngste Geschichte hinein. Sie war Ursache vieler Nöte und Konflikte, ja sogar von Kriegen. Für jeden Christen ist die Spaltung der Kirche gleichzeitig ein geistliches Ärgernis, da er Jesu Gebet um die Einheit der Jünger und der Kirche im Johannesevangelium vor Augen hat: »… damit sie alle eins seien« (Johannes 17,21).

Dennoch könnte man, zumindest aus evangelischer Sicht, auch sagen: Die Kirchenspaltung war kein Fluch, sondern ein Segen. Die Pluralisierung des Christentums in Deutschland und in Europa hat der Toleranz den Weg bereitet. Die Toleranz entsprang zunächst nur der Notwendigkeit, wurde aber später zur Überzeugung und zum Ideal.

Die Reformation hat mittel- und langfristig dazu beigetragen, eine tolerante Gesellschaft zu schaffen. Doch schon in ihrer Zeit hat die Reformation vielfach, obwohl es nicht ihr eigentliches Anliegen war, modernisierend gewirkt. Die Reformation war mit einer Bildungsoffensive verbunden und hat auch in der katholischen Kirche eine eigene Bildungsoffensive angestoßen. Die Reformation hat eine geregelte Armenfürsorge geschaffen und damit der modernen Sozialfürsorge den Weg gebahnt. Die Reformation hat erstmals nachhaltig den Gedanken der Freiheit mit der Religion verbunden, einer Freiheit allerdings auf der Basis von Bindung, einer Freiheit verbunden mit Verantwortung.

Die Reformation hat in mehrfacher Hinsicht, auch jenseits des geistlichen Bereichs, mit dem der Freiheitsgedanke zunächst und vor allem verknüpft war, die Freiheit des Individuums gefördert und zur Individualisierung beigetragen. Im Mittelalter lebten die Menschen in Kollektiven (Familien, Klöster, Zünfte …), der Einzelne kam kaum zur Geltung. Die Reformation hat damit der Aufklärung und der Moderne den Weg bereitet. Erstmals wurde als Folge der Reformation im Augsburger Religionsfrieden auch ein für alle Menschen gültiges Recht, ein Grundrecht geschaffen, das Recht, aus Glaubensgründen seine Heimat zu verlassen, auszuwandern.

Doch die Reformation hatte aus heutiger Sicht auch ihre Schattenseiten. Die Reformation, vielmehr die mit ihr verbundenen theologisch ausgetragenen konfessionellen Debatten hatten eine Dogmatisierung und Intellektualisierung der Religion zur Folge. Die – richtige – Lehre war nun wichtiger als das christliche Leben. Die neu geschaffenen Bekenntnisse überlagerten die Heilige Schrift, obwohl sie behaupteten, sich der Schrift unterzuordnen.

Das Leben des Einzelnen wurde stärker als zuvor reglementiert. Das Taufverhalten wurde ebenso überwacht wie die Ehemoral. Auch im religiösen Bereich kehrte mehr Zwang ein denn je. Evangelische Christen waren angehalten, regelmäßig die (ausgesprochen langen!) Predigtgottesdienste zu besuchen, und die Katholiken wurden gedrängt, wöchentlich zu beichten und die Kommunion zu empfangen.

Verschlechtert hat sich auch die Situation der Juden. Die schon zuvor herrschende Vertreibungspraxis wurde mit neuen, Luthers Begründungen intensiviert. Die Zahl der Orte, in denen noch Juden leben und ihren Glauben praktizieren konnten, reduzierte sich. Erst mittel- und langfristig, als Folge der religiösen Pluralisierung und der mit ihr verbundenen Toleranz, sollte sich die Situation der Juden als Folge der Reformation wieder verbessern.

Auch im politischen Bereich waren die Folgen der Reformation ambivalent. Die Territorialstaaten wurden gestärkt, das Reich war geschwächt. Das brachte für Deutschland sowohl Vor- als auch Nachteile mit sich. Der spätere Nachholbedarf Deutschlands in Sachen Nationalstaat begünstigte einen extremen Nationalismus, der zusammen mit anderen Faktoren zu zwei Weltkriegen führte. Aber auch die föderalen Strukturen, die Deutschland heute kennzeichnen, haben sich ein Stück weit der Reformation zu verdanken.

Die Bilanz der Reformation ist durchwachsen, aber letztlich wohl doch positiv. 800 Millionen Christen weltweit gehören heute Kirchen an, die ihre Wurzeln in der Reformation haben. Die überwiegende Mehrzahl von ihnen lebt jedoch in Pfingstkirchen und baptistischen Gemeinden, die verwandt sind mit den von Luther einst bekämpften »Schwärmern«.

Einige der Schattenseiten der Reformationsgeschichte verbinden sich auch mit Luther persönlich. Luther war kein Heiliger und wollte auch kein Heiliger sein. Er wäre selbst über alle Maße erbost darüber, wenn er so betrachtet würde. Er beging nicht nur Fehler, was er selbst auch wusste und sagte, sondern er hatte auch Charakterzüge und theologische Überzeugungen, die nicht nur aus heutiger Sicht zu verurteilen sind, sondern auch schon von einigen seiner Zeitgenossen kritisiert wurden. Nur wer mit Luther zugleich kritisch umgeht, kann sich heute noch auf ihn berufen. Dazu gehört auch, sich heute bei den Nachfahren derer zu entschuldigen, die unter Luther leiden mussten oder von Luther despektierlich behandelt wurden: Juden und Türken, Zwinglianer und Calvinisten und selbstverständlich Anhänger und Anhängerinnen der Täuferbewegungen sowie Anhänger und Anhängerinnen der römisch-katholischen Kirche.

Das Jahr 2017 darf deshalb nicht als Luther-Feier, sondern sollte als Reformationsgedenken begangen werden. Zu einem zeitgemäßen Reformationsgedenken gehören gleichermaßen

Feier und Buße sowie die Einbeziehung aller Reformatoren und aller Richtungen der Reformation. Gerade die dunklen Seiten Luthers kann man dadurch am besten ausgleichen. Es gab auch judenfreundliche Reformatoren. Es gab auch Reformatoren, die wussten, dass Christen, Juden und Moslems an denselben Gott glauben. Es gab auch Reformatoren, die nach einem Ausgleich zwischen den verschiedenen Richtungen der Reformation strebten. Und es gab auch Reformatoren, die nicht nachließen, das Gespräch mit den Repräsentanten der alten Kirche zu suchen und zu führen.

2017 kann und darf nur feiern, wer zuvor und gleichzeitig – gut lutherisch, so könnte man sagen – Buße tut. Evangelische Christen haben allen Grund, stolz zu sein auf ihre Geschichte und ihre Tradition, aber moralisch gerechtfertigt ist dieser Stolz nur, wenn zugleich aus den Dingen, die zu bedauern und zu bereuen sind, die richtigen Konsequenzen gezogen werden.

Die Situation der Kirchen hat sich seit dem 16. Jahrhundert vielfach grundlegend gewandelt. Die katholische Kirche wurde in der zweiten Hälfte des 20. Jahrhunderts in vielen Bereichen Schritt für Schritt evangelisch und gab der Reformation in vielen Punkten im Nachhinein Recht. Aber auch die evangelischen Kirchen sind erst nach und nach wirklich evangelisch geworden. Viele Ideen Luthers wurden in seiner Zeit überhaupt nicht verwirklicht. Das innovative Potential der Reformation war viel größer als seine Realisierungen im 16. Jahrhundert.

Die beiden großen Kirchen haben sich angenähert und sie kooperieren. Schon in den Achtzigerjahren des 20. Jahrhunderts haben katholische Theologen erklärt, aus heutiger katholisch-theologischer Sicht wäre eine Anerkennung des *Augsburger Bekenntnisses* möglich. 1999 unterzeichneten Repräsentanten der beiden Kirchen eine gemeinsame Erklärung zur Rechtfertigungslehre. Dennoch sind gemeinsame Abendmahlsfeiern weiter nicht möglich. Und das Papsttum steht trotz mehrerer auch bei Evangelischen beliebter Päpste trennender denn je zwischen den Kirchen. Einen päpstlichen Primat oder gar die Unfehlbarkeit des Papstes anzuerkennen, ist evangelischerseits nicht denkbar. Den Kirchen bleibt nur der Weg der versöhnten Verschiedenheit. Eine wirklich sichtbare, auch institutionell sichtbare Einheit wird nicht möglich sein. Ökumene kann dennoch gelebt werden. Sie muss auch und wird bereits – mit einer Formel des großen katholischen Theologen Hans Küng – in eine Ökumene *ad extra*, eine nach außen, zu den nichtchristlichen Religionen gerichtete Ökumene ausgeweitet (werden).

Zeittafel

1505	Luthers Klostereintritt
1517	Luthers Thesen
1518	Heidelberger Disputation
1519	Zwingli wird Pfarrer in Zürich, Leipziger Disputation
1520	Luthers reformatorische Hauptschriften
1521	Reichstag in Worms
1522	Fastenbruch in Zürich
1523	1. und 2. Zürcher Disputation
1524	Reformation in Hessen
1525	Bauernkrieg
1526	Badener Disputation
1529	Protestation von Speyer
1529	Marburger Religionsgespräch
1530	Augsburger Reichstag und *Augsburger Bekenntnis*
1531	Tod Zwinglis
1534	Reformation in Württemberg
1534/35	»Wiedertäuferreich« von Münster
1541	Regensburger Religionsgespräch
1542	Reformationsversuch in Köln
1543	Reformation in Osnabrück
1545–1563	Konzil von Trient
1546	Tod Luthers
1546/47	Schmalkaldischer Krieg
1548	Augsburger Interim
1552	Passauer Vertrag
1555	Augsburger Religionsfriede
1560	Tod Melanchthons
1564	Tod Calvins

Literatur zur Vertiefung

Allgemeine Überblicke

Martin H. Jung: Die Reformation. Theologen, Politiker, Künstler. Göttingen: Vandenhoeck & Ruprecht, 2008.

Martin H. Jung: Reformation und Konfessionelles Zeitalter. Göttingen: Vandenhoeck & Ruprecht, 2012 (Basiswissen Theologie und Religionswissenschaft) (UTB 3628).

Thomas Kaufmann: Geschichte der Reformation. Frankfurt a. M.: Verlag der Weltreligionen, 2009.

Volker Leppin: Das Zeitalter der Reformation. Eine Welt im Übergang. Darmstadt: Wissenschaftliche Buchgesellschaft, 2009.

Martin H. Jung u. Peter Walter (Hg.): Theologen des 16. Jahrhunderts. Humanismus, Reformation, Katholische Erneuerung. Eine Einführung. Darmstadt: Wissenschaftliche Buchgesellschaft, 2002.

Luther

Albrecht Beutel: Martin Luther. Eine Einführung in Leben, Werk und Wirkung. 2., verb. Aufl. Leipzig: Evangelische Verlagsanstalt, 2006.

Martin H. Jung (Bearb.): Luther lesen. Die zentralen Texte. Göttingen: Vandenhoeck & Ruprecht, 2., verb. u. erw. Aufl. 2016.

Armin Kohnle: Martin Luther. Reformator, Ketzer, Ehemann. Leipzig: Evangelische Verlagsanstalt, 2015.

Volker Leppin: Martin Luther. Vom Mönch zum Feind des Papstes. 2. Aufl. Darmstadt: Lambert Schneider, 2015.

Heinz Schilling: Martin Luther. Rebell in einer Zeit des Umbruchs. Eine Biographie. München: C. H. Beck, 2012.

Reinhard Schwarz: Luther. 4., durchges. Aufl. Göttingen: Vandenhoeck & Ruprecht, 2014 (UTB 1926).

Calvin

Christoph Strohm: Johannes Calvin. Leben und Werk des Reformators. München: C. H. Beck, 2009 (Beck'sche Reihe 2469) (C.H. Beck Wissen).

Peter Opitz: Leben und Werk Johannes Calvins. Göttingen: Vandenhoeck & Ruprecht, 2009.

Zwingli

Ulrich Gäbler: Huldrych Zwingli. Eine Einführung in sein Leben und sein Werk/Martin Sallmann (Nachwort, Literaturnachtrag). 3. Aufl. Zürich: Theologischer Verlag Zürich, 2004.

Peter Stephens: Zwingli. Einführung in sein Denken/Karin Bredull Gerschwiler (Übers.). Zürich: Theologischer Verlag Zürich, 1992.

Melanchthon

Heinz Scheible: Melanchthon. Eine Biographie. München: C. H. Beck, 1997.

Martin H. Jung: Philipp Melanchthon und seine Zeit. 2., verb. Aufl. Göttingen: Vandenhoeck & Ruprecht, 2010.

Bauernkrieg

Peter Blickle: Die Revolution von 1525. 4., durchges. u. bibliogr. erw. Aufl. München: Oldenbourg, 2004.

Ulrike Strerath-Bolz: Thomas Müntzer. Warum der Mystiker die Bauern in den Krieg führte/Uwe Birnstein (Hg.). Berlin: Wichern Verlag, 2014.

Frauen der Reformationszeit

Roland H[erbert] Bainton: Frauen der Reformation. Von Katharina von Bora bis Anna Zwingli. 10 Porträts. 3. Aufl. Gütersloh: Gütersloher Verlagsanstalt, 1996.

Sonja Domröse: Frauen der Reformationszeit. Gelehrt, mutig und glaubensfest. Göttingen: Vandenhoeck & Ruprecht, 2010.

Martin H. Jung: Nonnen, Prophetinnen, Kirchenmütter : Kirchen- und frömmigkeitsgeschichtliche Studien zu Frauen der Reformationszeit. Leipzig: Evangelische Verlagsanstalt, 2002.

Täufer

Andrea Strübind: Eifriger als Zwingli. Die frühe Täuferbewegung in der Schweiz. Berlin: Duncker und Humblot, 2003.

Hans-Jürgen Goertz: Die Täufer. Geschichte und Deutung. 2., verb. u. erw. Aufl. München: C. H. Beck, 1988.

Juden und Christen

Thomas Kaufmann: Luthers Juden. Stuttgart: Reclam, 2014.

Martin H. Jung: Christen und Juden. Die Geschichte ihrer Beziehungen. Darmstadt: Wissenschaftliche Buchgesellschaft, 2008.

Türken und Islam

Johannes Ehmann: Luther, Türken und Islam. Eine Untersuchung zum Türken- und Islambild Martin Luthers (1515–1546). Gütersloh: Gütersloher Verlagshaus, 2008.

Dietrich Klein u. Birte Platow (Hg.): Wahrnehmung des Islam zwischen Reformation und Aufklärung. Paderborn: Wilhelm Fink, 2008.

Augsburger Bekenntnis

Leif Grane: Die Confessio Augustana. Einführung in die Hauptgedanken der lutherischen Reformation. 6. Aufl. Göttingen: Vandenhoeck & Ruprecht, 2006 (UTB 1400).

Harding Meyer u. Heinz Schütte (Hg.): Confessio Augustana. Bekenntnis des einen Glaubens. Gemeinsame Untersuchung lutherischer und katholischer Theologen. Paderborn: Bonifacius-Druckerei, 1980.

Augsburger Religionsfriede

Axel Gotthard: Der Augsburger Religionsfrieden. Münster/Westf.: Aschendorff, 2004 (Reformationsgeschichtliche Studien und Texte 148).

Bernd Christian Schneider: Ius reformandi. Die Entwicklung eines Staatskirchenrechts von seinen Anfängen bis zum Ende des Alten Reiches. Tübingen: Mohr Siebeck, 2001 (Jus ecclesiasticum 68).

Trienter Konzil

Klaus Schatz: Allgemeine Konzilien. Brennpunkte der Kirchengeschichte. 2. Aufl. Paderborn: Schöningh, 2008 (UTB 1976, Theologie).

Christopher Spehr: Luther und das Konzil. Zur Entwicklung eines zentralen Themas in der Reformationszeit. Tübingen: Mohr Siebeck, 2010 (Beiträge zur historischen Theologie 153).

Religionsgespräche

Wibke Janssen: »Wir sind zum wechselseitigen Gespräch geboren«. Philipp Melanchthon und die Reichsreligionsgespräche von 1540/41. Göttingen: Vandenhoeck & Ruprecht, 2009 (Forschungen zur Kirchen- und Dogmengeschichte).

Gerhard Müller (Hg.): Die Religionsgespräche der Reformationszeit. Gütersloh: Gütersloher Verlagshaus Mohn, 1980 (Schriften des Vereins für Reformationsgeschichte 191).

Frankreich

Ulrich Niggemann: Hugenotten. Köln: Böhlau, 2011 (UTB Profile).

Otto Erich Strasser-Bertrand u. Otto J. de Jong: Geschichte des Protestantismus in Frankreich und den Niederlanden. Göttingen: Vandenhoeck & Ruprecht, 1975 (Die Kirche in ihrer Geschichte 3, M2).

England

Uwe Baumann: Heinrich VIII. Mit Selbstzeugnissen und Bilddokumenten. 6. Aufl. Reinbek: Rowohlt, 2009 (Rowohlts Monographien 446).

Günther Lottes: Elisabeth I. Eine politische Biographie. Göttingen: Muster-Schmidt, 1981 (Persönlichkeit und Geschichte 103/103a).

Polen

Christoph Schmidt: Auf Felsen gesät. Die Reformation in Polen und Livland. Göttingen: Vandenhoeck & Ruprecht, 2000 (Sammlung Vandenhoeck).

Henning P. Jürgens: Johannes a Lasco in Ostfriesland. Der Werdegang eines europäischen Reformators. Tübingen: Mohr Siebeck, 2002 (Spätmittelalter und Reformation, NR 18).

Personenregister

Ortsregister

BILDNACHWEIS

S. 8: wikimedia commons Stw, S. 18: wikimedia commons Anagoria, S. 21: Martin Jung, S. 29: wikimedia commons Evacc, S. 32: wikimedia commons Tilman2007, S. 35: wikimedia commons Maklasi, S. 39: wikimedia commons Tkgd2007, S. 44: Martin Jung, S. 48: Martin Jung, S. 54: wikimedia commons Paul2, S. 58: wikimedia commons Flickr, S. 67: Martin Jung, S. 71: Martin Jung, S. 74: Martin Jung, S. 75: Martin Jung, S. 78: Martin Jung, S. 87: wikimedia commons Sandstein, S. 95: akg-images, S. 104: wikimedia commons Torsten Schleese, S. 106: Martin Jung, S. 112: wikimedia commons Eisbeere, S. 115: Martin Jung, S. 119: wikimedia commons Radler59, S. 128: wikimedia commons Trzęsacz, S. 133: wikimedia commons Trzęsacz, S. 142: Martin Jung, S. 148: Martin Jung, S. 152: wikimedia commons Jfhutson, S. 155: akg-images, S. 158: wikimedia commons Vinhtantran, S. 168: Martin Jung, S. 178: Martin Jung, S. 189: wikimedia commons AndreasPraefcke, S. 195: wikimedia commons AndreasPraefcke, S. 203: wikimedia commons Stephan Herz, S. 208: wikimedia commons Clément Bardot, S. 213: wikimedia commons ArtMechanic, S. 216: wikimedia commons Dcoetzee, S. 222: Martin Jung, S. 228: Martin Jung

MIX
Papier aus verantwortungsvollen Quellen
FSC® C083411
FSC
www.fsc.org

Bibliografische Information der Deutschen Nationalbibliothek
Die Deutsche Nationalbibliothek verzeichnet diese Publikation
in der Deutschen Nationalbibliografie;
detaillierte bibliografische Daten sind im Internet über
http://dnb.d-nb.de abrufbar.

Lektorat: Stefan Gücklhorn, Wiesbaden
Covergestaltung: Karina Bertagnolli, Wiesbaden
Bildnachweis: Luther verbrennt die Bannandrohungsbulle.
© akg-images GmbH, Berlin
Satz und Bearbeitung: Fotosatz Amann, Memmingen
Der Titel wurde in der Palatino Linotype gesetzt.
Gesamtherstellung: CPI books GmbH, Leck – Germany

ISBN: 978-3-7374-1028-1

www.verlagshaus-roemerweg.de